EUGÈNE POIRÉ

L'ÉMIGRATION

FRANÇAISE

AUX COLONIES

PARIS

LIBRAIRIE PLON

E. PLON, NOURRIT ET Cie, IMPRIMEURS-ÉDITEURS

RUE GARANCIÈRE, 10

1897

L'ÉMIGRATION FRANÇAISE AUX COLONIES

Ce volume a été déposé au ministère de l'intérieur (section de la librairie) en février 1897.

DU MÊME AUTEUR, A LA MÊME LIBRAIRIE :

La Tunisie française (1892). 1 vol. in-18. (*Épuisé.*)

PARIS. TYP. DE E. PLON, NOURRIT ET Cie, 8, RUE GARANCIÈRE. — 2251.

EUGÈNE POIRÉ

L'ÉMIGRATION

FRANÇAISE

AUX COLONIES

PARIS

LIBRAIRIE PLON

E. PLON, NOURRIT ET Cie, IMPRIMEURS-ÉDITEURS

RUE GARANCIÈRE, 10

1897

L'ÉMIGRATION FRANÇAISE
AUX COLONIES

AVANT-PROPOS

L'INSUFFISANCE DE NOTRE ÉMIGRATION.

Depuis le commencement du siècle, l'émigration européenne a pris un essor extraordinaire, et des champs nouveaux, presque sans limites, se sont ouverts, de toutes parts, à l'activité humaine. Chaque année, des milliers de colons, ou mieux des centaines de mille, quittent le sol natal, le plus souvent sans esprit de retour. Sous la pression de l'indigence ou du noble dessein d'agrandir leur sort, ils vont se fixer sur des territoires lointains, qui, il y a cent ans à peine, étaient inconnus ou du moins inexploités. Ce mouvement d'expansion des peuples hors de leurs frontières, ce fait de la transplantation et de la confusion des races, est peut-être le phénomène social le plus saillant dans l'histoire de notre temps et l'un des plus saillants dans l'histoire de tous les temps. Par ses conséquences sur l'équilibre futur de l'humanité, il est plus grave, — parce qu'il atteint le monde entier, — que l'invasion des barbares, qui bouleversa seulement l'empire romain. Il est aussi plus bienfaisant. Les barbares venaient pour détruire ; les colons partent pour civiliser. Ils sont les missionnaires du progrès. A des races en enfance ou en caducité, courbées sous l'ignorance et le despotisme, ils vont porter la bonne nouvelle, c'est-à-dire l'esprit moderne qui affranchit les hommes et les découvertes qui allègent la vie. Ils créent des sociétés à l'image du pays d'origine ; le pays les suit d'un œil bienveillant ; il les encourage et les protège, parfois les subventionne dans leur tâche difficile, quand il n'est pas obligé, cette tâche devenant impossible, de les rapatrier. Presque toutes les nations de l'Europe, grandes et petites, sont entrées dans la lice, et se disputent aujourd'hui, pour les transformer, les terres vacantes ; elles manifestent leurs forces vitales par leur activité dans cette œuvre féconde.

Je voudrais examiner la part effective que, dans l'état présent de ses mœurs, de ses institutions et de sa richesse, la France prend ou peut prendre à ce mouvement d'émigration. Il y va de son avenir colonial, et par là, peut-on dire, de la place plus ou moins large que, dans les siècles futurs, si elle vit encore, elle occupera sur la surface du globe. Nous avons deux sortes d'émigrants. Les uns se portent vers des régions étrangères, par exemple, les pays du Levant, les États-Unis, et surtout les républiques de l'Amérique du Sud, où ils forment des groupes compacts. Pour l'influence et le commerce de la France, ils peuvent devenir des clients utiles ; mais, le plus souvent, ils cessent pratiquement d'être ses sujets, par l'effet des lois qu'ils subissent. Ils sont perdus pour nous, s'ils demeurent dans leur pays d'adoption. Les autres, — et ceux-là sont proprement *nos* colons, — s'établissent dans nos possessions territoriales. Ils restent sous notre dépendance et sous nos lois et concourent directement à l'agrandissement de la patrie française. Dans quelle mesure y concourent-ils ? En d'autres termes, quelle est l'importance du mouvement d'émigration vers nos colonies ? Cette importance justifie-t-elle les sacrifices incessants que nous coûtent la constitution, l'entretien et la défense d'un vaste domaine colonial ?

On peut être d'avis que ce domaine a été composé trop hâtivement, sans souci de l'usage immédiat à en tirer. Mais il semble, en vérité, qu'on ne pouvait faire autrement. L'Europe, il y aura bientôt vingt ans, s'est trouvée tout à coup entraînée, comme par un appel irrésistible, vers les contrées nouvelles. Les nations qui nous entourent se sont mises à chercher à l'envi, sur tous les points de l'univers, les terres sans régisseur et les roitelets sans protecteur. Des pays qui, par leur passé, semblaient le moins enclins à la carrière coloniale, comme la Belgique et l'Allemagne, ont taillé à plein drap, pour leur compte, dans le continent noir. Même les États financièrement les plus pauvres ont suivi l'impulsion, la Russie dans l'Asie centrale, l'Italie dans l'Afrique orientale, l'une avec un plein succès, l'autre avec certains déboires. La curée était menée ou contrôlée par l'Angleterre, qui, aux heures propices, trouve toujours à gagner dans les compétitions d'autrui, par force avec les faibles, par ruse avec les forts.

La France, qui, après 1870, avait reconstitué laborieusement ses finances et son armée, n'était pas maîtresse de rester étrangère à cet effort général d'expansion lointaine. Elle avait trop souvent, et en tous lieux, donné l'exemple de l'initiative pour s'effacer incontinent devant ses rivaux. Il fallait qu'elle prît rang pour l'avenir ; il fallait, dans le dépècement des royaumes nègres et des principautés décrépites, qu'elle se fît sa part tout de suite ou qu'elle y renonçât à jamais. Naguère, avant ses désastres continentaux du siècle dernier, elle avait eu un important empire colonial, l'un des plus larges, sinon des plus florissants. N'eût-ce été que pour en garder les épaves, n'eût-ce été aussi que pour maintenir son sceptre sur ses plus récentes conquêtes, l'Algérie, la Cochinchine et la Nouvelle-Calédonie, elle devait suivre les autres, et même marcher avant eux, dans la voie coloniale. Le destin lui offrait, semble-t-il, une occasion inespérée, bonne à saisir, de s'essayer une seconde fois, par le moyen des annexions lointaines, dans la concurrence actuelle des grandes races, qui, imposant leur suprématie sur des continents nouveaux, travaillent à modeler plus ou moins le monde à leur image.

Cette politique d'expansion, pratiquée chez nous avec plus d'énergie que de méthode, a eu ses prosélytes et ses détracteurs, tous également passionnés; on n'en est plus à compter les dithyrambes et les diatribes, qui, soit au parlement, soit dans la presse, lui ont été prodigués tour à tour, suivant que les circonstances inclinaient les esprits à un enthousiasme irréfléchi ou à un scepticisme déprimant. Nul du moins ne met plus en doute que la conception ait été grandiose, puisque les régions qui se trouvent aujourd'hui sous notre domination, notre protectorat ou notre influence, égalent en étendue, dit-on, seize ou dix-sept fois la superficie de la France. Il reste à en attendre ou à en augurer les résultats ; il reste à voir si le pays, qui a bien voulu donner et qui donne encore, sans compter, ses épargnes et ses soldats, envoie pareillement ses colons.

Je suis étonné que parmi tant d'apôtres de la foi coloniale, parmi tant d'hommes politiques et d'écrivains glorifiant sans cesse le prix des conquêtes récentes, il s'en trouve si peu pour s'inquiéter de ce problème. Cependant l'expérience et l'histoire sont là : elles témoignent que si, de tous temps, nous avons été entreprenants et braves pour acquérir des colonies, nous avons été moins habiles à les mettre en valeur et surtout à les conserver. Une bonne partie des possessions de l'Angleterre se compose de colonies qui nous furent enlevées par la force, à nous qui les avions fondées, et qui ne sont devenues bien vivantes qu'à dater du jour où nous les eûmes perdues[1]. Ce n'est pas tout, en effet, de découvrir, par des explorations aventureuses, des pays inconnus, ou de saisir, par des expéditions armées,

1. Voir l'appendice I à la fin du volume.

des pays connus, mais incivilisés. L'expansion coloniale a pratiquement un autre aspect. Elle doit se manifester, non par l'élargissement indéfini du domaine extérieur d'une nation, mais par l'exploitation rationnelle de ce domaine, suivant des principes arrêtés. Dans le premier cas, elle ne saurait qu'être onéreuse ; dans le second, elle peut être avantageuse. La condition *sine qua non* d'une telle exploitation, c'est une émigration abondante ou au moins suffisante de colons. On a peine à comprendre que, si cet élément essentiel fait défaut, il soit encore question de colonisation.

*
* *

Je ne puis songer ici à passer en revue l'état du peuplement français dans nos diverses possessions. Comme toutes les statistiques, celle-là serait fastidieuse. Il y faudrait des chiffres nombreux, bien que souvent très modestes ; c'est un fait connu de tous, et accepté comme un axiome, que nos compatriotes, s'ils commencent à émigrer maintenant, émigrent le moins possible dans leurs colonies. A grands frais, elles sont conquises, entretenues et défendues ; mais, en réalité, nous n'y allons guère. Hors de France, il y a très peu de Français. Nous fondons des villes que nous n'habitons pas ; nous perçons des routes où nous ne passons pas. Des crédits énormes sont ouverts, grossissant chaque année, pour développer, sur tous les points du globe, des richesses locales que nous n'exploitons pas, et certaines de nos possessions, bien que propres aux industries les plus variées, ont plus d'administrateurs que d'administrés.

Parmi elles, je n'en vois guère que deux où l'immigration française peut être estimée satisfaisante, et encore à condition de n'y pas regarder de trop près : c'est l'Algérie et la Tunisie. Elles sont d'ailleurs les plus rapprochées de la métropole, et celles où l'Européen, surtout s'il est du Midi, s'acclimate avec le plus d'aisance.

L'Algérie est, à l'heure présente, la plus belle ou la moins chétive de nos colonies. Après soixante ans de luttes, d'efforts, de tâtonnements, de sacrifices, l'organisation y semble complète. Arabes et Kabyles sont soumis, sinon ralliés ; le pays est pacifié, le gouvernement obéi. On a créé des villes d'un seul jet, construit des monuments de toute sorte, exécuté des travaux de toute nature ; à l'observer seulement à la surface, à voir le réseau de ses organes et son outillage économique, l'Algérie a l'air d'un morceau d'Europe plaqué sur la terre d'Afrique. Ceci certes n'est pas un mince succès. Mais à quel résultat sommes-nous parvenus, en définitive, au point de vue de l'immigration de nos nationaux ? Nous n'avons encore que 260,000 Français établis en Algérie, agglomérés surtout dans les villes, et, pour le reste, disséminés sur un territoire presque aussi vaste que la France ; ils vivent à côté de 4,500,000 indigènes, et de 250,000 étrangers européens de nationalités diverses, Espagnols, Italiens, Maltais, que nous ne visons même pas à naturaliser.

De ce chiffre de 260,000 Franco-Algériens, assez faible pour une colonie située aux portes de la mère patrie et si riche, par ses productions, qu'elle fut le grenier d'abondance des Romains au temps de leur puissance, défalquez les fonctionnaires et leurs familles, fonctionnaires de tout ordre et de tout grade, innombrables chez nous et plus encore en Algérie, où les officiers ministériels eux-mêmes, notaires, avoués, huissiers..., sont désignés par le gouvernement ; retranchez encore les cafetiers et cabaretiers, qui pullulent autant que les fonctionnaires, et cette masse de petites gens qui exercent en tous lieux ces autres professions si éminemment françaises de coiffeurs, cuisiniers, modistes, couturières..., professions n'agissant que de façon médiocre, on en conviendra, sur la diffusion de notre influence nationale ; déduisez enfin tous les parasites, — ils sont légions en Algérie, — vivant de la politique, de la basoche et de la presse. Cherchez ensuite combien il peut rester de colons sérieux, de colons venus pour la mise en valeur du pays et le développement de sa puissance productive, pour l'exploitation du sol, des forêts et des mines, pour l'élevage en grand, pour l'introduction des industries à la fois civilisatrices et rémunératrices, pour l'extension du commerce et de la navigation, pour l'agrandissement du renom de la France par l'exemple et l'application des travaux utiles. Reportez-vous à la situation bien différente des colonies anglaises d'Australie et de Nouvelle-Zélande, conquises par l'élément européen à peu près au même temps que l'Algérie, déjà plus abondamment peuplées qu'elle, malgré l'énorme distance qui les sépare de la mère patrie, et, avec cela, se suffisant à elles-mêmes. Le contraste est loin d'être à notre avantage, et aucune réflexion, sur ce sujet, n'ajouterait à l'éloquence de certains chiffres que je citerai bientôt.

Et pour implanter sur le sol algérien ces 260,000 Français besogneux, mécontents, dont aucun, à cette heure encore, ne parvient à s'enrichir, entre une administration qui les comprime et une juiverie qui les dépouille, comptez ce que nous dûmes perdre d'hommes pendant près de trente ans qu'a duré la conquête : combien de soldats, — 150,000, dit-on, — morts dans des prouesses légendaires, soldats qui étaient la fleur du pays ; combien de colons disparus dans les embuscades arabes ou enlevés par fournées au cours des premiers défrichements, victimes des fièvres paludéennes dans les plaines insalubres du Chélif et de la Métidja, les meilleurs colons sans doute, en tout cas les plus vaillants, parce qu'ils étaient les premiers arrivés.

Vous demanderez maintenant combien la France a payé pour cela ? En 1891, M. Burdeau, dans son magistral rapport à la Chambre des députés, sur le budget de l'Algérie, avouait le chiffre fantastique de quatre milliards huit cents millions ; et, comme l'Algérie nous coûte encore, au bas mot, cinquante millions par an, disons aujourd'hui, en chiffres ronds : cinq milliards ! Pour le même prix, hélas, soldé comme rançon de la défaite, nous avons aidé à cimenter une œuvre autrement rapide, valide et solide, l'empire d'Allemagne.

Notre colonie de Tunisie, voisine et annexe de l'Algérie, ne nous a pas occasionné, à beaucoup près, de telles dépenses d'hommes et d'argent. Facilement conquise en 1881, malgré l'indécision du plan d'attaque, et intelligemment administrée, pendant les premières années, par M. Cambon, elle a donné, à l'origine, des espérances réconfortantes en ce qui concerne l'immigration de nos nationaux. On put même croire que notre vieux génie colonisateur, sans cesse mis en avant, malgré tant d'échecs signalés et d'avortements renouvelés un peu partout depuis trois siècles, allait enfin se faire jour, d'une façon éclatante, en Tunisie. De fait, les Français y sont venus en assez grand nombre, y ont apporté des capitaux et introduit des industries. Aujourd'hui on en compte un peu plus de 10,000. Ce sont, en général, des colons de bonne qualité, les meilleurs peut-être que nous ayons dans nos possessions d'outre-mer, eu égard à leur esprit d'entreprise, à la régularité de leurs antécédents, à leur valeur prolifique, à la proportion restreinte des naissances illégitimes, au petit nombre des délinquants. Ils priment, sans contredit, les colons étrangers par l'intelligence, l'activité, les ressources, et vivent en bonne harmonie avec eux comme avec les indigènes.

Dans ce pays, jadis renommé pour sa fertilité et présentement si favorable à la colonisation agricole, il semblerait que l'immigration française doive aller toujours en augmentant. Par malheur, c'est le contraire qui se produit ; notre immigration tend à s'arrêter ou devient insignifiante. Les arrivées de colons français, qui donnaient, en 1887, un excédent de 4,865, et, en 1888, de 3,038, sur les sorties, n'ont plus donné, en 1891, qu'un excédent dérisoire de 57, et ont été, en 1892, inférieures de 152 aux sorties. En même temps, la fondation d'exploitations nouvelles est presque complètement arrêtée. Les présages enchanteurs du début ont donc fait place à quelques déceptions. Vainement cette colonie, prônée à l'envi par tous ceux qui l'ont vue, n'est qu'à trente-six heures de Marseille ; nos émigrants désabusés n'y vont déjà plus et même font mine d'en sortir. En 1894, l'administration du protectorat a reçu 222 demandes de concessions ; mais 24 seulement émanaient de Français. Qu'iraient-ils faire, au surplus, en Tunisie ? Ils ne pourraient même pas exporter chez nous leurs récoltes en franchise ; le régime douanier qu'ils auraient à subir, régime imprévoyant et vexatoire, continue, malgré toutes les doléances, d'assimiler la plupart des produits tunisiens aux produits étrangers.

Pendant que, de cette manière, nous paraissons délaisser une des rares colonies de peuplement que possède la France, le nombre des Italiens en Tunisie augmente sans cesse. Il s'est renforcé de 2,361 nouveaux venus en 1891, de 3,013 en 1892, de 4,000 en 1893. Ces Italiens ne se contentent plus d'habiter les grands centres en façade sur la mer, Tunis, Sousse, Sfax, et d'y vivre en manouvriers ; ils se répandent dans la campagne, achètent des fermes, s'y installent et font souche de colons. Sans visées politiques bien définies, ils tendent peu à peu, et notre incurie les y aide, à faire la conquête économique du pays. Nos compatriotes ont acquis, il est vrai, en Tunisie, 430,000 hectares de terre. Mais ils ne sont que 10 à 12,000 résidants ; les Italiens, eux, sont déjà plus de 25,000. De sorte qu'on peut se demander avec anxiété si, dans cette Tunisie graduellement encombrée par eux, nous ne sommes pas en train de couver, pour l'avenir, un œuf italien, tout comme en Algérie, dans la province d'Oran peuplée, en majeure partie, d'Andalous et de Mahonnais, nous couvons un œuf espagnol.

L'Algérie et la Tunisie sont, je le répète, nos deux grandes colonies les plus prospères, du moins celles qui ont attiré le plus d'émigrants de notre race. Dans l'ensemble de nos autres possessions, même anciennes, qui ont nécessité jusqu'ici des sacrifices aussi persévérants que peu rémunérateurs, comme la Guyane, par exemple, ou le Sénégal, la moyenne de nos nationaux non créoles, c'est-à-dire de nos nationaux nés en France et habitant la colonie, atteint à peine 1 pour 100 des habitants; et ce sont presque tous des fonctionnaires. Le colon véritable, le colon sérieux, venu là de son chef, non pour tenir un emploi, mais pour créer des affaires, est, j'oserais dire, un phénomène qui ne tombe pas sous les sens; c'est comme une entité métaphysique, un être abstrait dont on parle toujours sans le voir jamais. On ne va pas non plus, que je sache, avec un entrain passionné, vers nos possessions les plus récemment acquises. Avez-vous beaucoup de vos amis et connaissances établis ou disposés à s'établir au milieu de la brousse du Congo, des sables du Soudan ou des marais du Dahomey? Il n'y a que des agents de l'État, dans ces endroits-là, et encore les plus discrédités! Aussi ces colonies sans colons demeurent-elles anémiques et languissantes. Nous les créons, semble-t-il, à grand renfort de vies humaines et de capitaux, pour que nos voisins les exploitent, en attendant qu'ils nous en dépossèdent. Comme les abeilles et les brebis de Virgile, nous travaillons incessamment pour les autres, pour les Espagnols et les Italiens en Algérie, pour les Italiens et les Maltais en Tunisie, pour les Anglais au Tonkin et à Madagascar.

*
* *

Est-ce que notre pays décidément, malgré sa curiosité sans cesse en éveil pour les entreprises lointaines et les explorations, n'aurait ni le goût ni le génie de la colonisation?

De fait, dans l'histoire de notre expansion au dehors, il y a eu, je crois, à toutes les époques, un certain écart entre l'intérêt manifesté au principe et la part prise à l'ouvrage. Le courant d'émigration vers nos possessions d'outre-mer, (hormis peut-être aux Antilles), a toujours été assez lent et le mouvement commercial restreint. Au plus beau temps de notre essor colonial, au temps de Colbert, on n'émigrait guère plus qu'aujourd'hui.

On cite souvent, comme le meilleur exemple des aptitudes colonisatrices de notre race, celui de nos anciens établissements au Canada et en

Louisiane. Mais on se fait, en général, des illusions sur le nombre des émigrants français vers ces deux pays. Les études les plus sérieuses en fixent le chiffre, pour le Canada, à 5,700 au dix-septième siècle et à 4,300 au dix-huitième, soit un total de 10,000, que grossissent médiocrement les 400 colons établis auparavant en Acadie. Et le recrutement de ces colons, bien qu'ils fussent, en général, de qualité assez médiocre, n'allait pas tout seul; parfois il était entaché de violence. On a toujours eu beaucoup de peine à détacher le Français du sol natal. Le marquis de Seignelay, qui s'appliquait à suivre la politique coloniale de son illustre prédécesseur, fut réduit, durant son ministère, à engager, faute de meilleurs sujets, des forçats et même des Turcs. Le Canada était cependant une terre exceptionnellement propice à la colonisation et à l'acclimatement de notre race.

Cette population, il est vrai, se développa beaucoup, grâce à la louable fécondité des Franco-Canadiennes. Colbert mit tout en œuvre pour encourager cette fécondité. On sait quel zèle actif il apportait au développement de notre possession des bords du Saint-Laurent. Des faveurs étaient accordées aux familles nombreuses et aux mariages précoces; on punissait les célibataires obstinés et même les pères qui n'avaient pas marié leurs garçons à vingt ans et leurs filles à seize. Ces mesures avaient fait monter la population d'origine française à 60,000 âmes, au moment où nous perdîmes le Canada en 1763; aujourd'hui, sous la domination de la Grande-Bretagne, elle en compte près de deux millions.

Dans la Louisiane, la situation n'était pas non plus très florissante. A la vérité, la Compagnie des Indes occidentales, dirigée par Law, y avaït, dès 1721, importé 7,020 émigrants, à joindre au 400 colons précédemment établis; mais la majeure partie de ses convois disparaissait presque aussitôt par mort ou désertion, si bien que, pendant toute la durée de l'occupation française, le chiffre de la population blanche demeura à peu près stationnaire, oscillant entre 3,500 et 5,500 âmes.

Et cependant ce n'était pas faute, là encore, de pousser, par tous les moyens, à la propagation de la race. Dans le dessein de peupler la Louisiane, peut-être aussi de nettoyer la métropole, on raflait dans nos ports tous les vagabonds, pour les transporter, de gré ou de force, sur les rives du Mississipi. En outre, on formait des convois de filles de la Salpétrière; elles étaient équipées d'un trousseau sommaire, et, sous la conduite d'une bonne sœur, expédiées, elles aussi, vers le Nouveau-Monde à la conquête d'une nouvelle vie. On sait le parti touchant que l'abbé Prévost a tiré de ce souvenir dans son gracieux roman de *Manon Lescaut*. A peine étaient-elles débarquées qu'on procédait d'urgence à leur établissement matrimonial. Les volontaires ou engagés avaient deux semaines, pas plus, après l'arrivée des vaisseaux porteurs de leurs fiancées imprévues, pour faire leur choix. Ces cargaisons de chair blanche se plaçaient plus ou moins bien, suivant la valeur attractive des sujets à produire. Le convoi de 1721, composé de 88 de ces filles d'aventure, fut particulièrement apprécié. « Si la sœur Gertrude, écrit Pénicaud, en avait amené dix fois davantage, elle en aurait trouvé en peu de temps le débit » ; et le lieutenant Dumont raconte « qu'il y eut dispute pour la dernière, qui avait pourtant l'air d'un soldat aux gardes plus que d'une fille, et que le commandant dut ordonner de la tirer au sort »[1].

Tout cela n'était pas de l'émigration spontanée; c'était plutôt, pour appeler les choses par leur nom, de la relégation administrative. Alors, comme à présent, l'agitation en faveur des colo-

1. Voir l'appendice II.

nies était tout en surface; plus théorique que réelle, plus officielle que nationale. Le pays se laissait conduire par son gouvernement; il approuvait l'idée, mais s'associait faiblement à l'action. La politique coloniale semblait n'être, à y regarder de près, qu'une fantaisie décorative.

*
* *

L'émigration française, si restreinte dans nos colonies même les plus favorisées, fait un contraste saisissant avec celle des peuples qui nous environnent, Angleterre, Allemagne, Suisse, Italie. Qu'est-elle, par exemple, devant ces essaims touffus d'Allemands, qui, depuis le commencement du siècle, sans interruption, vont grossir la population des deux Amériques[1]? Qu'est-elle en comparaison de la masse épaisse d'émigrants (200 à 230,000 par an), que la Grande-Bretagne déverse continûment sur ses grandes colonies ou sur les États-Unis? 508,000 de ses sujets s'installent en Australie, de 1851 à 1861,

1. Les États-Unis en ont reçu plus de trois millions, de 1840 à 1880; la seule ville de Chicago en contient aujourd'hui 400,000. Certaines années, l'émigration allemande a été particulièrement intense; elle atteignit 251,931 individus en 1854, et 210,547 en 1881.

après la découverte des mines d'or, colonisent toute la frange littorale de cette île large, à peu de chose près, comme l'Europe, et créent ou développent, de façon presque instantanée, ces gigantesques cités maritimes, Sydney, Melbourne, Brisbane. 600,000, de 1840 à 1886, prennent possession de la Nouvelle-Zélande, et du pays des Maoris, cette terre classique de la sauvagerie, du cannibalisme et des sacrifices humains, sorte de Dahomey de l'hémisphère austral, font l'un des établissements britanniques les plus prospères et les plus avancés.

Même phénomène au Canada. Les descendants de nos colons d'autrefois y forment une race singulièrement active et prolifique; mais elle se débat avec peine contre l'immigration anglaise qui menace de l'absorber. Même phénomène en Afrique. Les Anglais l'étreignent de plusieurs côtés à la fois, comme ils firent, au siècle dernier, pour la péninsule hindoue. Au sud notamment, ils marchent à pas de géants. Dans cette région australe, exploitée par eux depuis 1815, mais où ils progressent à vue d'œil depuis 1890, un homme de conceptions hardies et d'énergie extrême, qui sait ce qu'il veut et qui le fait, même avec des ressources mesurées, sir Cecil Rhodes, opère en grand à la tête de la *British*

South-Africa C°[1]. Ce digne émule des *conquistadores* du seizième siècle, dont il renouvelle les audaces et parfois même les flibusteries, est en train de tailler à la Grande-Bretagne, entre le cap de Bonne-Espérance et le lac Tanganyika, un empire africain plus large que celui de l'Inde et qui le remplacera un jour, s'il le faut. Ce seront les Indes noires. L'Angleterre les remplira du flot de ses émigrants[2], ainsi qu'elle a déjà fait, en ces derniers temps, pour le Transvaal, qui n'est même pas à elle, mais qu'elle parviendra, sans aucun doute, à subjuguer un jour ou l'autre. Elle peuplera l'Afrique du Sud, comme elle a peuplé, en majeure partie, l'Amérique du Nord, qui, bien qu'affranchie de ses lois, est encore, après tout, pour la diffusion de sa langue, de ses idées, de sa civilisation et de son commerce, la colonie dont elle ait lieu d'être le plus fière.

Ainsi John Bull avance de toutes parts. Sur le

1. M. Cecil Rhodes, compromis dans la retentissante agression contre le Transvaal, s'est vu récemment obligé de donner sa démission d'administrateur de la *South-Africa C°*. Mais, par le concours effectif qu'il prête encore à ses anciens associés, il demeure, même sans titre officiel, le champion du britannisme dans l'Afrique australe.

2. Le nombre des émigrants anglais dans l'Afrique australe s'est élevé à 17,000 en 1894 et à 26,000 en 1895.

vaste univers, il ouvre de nouvelles succursales et organise de nouveaux entrepôts ; il introduit en tous lieux son idiome, ses habitudes, ses produits et ses bibles[1]. Déjà il régit le cinquième de la superficie du globe et le quart de sa population. Si quelque cataclysme n'arrête pas son élan, avant un siècle, la race anglo-saxonne aura imprimé sa marque sur la plupart des sociétés. D'un pôle à l'autre pôle, le monde, qui n'en sera pas devenu plus attrayant pour cela, sera inféodé à l'Angleterre commercialement et moralement. Il parlera sa langue et s'habillera avec ses cotonnades ; il jouera au cricket et verra danser des gigues ; il boira le thé tous les soirs à cinq heures, et, chaque dimanche, entendra le prêche du *clergyman* au temple réformé[2].

* * *

A contempler, chez nos voisins, cette mer-

1. Voir l'appendice III.

2. Pour leur soif d'universelle domination, les Anglais, s'ils méritent d'être admirés, sont généralement haïs ; mais ils s'en inquiètent peu. L'Angleterre, disait avec fatuité lord Roseberry, dans un récent discours prononcé à Newton Abbot, se pavane en Europe, comme sur le pont d'un de ses vaisseaux ! (*You walk Europe as if it were your quarter-deck !*)

veilleuse poussée des énergies, on est amené à d'assez tristes appréhensions. Ils ont absorbé déjà nos anciennes colonies ; quelques-unes, parmi les nouvelles, sont peut-être, dans l'avenir, vouées au même sort. Pour en faire des organismes résistants, il faudrait les peupler de sujets de notre race. Est-ce possible ? Et, dans la mesure où c'est possible, pourquoi ne le faisons-nous pas ? A une telle situation, il doit y avoir des causes. Il y en a, et de nombreuses ; je m'appliquerai ici à signaler les principales. Les unes sont chez nous et tiennent à nos mœurs ou à certaines lois et institutions qui nous régissent ; les autres sont dans les colonies elles-mêmes et tiennent, soit à leur état d'insalubrité, soit à l'organisation administrative que la métropole leur impose.

PREMIÈRE PARTIE

LES ENTRAVES A L'ÉMIGRATION.

CHAPITRE Ier

L'INSTINCT CASANIER DES FRANÇAIS.

On a coutume, quand on recherche les causes du peuplement insuffisant de nos colonies, de signaler, avant tout, l'*instinct casanier* des Français. A coup sûr, le Français est très attaché à son pays, à son foyer ; il lui porte un amour inviolable. On serait mal venu de l'en blâmer ; par propension native, l'homme demeure où il se trouve bien. Chacun de nous sans doute pourrait dire, comme Bernardin de Saint-Pierre, dans la préface de son *Voyage à l'île de France :* « Pour aimer sa patrie, il faut la quitter..... Je suis attaché à la mienne : j'aime les lieux où, pour la première fois, j'ai vu la lumière, j'ai senti, j'ai aimé, j'ai parlé. J'aime ce sol que tant d'étrangers adoptent, et qui est préférable aux deux Indes par sa température, par la bonté de ses végétaux, par l'industrie de son peuple. J'aime cette nation où les relations sont plus nombreuses, où l'estime est plus éclairée, l'amitié plus intime et la vertu même plus aimable. »

Pour ma part, j'en puis parler avec certaine compétence. Depuis près de vingt ans, j'ai parcouru à loisir, un peu à la façon du Juif errant, tous les grands chemins de l'Europe, et même quelques-uns d'Afrique et d'Asie. Or, plus je voyage, et plus je sens que, malgré tout, je suis, comme les autres, un sédentaire, parce que je reviens toujours, avec plaisir, au point de départ, le lieu natal. Je suis bien de ces Français qu'un écrivain anglais, sans assez de ménagement, comparait un jour à des chats, qui n'osent jamais s'écarter bien loin ni pour longtemps de leurs gouttières.

Le moyen de consentir à s'exiler, quand on goûte tant de bien-être chez soi ? Le moyen de renoncer à de chères habitudes, de s'arracher à la douceur de vivre au milieu des souvenirs, dans l'atmosphère paisible des années d'enfance ? A n'en pas douter, l'instinct casanier est, chez nous, universel ; il l'est à ce point qu'il a fini par créer une opinion publique indifférente ou même hostile à l'émigration coloniale. L'appui, le crédit que l'homme d'entreprise, quand il songe à s'expatrier, devrait trouver dans sa ville et dans sa famille, lui font totalement défaut. Sympathique, expansive, sociable par excellence, notre race a besoin, pour agir, de cette sympathie qu'elle prodigue aux autres. Ce qui contribuerait puissamment à faciliter le peuplement de nos colonies, ce seraient les encouragements donnés, non seulement par la mère patrie, mais par les concitoyens, parents ou amis, à ceux qui vont chercher fortune par delà les mers. Nos émigrants, hélas, n'ont pas à compter sur ce viatique. Loin de les favoriser et de les soutenir, nous n'avons, à leur endroit, aucune sollicitude; nos mœurs bourgeoises deviennent de plus en plus égoïstes. Par nature et par instinct, l'émigrant est un individu rebelle à marcher dans les sentiers battus; c'est un esprit aventureux. De là à le tenir pour un aventurier, il n'y a qu'un pas.

Cette sympathie, salutaire et nécessaire, qui manque chez nous, l'Anglais, l'Allemand, le Suisse, la rencontrent chez eux et autour d'eux. Au foyer qu'ils quittent, dans la ville d'où ils partent, on s'intéresse à leurs projets, on stimule leurs efforts, on applaudit à leurs succès. La famille suit l'émigrant de ses vœux et, au besoin, le subventionne; l'influence féminine est pour lui. En France, c'est le contraire. L'émigrant qui, avec des capitaux, veut tenter la chance au loin, ne trouvera jamais chez les siens le réconfort moral d'un plein assentiment; on ne comprendra pas que, sortant du lieu natal où ses pareils végètent, il puisse aspirer à faire autrement et mieux qu'eux. S'il est marié, son énergie sera vite paralysée par les résistances de sa femme à le suivre. S'il est garçon, où découvrira-t-il, parmi notre bourgeoisie sédentaire, une compagne résolue comme lui, croyant en lui, disposée à seconder ses plans et à partager son exil ? Ni la mère défiante, ni le père sceptique n'admettront que leur fille, élevée surtout pour eux dans l'étroitesse d'une vie sans idéal, soit fiancée à un jeune homme intelligent et courageux qui ambitionnerait de s'ouvrir une percée dans les colonies.

Nos mœurs, nos habitudes, nos préjugés sociaux ne semblent donc pas, du moins à cette heure, spécialement favorables à l'émigration; en fait d'émigration, nous ne connaissons guère que celle qui se traduit par l'abandon des campagnes et l'encombrement des villes et qui apporte, par là-même, un surcroît fatal à la misère et à la criminalité. Mais en sera-t-il toujours ainsi? On peut raisonnablement croire que notre attachement au clocher, si tenace et invétéré qu'il paraisse, aura peine à prévaloir contre l'évolution générale qui porte aujourd'hui les grandes nations à se répandre au dehors. Il aura peine également, j'imagine, à prévaloir contre certains périls ou certains malaises qui sont propres à notre état social.

Nous marchons en effet, sans peut-être nous en inquiéter assez, vers un avenir où le séjour en France pourra ne plus sembler aussi enviable qu'au temps de Bernardin de Saint-Pierre. La cherté croissante de la vie, l'encombrement des carrières, la crise de plus en plus intense qui atteint toutes les industries, la surproduction qui restreint les profits et rend insignifiant le revenu des capitaux engagés, l'exagération du prix de la main-d'œuvre, les grèves répétées qui accusent les souffrances ou les impatiences des classes laborieuses, les menaces alarmantes du collectivisme contre ceux qui possèdent, les périls de l'insécurité politique, l'augmentation continue des impôts, qui absorbent une notable partie des épargnes et tendent par là même à décourager l'activité, les charges militaires écrasantes en pleine paix, voilà quelques faits, entre beaucoup d'autres, qui, à la longue, pourront déterminer nombre de Français à chercher fortune sous d'autres ciels, dans des pays nouveaux, où ils auront l'aisance de travailler un peu moins pour l'État et un peu plus pour eux. Leur goût pour la vie sédentaire a pu les détourner jusqu'ici, dans une certaine mesure, de la carrière coloniale ; mais il est des heures où les habitudes d'un peuple, quand elles ne sont pas liées au caractère même de la race, se modifient sous la poussée des circonstances.

A cet égard, nos habitudes se modifient déjà. Depuis un petit nombre d'années, l'émigration française prend un certain développement ; phénomène tout nouveau, qui doit particulièrement frapper. Autrefois le Français n'émigrait pas ; c'est à peine si les statistiques recensaient, parmi nos nationaux, 5 ou 6,000 sorties annuelles. Or voici qu'à partir de 1887-88, ce maigre filet fait place tout d'un coup à un courant notable de 20, 25 et même 30,000 émigrants. Nos colonies, hélas, n'en profitent guère ; ces départs s'effectuent, pour la majeure partie, à destination des pays transatlantiques. Nous indiquerons, au cours de cette étude, ce qui porte nos compatriotes à préférer la République Argentine ou les États-Unis à l'Algérie et au Tonkin, qui leur offriraient, pour le moins, autant d'avantages; nous dirons aussi par quels moyens on parviendrait peut-être à influencer différemment leur choix.

CHAPITRE II

LA FAIBLESSE NUMÉRIQUE DE LA POPULATION.

Ceux qui s'émeuvent de l'émigration si restreinte aux colonies signalent aussi, comme l'une des causes principales, l'insuffisance de notre population. La France, disent-ils, est inhabile à coloniser, parce qu'elle ne produit plus de sujets en quantité suffisante. Cette faiblesse numérique de la population, accusée encore dans le dernier recensement, est un fait indéniable. Tous les économistes ont raison de s'en affliger, de même que tous les patriotes; elle n'a rien, en effet, de glorieux pour notre fécondité présente ni de rassurant pour notre avenir. On en connaît les causes multiples, très souvent signalées.

Il y a eu d'abord, chez nous, du fait de notre histoire nationale depuis un siècle, de formidables saignées d'hommes, qui fatalement ont décimé la race : massacres de la Révolution qui, au nom de la fraternité humaine, tuait les gens de toutes conditions et de tous âges, par charretées, à rendre jaloux le cannibalisme africain; guerres du premier Empire, pendant lesquelles, suivant l'expression du général Foy, on entrait au régiment pour n'en plus sortir vivant; conquête et pacification de l'Algérie, où nous eûmes à batailler, plus de trente ans, contre de belliqueuses tribus; séditions de nos rues en 1848, 1851, 1871, réprimées par les fusillades et par la déportation en masse dans les pénitenciers insalubres de la Guyane; campagnes de Crimée, d'Italie et du Mexique, faites par la France avide de gloire et prodigue de sang, pour des intérêts qui n'étaient pas français; guerre franco-allemande, où ont péri en six mois, sur les champs de bataille, dans les ambulances et hôpitaux ou en captivité, pour le moins 200,000 hommes; expéditions coloniales récentes, engagées à la légère, presque toutes en même temps, et meurtrières à l'excès, qui ont fauché plus de soldats qu'elles n'ont suscité de colons. Le prince de Bismarck disait un jour, au Reichstag, que la question d'Orient ne vaut pas pour l'Allemagne les os d'un seul grenadier poméranien. Sommes-nous sûrs que la conquête de Madagascar, pour ne parler que de celle-là, nous vaudra jamais, dans l'avenir, en profits nets, la vie des 8 ou 10,000 adultes, sains et vigoureux, qu'elle a déjà coûtée ?

A ces événements occasionnels accélérant la mortalité, joignez l'effet continu des circonstances, mœurs et institutions ralentissant la natalité : cherté croissante de la vie et diminution de la valeur de l'argent, qui invitent à une prévoyance extrême ; recherche abusive du bien-être, qui élargit les besoins plus vite qu'ils ne peuvent être satisfaits ; mouvement continu d'émigration des campagnes vers les villes, qui amène la désorganisation de la famille et la difficulté toujours plus grande pour celle-ci de se propager et de durer ; ravages de l'alcoolisme qui débilite les tempéraments ; lois d'état civil qui entourent l'accomplissement du mariage de conditions et de formalités surchargées à plaisir et arment les parents d'un droit d'opposition despotique ; loi militaire qui retarde les unions, d'abord en arrachant les jeunes gens aux occupations rurales pour les pousser dans les centres urbains, puis en les retenant trois ans en caserne où ils apprennent toutes sortes de vices ; lois des successions, qui, par le partage forcé des biens et l'institution d'une réserve héréditaire, permettent aux descendants de compter, un jour, sur une fortune toute faite, et, en renonçant à l'effort personnel, de s'engourdir dans la médiocrité. Tout cela ou détourne du mariage ou conduit les familles, dans la procréation des enfants, à une parcimonie voulue, calculée[1].

L'une de ces causes, la dernière, semble agir plus funestement qu'aucune autre pour entraver le développement de la population. On a proposé tous les moyens en vue de parer aux dangers avérés que crée, sous ce rapport, notre régime légal des successions. Des économistes comme M. Le Play, des orateurs comme M. de Montalembert ont été jusqu'à demander, à grands cris, le rétablissement du droit d'aînesse. Ils songeaient à l'Angleterre; ils voyaient que les cadets sans héritage sont la force de cette nation, au dedans et au dehors, parce que, obligés de se tirer d'affaire par eux-mêmes, ils ont, à un degré éminent, l'activité et l'esprit d'entreprise qui manquent à la race française, depuis qu'elle se compose d'un nombre infiniment grand de propriétaires infiniment petits. Nous avons eu aussi, sous l'ancien régime, des cadets de famille que le droit d'aînesse condamnait à la pauvreté et, par suite, à la vie d'aventure; c'est eux qui

1. Voir l'appendice IV.

fondèrent nos colonies de Saint-Domingue, du Canada, de l'Inde, où les Anglais n'eurent qu'à marcher sur nos traces. Pour reprendre ces fortes traditions, ne faut-il pas revenir aux lois qui les ont faites ?

Mais M. Le Play et M. de Montalembert épuisaient en vain, l'un sa science, l'autre son éloquence dans cette propagande hardie. Si désastreuse que soit, par ses effets, la loi de l'égalité des partages, il n'est pas, je crois, de force au monde qui puisse décider la France, dans l'état actuel de ses idées, à y renoncer. Quand, par impossible, on y parviendrait, le souci des cadets aurait les mêmes effets que nous déplorons aujourd'hui; on en restreindrait encore le nombre pour ne pas faire de mendiants. Ce n'est pas ce remède-là qui augmenterait notre population.

Oui certes, le système anglais favorise d'une manière exceptionnelle l'accroissement de la natalité ; il seconde par là même l'essor des colonies, en faisant partir, vers elles, nombre de jeunes gens de famille, ardents à chercher au loin la fortune qu'ils n'ont pas trouvée daus leur berceau. Mais, à cet égard, est-ce la loi qui fait tout ? Ne faut-il pas compter aussi avec les mœurs, avec le tempérament de races relativement jeunes, races prolifiques qui essaiment par la force des choses ? Ne voit-on pas les émigrants allemands, italiens et irlandais, envahir chaque jour l'Amérique, sans avoir, pour quitter leur pays, les raisons d'ordre successoral qui poussent vers l'Australie ou l'Inde les cadets de la noblesse et de la bourgeoisie anglaises. Ils ne sont pas régis, ceux-là, par le droit de primogéniture. Mais ils ne sont pas non plus entamés, il faut le dire à leur honneur, par les égoïstes suggestions de Malthus ; là vraiment est le secret de leur force d'expansion, comme le secret de notre inertie est dans les penchants contraires.

Limiter, de propos délibéré, le nombre des enfants, le limiter surtout, chose singulière, à mesure que les ressources pour les élever sont plus grandes, c'est un désordre moral[1], et c'est aussi un mal social, qui, chez nous, est endémique. Il sévit principalement dans la bourgeoisie, moins dans le peuple ; la population ne se soutient même à son niveau que par l'appoint des prolétaires. L'enfant est le plaisir du pauvre. Aussi peut-on dire que la France, sans paraître s'en douter, pratique un darwinisme à rebours ; chez elle, à cette heure, le recrutement de la

1. Voir l'appendice v.

population repose sur la sélection des types inférieurs. Les classes aisées, qui se sont élevées à la fortune par l'intelligence, le travail et l'épargne, sont justement celles qui tendent à s'éliminer elles-mêmes par la stérilité systématique. Au contraire, l'imprévoyance, l'ignorance, l'indigence, la paresse, l'ivrognerie sont prolifiques abondamment et se chargent, pour la plus large part, d'assurer le peuplement national. M. Cheysson a observé avec raison qu'un éleveur procédant de la sorte amènerait bien vite la dégénérescence de ses bœufs et de ses chevaux[1].

La natalité baisse donc d'année en année et du fait des classes qui devraient travailler le plus à son relèvement. En même temps, le nombre des mariages fléchit et celui des divorces augmente ; le mouvement, de part et d'autre, est nettement accentué. Encore un demi-siècle de ce régime, et demandez-vous ce qu'il adviendra de la famille

1. Au surplus, ne serait-ce point à cela qu'il faut imputer la disparition graduelle, sous le souffle de la démocratie envahissante, de ces qualités nobles qui faisaient autrefois l'agrément d'une bonne partie de la société française et qui sont l'apanage des races affinées : sociabilité, générosité, délicatesse, galanterie, excellence du goût, souci du bon ton et du beau langage ?

en France : elle se sera fondue peu à peu en une institution déliquescente.

Inutile, n'est-ce pas, d'insister sur le danger d'un tel état de choses, soit pour l'avenir de notre race, soit pour sa puissance défensive en face des nations voisines à fécondité débordante. On se rappelle la dure prédiction émise, il y a peu de temps, sur les Français, au parlement allemand : « L'abaissement de leur natalité équivaut, chaque jour, pour eux, à la perte d'une bataille et dispensera bientôt les ennemis de la France d'avoir à compter avec elle. » — Voyez plutôt : notre pays, pour l'instant, a 38 millions d'habitants, sans probabilité d'accroissement futur, et l'Allemagne, qui en a déjà 52 millions et demi, en comptera, dans cinquante ans, au train dont elle marche, 75 ou 80 millions ; sa vigoureuse natalité lui fait gagner, chaque année, en moyenne 500,000 sujets[1]. On peut donc escompter le moment où, d'après le cours inéluctable des choses, et faute par nous de réagir en toute hâte, l'Allemand, à l'étroit dans ses anciennes limites et pesant sur nos flancs, n'aura qu'à passer la frontière de 1871 pour la reculer jusqu'où il lui plaira. Un peuple ne reste grand qu'en créant

1. Voir l'appendice VI.

des générations assez nombreuses pour occuper le sol et le protéger contre l'invasion guerrière ou pacifique de ses voisins ; le premier élément de sa force, l'outil le plus puissant, le capital le plus précieux et le plus fécond, c'est l'homme lui-même.

*
* *

En présence de ces constatations, faut-il prendre le parti de nous enfermer chez nous, en renonçant à toute action extérieure, à toute expansion coloniale? Loin de là! Le goût de la vie casanière, qui domine en France, est, à n'en pas douter, la raison principale pour laquelle notre population est stationnaire. A ce péril nous porterions remède, en faisant comme les autres, qui essaiment au dehors. En d'autres termes, et bien que ceci ait l'air d'un paradoxe, le fait de l'abaissement de la natalité n'empêche pas l'émigration; il est, au contraire, amené lui-même par l'absence d'émigration. Nous n'avons plus d'enfants, parce que, avec les besoins de confort qui règnent à présent dans nos mœurs, nous ne trouvons plus, sur notre territoire, les ressources nécessaires à l'existence facile et douce que tout le monde convoite. Mais que l'émigration devienne à la mode en France, comme chez nos voisins;

qu'elle ouvre à l'industrie humaine de nouveaux et larges débouchés, et nous verrons aussitôt les familles croître et multiplier généreusement, suivant le précepte tracé à nos premiers parents.

L'expérience, à cet égard, est décisive. Seules les nations qui fournissent beaucoup à l'émigration, comme l'Angleterre, l'Allemagne, l'Italie, voient leur population intérieure augmenter rapidement et leur commerce prospérer en conséquence. Nous pouvons faire la même constatation dans certaine région de la France. Voici, par exemple, le département des Basses-Pyrénées. C'est apparemment un de ceux qui devraient se dépeupler davantage; car, depuis soixante ans, c'est celui d'où l'on sort le plus. Chaque année, il envoie un nombre considérable d'émigrants non vers nos colonies, hélas, mais vers la République Argentine, le Brésil et le Chili. Cependant il comble les vides aisément par l'excédent de ses naissances sur ses décès; la production d'hommes y est abondante parce que la demande d'hommes y est continue[1]. Si des courants réguliers d'émigration se formaient ainsi

1, Le département des Basses-Pyrénées, qui comptait 426,700 habitants en 1872, en avait 432,999 en 1886. L'excédent des naissances sur les décès y est habituellement de 2,000

dans nos diverses provinces ; si chacune d'elles avait, au loin, une sorte de succursale coloniale peuplée de parents et d'amis des familles métropolitaines ; si les pères et mères pouvaient être sûrs que leurs enfants, parvenus à l'âge adulte, trouveraient là, dans un milieu français, une vie commode et prospère, la France, croyez-le bien, deviendrait aussi prolifique que l'Angleterre ou l'Allemagne.

Prolifique, pourquoi notre race ne le serait-elle pas chez elle, comme elle l'a été et l'est encore au Canada ? Sans doute, on s'abuse un peu, je l'ai déjà dit, sur le nombre des Français qui se fixèrent dans ce pays, au cours des dix-septième et dix-huitième siècles. L'établissement que la France avait fondé au Canada fut, somme toute, assez précaire ; et le mot bien connu de Voltaire sur les *quelques arpents de neige*, pour lesquels deux grandes nations de l'Europe étaient en guerre, réflétait le peu de sollicitude de l'opinion publique à l'endroit d'une possession lointaine qui, pendant cent cinquante années

à 2,500 âmes par an. Par contre, les départements de Normandie, où l'on citerait à peine quelques émigrants, voient décliner le nombre de leurs habitants.

d'administration française, et malgré les efforts persévérants de Colbert et de ses successeurs, malgré aussi des facilités particulières d'acclimatement pour les Européens, n'avait pu attirer que le contingent modique de 10,000 colons.

Mais ce qu'on ne peut contester, et ce qui est flatteur pour notre amour-propre national, c'est que ces 10,000 émigrants, ramassés péniblement et installés, de gré ou de force, sur les rives du Saint-Laurent, pour être ensuite abandonnés à eux-mêmes, sans secours du pouvoir central, se sont développés, on peut dire, à foison, par la seule vertu de leur fécondité. Ils étaient déjà 60,000 en 1763, quand nous dûmes céder le pays à l'Angleterre, après la chute du marquis de Montcalm; aujourd'hui ils sont près de 2,000,000. On trouve là des familles, d'origine française, de 10 et 15 enfants, et la population double, d'une façon continue, tous les 30 ans.

C'est un phénomène à l'honneur de notre race, mais qui doit être un peu aussi à l'honneur des pratiques coloniales anglaises. J'eus l'occasion, il y a trois ans, de converser avec un membre fort distingué de la nation franco-canadienne. C'était le maire de Montréal. Au moment où je le rencontrai en Égypte, il faisait le tour du monde, en compagnie de sa femme et de leur fillette d'une dizaine d'années. Il était allé en Australie et dans l'Inde, d'où il revenait émerveillé de la grandeur des créations britanniques ; il avait vu également le Tonkin et me disait que, dans notre nouvelle colonie déjà riche en fonctionnaires français, presque tout le commerce de terre et de mer est aux mains des Anglais et des Allemands. Mais c'est sur son pays, le Canada, que je l'interrogeai de préférence. Je voulais apprendre, d'un homme éclairé sur ce sujet, par l'influence de quelles causes un établissement de complexion chétive et d'avenir douteux, comme celui que nous eûmes jadis au delà de l'Atlantique, avait pris, sous les auspices de l'Angleterre, un développement si remarquable.

Mon interlocuteur n'eut pas de peine à me démontrer que le Canada n'avait ainsi prospéré qu'à la faveur précisément du régime anglais qui n'entrave pas, comme le nôtre, le peuplement, mais, au contraire, le favorise ; et il me confirmait, par cet exemple, que la race française, une fois placée dans un milieu favorable, une fois soumise à une administration intelligente et pratique, n'est pas inhabile à la colonisation et que, pour la production des enfants, elle vaut bien, à l'occasion, la race anglo-saxonne, puisqu'elle la contrebalance au Canada.

A la fin d'un de nos entretiens, je demandai au maire de Montréal comment pouvait se concilier le loyalisme anglais, qui distingue la nation canadienne, avec la fidélité aux souvenirs français, avec l'affection persistante pour la nation aïeule. Ce Franco-Canadien caractérisa, en une forme piquante, les sentiments de ses compatriotes et les siens : nous aimons, me dit-il, la France comme une mère et l'Angleterre comme une belle-mère.

Je viens de parler de la vitalité de la race française au Canada. Tout, il est vrai, concourt à ce résultat. Le clergé, notamment, qui a, dans le pays, une grande autorité, y est resté le plus ferme soutien de la nationalité. A ce propos, je dois un souvenir à une curieuse et sympathique figure canadienne, que j'ai eu aussi l'occasion d'approcher, Mgr Labelle. C'était le descendant d'une famille normande de Lisieux, émigrée en 1671 sur les bords du Saint-Laurent. Il était curé de Saint-Jérôme, non loin de Montréal. Par sa passion pour la colonisation du Dominion et par son apostolat constant pour la cause française, il avait acquis une popularité immense. Quand il mourut à la fin de 1890, les journaux anglais l'appelaient le roi du Canada. Le pape Léon XIII avait fait de ce curé modeste, mais ardent, un protonotaire apostolique ; auparavant, son pays en avait fait un député au parlement de la colonie. Il fut même ministre de l'agriculture et des affaires coloniales.

C'est en cette qualité qu'il vint à Paris, peu de temps avant son décès. Il y venait pour opérer la conversion, non pas des pécheurs endurcis, mais de la dette 4 1/2 pour 100 du gouvernement provincial de Québec. Il voulait aussi promouvoir, de notre pays vers le sien, une émigration de capitaux et d'agriculteurs, pour fortifier l'élément franco-canadien, qui lutte pied à pied, avec tant de mérite, contre l'afflux anglo-saxon. Ce pourrait être, en effet, soit dit en passant, une bonne politique d'aider, dans ses résistances à l'absorption, la plus intéressante de nos colonies anciennes, n'était la tâche, déjà trop lourde pour nous, de peupler nos colonies nouvelles[1].

Comme Mgr Labelle était un personnage de marque et de grande influence en matière de colonisation, il fut reçu solennellement par la Société de géographie, le 1er février 1890. Je l'entendis là prononcer une allocution familière, dans un français teinté d'archaïsme, qui s'est maintenu de l'autre côté de l'Océan et où se

1. Voir l'appendice VII.

montrent encore des formes de langage, des tours de phrase du temps de Louis XIV. Il nous exposa, en un tableau plein d'humour, les moyens d'action dont il se servait pour conserver au rameau franco-canadien sa sève, sa vigueur, son individualité ; comment il encourageait de toute son influence les travaux d'utilité publique, les routes, les chemins de fer, à l'effet d'ouvrir de nouveaux champs d'action à l'agriculture, au commerce et à l'industrie du Canada et d'empêcher ainsi l'émigration vers les États-Unis, qui exercent une attraction fascinatrice sur les pays voisins ; comment, avant tout, il prêchait aux jeunes gens le mariage précoce, (idée de Colbert), pour les tenir dans les bonnes traditions morales et leur donner le temps d'avoir une famille nombreuse qui accroisse la population. Et je vois encore cet apôtre aimable et jovial nous dire abruptement, avec son air de Normand madré, en parlant de ses paroissiens : « Quand il s'en présente un pour s'accuser d'une faute grave, par devant moi prêtre, savez-vous quelle pénitence je lui donne ? Non pas seulement de réciter le rosaire ou le psaume 50, *Miserere mei Deus*. Je lui donne pour pénitence d'avoir un enfant de plus. »

Le clergé français, si dévoué aux intérêts du pays et des bonnes mœurs, pourrait, en suivant cet exemple, faire œuvre patriotique et réformatrice tout à la fois, spécialement dans notre société bourgeoise, où l'on se marie avec le désir de n'avoir pas d'enfants ou avec l'intention d'en limiter le nombre.

*
* *

Certes, il serait à souhaiter que les habitants de la France eussent, pour se reproduire, le même élan que leurs frères du Canada et pussent ainsi, à l'instar de l'Angleterre, déverser leur trop-plein sur les colonies. Consolons-nous toutefois en attendant ; pour coloniser fructueusement, la France, après tout, n'a pas besoin d'avoir une natalité si féconde. On attache trop d'importance à cette question d'excédent de population. Il n'est plus, à présent sur le globe, et spécialement sous les latitudes tempérées, de territoires vides où nous puissions créer des colonies de peuplement, analogues à l'Australie et au Canada. L'ère de ces créations est passée. Dans le tournoi des compétitions coloniales, nous venons ou nous revenons trop tard. La fatalité historique nous assigne des possessions d'une autre espèce : colonies de régie et de commerce, comme l'Indo-Chine, le Sénégal, le Congo; de plantation, comme les Antilles et la Réunion ; ou d'un genre mixte se prêtant à un peuplement plus ou moins restreint, comme l'Algérie, la Tunisie et peut-être Madagascar. Or, pour fonder, garder et exploiter de telles colonies, dont la plupart d'ailleurs, à raison de leur situation intertropicale, sont d'un séjour nuisible à la race blanche, il est inutile d'avoir une surabondance considérable d'habitants.

Voyez la Hollande : ses riches possessions de l'archipel malais (Java, Sumatra, Bornéo, etc.) couvrent une superficie à peu près égale au cinquième de l'Europe et ont une population totale d'au moins 25 millions d'habitants. Le tout est gouverné, et fort bien gouverné, par un très petit pays, de gens industrieux et positifs, il est vrai, qui compte tout au plus 4 millions et demi d'âmes. Et la France, avec ses 38 millions d'habitants, ne serait pas assez peuplée pour administrer son empire colonial, qui embrasse, dans l'ensemble, 35 à 40 millions d'âmes ! Allons donc ! Elle a tout ce qu'il faut non seulement pour le gouverner, mais encore, si elle le veut bien, pour en tirer le meilleur parti. Si elle envoyait, tous les ans, seulement 15 à 20,000 colons dans ses possessions d'Afrique et le tiers de ce contingent dans ses possessions d'Indo-Chine, ce serait assez pour servir de cadres à une immigration d'Européens étrangers d'égale importance et à la masse plus ou moins touffue des indigènes; l'arrivée régulière de ces milliers d'émigrants, chaque année, constituerait, au bout d'un siècle, de l'autre côté des mers, des sociétés de plusieurs millions d'hommes de langue française et d'esprit français. Cela, nous pouvons bien le faire; car notre population, si peu nombreuse qu'elle soit, l'est encore trop pour trouver à s'occuper dans les campagnes de plus en plus délaissées au profit des centres urbains.

*
* *

Ce n'est, en résumé, ni l'instinct casanier de ses sujets, ni ses lois sur le partage égal des successions, ni enfin la faiblesse numérique de sa population qui peuvent interdire à notre pays l'expansion coloniale. Il faudrait seulement que ses institutions, dans leur ensemble et, en particulier, ses institutions scolaires, militaires et administratives, s'y prêtassent un peu mieux et qu'elles offrissent des encouragements à l'émigration au lieu de lui susciter des obstacles. Les adhérents de la politique coloniale ne tiennent pas assez compte de la difficulté de sortir un

Français de chez lui, grâce à la structure actuelle de notre société. Le Français commence par recevoir, dès l'enfance, une éducation ne l'excitant en aucune façon à la vie pratique et active. Puis il est retenu trois ans en caserne à l'âge précis où, le corps fait et l'esprit mûr, il pourrait aller aux colonies avec la résolution hardie et les illusions propices que l'on porte à vingt ans. Enfin, quand il est rendu à lui-même, trop tard souvent pour tenter quelque chose de personnel et d'aventureux, il ne lui reste plus qu'à céder à l'appât des carrières toutes faites et, pour supprimer l'*alea* dans sa vie, à demander, disons mieux, à mendier une place à l'État. Éducation classique, service militaire, abus du fonctionnarisme, voilà, à mes yeux, les trois entraves les plus funestes à l'émigration coloniale. Entraves réelles, celles-là ; les autres ne sont qu'entraves alléguées.

CHAPITRE III

LES MÉTHODES D'ENSEIGNEMENT.

Tout le monde, aujourd'hui en France, a plus ou moins conscience de la nécessité où nous sommes de réformer notre enseignement dans un sens utilitaire. Certes la République a fait pour lui, depuis vingt ans, des sacrifices considérables ; elle a bâti d'innombrables et somptueuses écoles, décuplé le nombre des instituteurs, multiplié les lycées et collèges, doté libéralement les facultés. Mais tout cela, peut-on dire, a été fait presque sans méthode, au jour le jour, plutôt en vue de gratifier la clientèle électorale que dans un but pratique strictement poursuivi. Aussi le vieil esprit universitaire continue-t-il d'habiter les nouveaux bâtiments. Notre enseignement, beaucoup trop théorique, a gardé son caractère des siècles passés, lorsqu'il s'adressait à une partie limitée de la nation et avait pour objet à peu près exclusif de créer une sorte d'aristocratie intellectuelle. A tous les degrés, il semble qu'on s'ingénie à introduire dans le cerveau des jeunes Français la plus grande masse possible des notions qui leur seront le moins profitables dans la vie.

Examinez d'abord les programmes de l'enseignement primaire : l'étude de la grammaire et des difficultés de la langue, celle de l'histoire envisagée par ses menus côtés, y tiennent tellement de place qu'il en reste à peine pour les matières techniques, pour les sciences usuelles, dont ne peuvent plus se passer, par le temps qui court, ceux qui sont appelés à devenir des agriculteurs, des commerçants ou des artisans. Il leur faudrait, avant tout, n'est-il pas vrai, pour mieux comprendre et mieux diriger les travaux qui leur seront confiés, soit dans les industries de ville, soit à la campagne, des notions nettes de physique, de chimie, de mécanique, de géologie, d'histoire naturelle, etc. S'ils ne les puisent pas à l'école primaire, ils ne les acquerront jamais; car leur condition sociale les restreint à l'enseignement du premier degré. L'État, qui assume jalousement la charge de cet enseignement, au point de déposséder le père de famille du droit naturel de le contrôler, devrait au moins viser à ce qu'il pût servir, pour les besoins de l'existence, à la généralité des futurs citoyens qui le reçoivent; mais il fait fausse route, il se moque de l'enfant, quand, au lieu de lui apprendre les choses qui lui permettraient de gagner plus aisément son pain au prix d'un moindre effort, il le fait pâlir, de six à treize ans, sur l'accord des participes, la géographie du Mexique ou le règne de Pépin le Bref. On se plaint souvent de la sédentarité de notre population ; nos possessions d'outre-mer, pour la plupart, n'attirent, comme colons libres, qu'un petit nombre de meurt-de-faim et de sacripants, pour lesquels l'émigration est une fuite plutôt qu'une conquête. Croit-on qu'il en serait de même si les jeunes Français, élevés par l'école primaire en vue des réalités actuelles, et dès lors plus confiants dans leurs propres ressources, se trouvaient incités à chercher bravement au loin, dans les colonies, le travail qui manque chez nous ?

Mais plus dommageable encore, à ce point de vue, est l'enseignement secondaire. Loin de favoriser efficacement l'émigration, il l'entrave par la direction même qui lui est imprimée. Cet enseignement, à qui s'adresse-t-il ? Il s'adresse aux classes moyennes et riches, qui ont des capitaux à employer, et qui, par la supériorité de leur culture d'esprit, gouverneront toujours, quoi qu'il arrive, en dépit des rêves creux et des vaines déclamations du socialisme, la fortune politique de la nation. Il devrait donc donner à la jeunesse bourgeoise, puisqu'on la convie à l'œuvre coloniale, toutes les qualités nécessaires à des colons et à des commerçants. Or que fait aujourd'hui l'enseignement secondaire, tel qu'il est organisé, celui que les familles, par vanité plutôt que par option réfléchie, choisissent, en général, pour leurs enfants ? Il fait exactement le contraire. Chez tous, sans distinction, il développe *l'esprit classique,* cet esprit qui entretient le goût de la phrase et de la discussion, l'habitude du lieu commun poétique ou oratoire, l'abus des citations, l'amour des abstractions, la propension à la recherche spéculative. Rien n'est plus opposé que tout cela à l'*esprit commercial,* à l'esprit des affaires, le seul qui puisse susciter des colons.

Pour coloniser, est-il besoin d'avoir appris à bégayer des langues anciennes, d'avoir pénétré les arcanes de la philosophie et abordé les mathématiques transcendantes ? Est-ce que les connaissances pratiques, positives, qui encouragent et disposent à l'action, ne seraient pas d'un intérêt plus immédiat, à condition toutefois d'être enseignées, non comme elles le sont à présent, d'une manière superficielle et fugitive, mais comme elles devraient l'être : par exemple, les *langues vivantes,* anglaise, allemande, espagnole, indispensables au trafic international ; et les *sciences naturelles et physiques,* indispensables à la compréhension du monde où nous vivons et à l'utilisation des grandes découvertes ; et l'*arithmétique,* cette providence des ménagères et des marchands, indispensable, elle aussi, aux transactions de la vie journalière, où apparaissent sans cesse les questions de monnaies, de change, d'intérêt, de rente, d'escompte, de poids et de mesures, et cependant si négligée, cette science précieuse entre toutes, par des programmes absurdes, qui lui laissent une heure par semaine jusqu'à la classe de troisième, et plus rien à partir de cette classe ; et l'*histoire,* non pas la nomenclature sèche des événements et des dates depuis les lointains mésopotamiques jusqu'à nos jours, mais plutôt le tableau synthétique des principales époques, et surtout l'exposé raisonné de l'évolution des temps modernes et de la formation des sociétés contemporaines ; et la *géographie,* non pas l'énumération insipide des montagnes, cours d'eau, lacs, détroits, golfes et caps, mais plutôt la géographie vivante, c'est-à-dire, la géographie économique et commerciale, la science exacte des lieux de production ou de fabrication et des moyens et instruments d'échange entre les peuples. Pour la jeunesse d'un pays qui aspire à coloniser, voilà qui vaudrait bien, je crois, les langues mortes ! Henri Heine écrivait jadis avec facétie que les Romains, s'ils avaient dû apprendre le latin, n'auraient jamais eu assez de loisir pour conquérir le monde.

Il faut, avant tout, être de son temps, sous peine de rester stationnaire, quand les autres marchent. Or, observez ce qui se passe : autour de nous, nos voisins, du moins la plupart, en progrès constant, dans les diverses branches de l'activité économique ; chez nous, l'industrie et le commerce en souffrance, l'agriculture en détresse, la richesse publique en danger, la colonisation en langueur. Je ne vois guère en progrès que les impôts. Vous serez alors conduits à penser que nos instruments pédagogiques, qui ont charge de former la jeunesse et de la préparer à la vie, ne sont plus appropriés à notre époque et constituent, de toute évidence, un organisme atteint de vétusté. L'Université et les établissements libres modelés sur elle, qui nous bercent sur leurs genoux, en nous donnant à épeler des déclinaisons, sont en retard sur les idées d'aujourd'hui. *Rosa, la rose*, la rose du bon Lhomond, s'est effeuillée au vent du siècle.

Le moment est passé où l'on pouvait discourir en théorie, et avec une sérénité académique, sur la culture intellectuelle qui convient le mieux à un peuple. A l'heure présente, les questions d'enseignement engagent notre avenir. La prospérité matérielle de la France, peut-être même son existence comme grande nation, dépendent, plus qu'on ne s'imagine, de la direction imprimée aux études publiques dans les lycées et collèges. Or cette direction, encore une fois, n'est ni pratique ni moderne. Elle ne réussit pas à doter notre démocratie de la sorte d'hommes dont elle aurait besoin pour les luttes de la concurrence internationale. Dans l'ensemble des instituts ouverts à la bourgeoisie aisée, l'enseignement classique prépare aux professions dites libérales et ne prépare qu'à elles. Il écrème, en quelque sorte, la jeunesse au profit des fonctions publiques, des offices ministériels, du barreau et de la politique, toutes carrières déjà trop encombrées, qui, bien qu'estimables en elles-mêmes, sont, par rapport à la richesse nationale, des carrières improductives. Il commet alors une injustice désastreuse envers les carrières vraiment utiles, agriculture, industrie, commerce, qui, si elles n'étaient appauvries de leurs sujets d'élite par le collège, développeraient à l'infini, soit en France, soit dans les colonies, les forces économiques de la nation.

Loin de moi, bien entendu, la pensée de décrier les études purement littéraires et spéculatives. Je sais tout ce qu'elles apportent de joies et de consolations aux existences solitaires qui savent se contenter du commerce austère de la science tempéré par la fréquentation des muses aimables. Je sais aussi tout ce qu'elles donnent de relief et de parure à la civilisation d'un peuple. Qu'il faille maintenir vigilamment une élite intellectuelle livrée aux travaux d'ordre supérieur dans toutes les branches des connaissances humaines, personne n'en disconvient. Grâce aux aptitudes naturelles de notre race et à son fond solide de traditions latines, cette élite ne fera point défaut; en France toujours, s'il plaît à Dieu, l'on verra les générations nouvelles recevoir des mains de leurs aînées le flambeau sacré de la culture antique.

Mais c'est, à mon sens, une des plus singulières erreurs de notre temps de prétendre imposer ces nobles études à tous ou à presque tous, sans discernement, aux esprits curieux et aux esprits indolents, à ceux qui auront des loisirs dans la vie et à ceux qui en seront privés, aux rares élus que leur situation sociale ou leur intelligence prédestine aux grandes carrières et à la masse compacte qui devra se contenter des professions usuelles[1].

Quand elles ne mènent pas à un but déterminé, elles nuisent. Elles nuisent en détournant des voies pratiques, en ne créant que des hommes sans énergie, sans idéal viril, entichés de fonctionnarisme, ployés d'avance sous toutes les sujétions. Pense-t-on, en effet, façonner la volonté et l'âme de l'écolier, pour les âpres compétitions de l'âge mur, en bourrant, sans répit, sa pauvre cervelle de toutes les connaissances inscrites dans nos programmes multiples, incohérents et démodés ? Combien de fois ai-je entendu des pères de famille déplorer le surmenage ridicule infligé à la jeunesse par le régime actuel ! Il les peinait de voir tous les jours leurs fils accroupis dolemment sur d'ingrats exercices, comme les thèmes

1. Si tenaces, à cet égard, sont, chez nous, l'empire de la routine et la passion de l'uniformité que le grec et le latin, déjà peu utiles en France, et moins encore en Algérie-Tunisie, sont enseignés jusque dans les écoles secondaires de nos lointaines colonies d'Amérique ou d'Asie, par exemple, aux Antilles, à Pondichéry, à Saïgon, etc. Pour quelles fins ? On serait bien embarrassé de le dire.

grecs et les vers latins. Vivant à une époque où le labeur est dur et le temps précieux, ils se rendaient bien compte de la disconvenance croissante entre l'éducation contemporaine et le profit réel qu'on en peut attendre. Ils protestaient, (mais toujours trop tard pour y soustraire leurs enfants), contre ces études encyclopédiques et sommaires, qui, sous un fatras, uniformément distribué, de connaissances inutiles à la plupart, arrêtent ou refoulent, chez l'adolescent, la sève montante, étouffent la spontanéité du cœur, émoussent l'originalité de l'esprit, et encombrent, sans avantage pour l'avenir, souvent même au détriment des forces physiques et de la santé, les plus radieuses années de la vie[1].

Je me joindrai volontiers à ces pères de famille, moi qui m'occupe ici de colonisation, et je dénoncerai, à mon tour, cette éducation classique parmi les causes qui compriment le plus notre essor extérieur. Je la dénoncerai, parce que, chez les Français d'aujourd'hui, malgré toutes les colonies qu'on leur conquiert, elle est insuffisante à forger des colons, c'est-à-dire des hommes d'initiative et d'action, des créateurs d'entreprises, des défricheurs de sols, des fondateurs de comp-

1. Voir l'appendice VIII.

toirs commerciaux, des propagateurs de civilisation, mais qu'elle ne fait et ne peut faire, — et alors avec une surabondante production, — que des bourgeois assoupis, des ronds-de-cuir satisfaits, des fonctionnaires tremblants, des folliculaires ignorants, des avocats intempérants et des politiciens impuissants.

CHAPITRE IV

LE SERVICE MILITAIRE.

Je viens de montrer l'influence néfaste que huit, neuf, dix années passées au collège, à recevoir l'éducation classique, peuvent avoir sur les aspirations coloniales des jeunes Français. Ajoutez-y trois ans de caserne, et voici un autre obstacle apporté à l'émigration.

Nous sommes aujourd'hui sous le régime d'une loi militaire, celle du 15 juillet 1889, qui soumet à une durée de service, égale en principe, l'universalité des citoyens. Je veux bien que pour cette loi, amenée par les circonstances et envisagée d'ordinaire comme une obligation inéluctable, il faille avoir une déférence résignée. Il n'en est pas moins clair, à en examiner les effets probables, qu'elle constitue une mesure des plus dangereures pour l'avenir colonial de la France et pour bien d'autres choses encore.

On comprendrait que notre pays, non sans regret toutefois, acceptât les risques d'une expérience aussi scabreuse, si, par le moyen du service triennal appliqué à tous, il arrivait au moins à se procurer une armée solide, la plus formidable de l'Europe, si sa force défensive croissait en raison des intérêts qu'il abandonne et des milliards qu'il sacrifie, bref, s'il en avait pour sa peine et son argent. Mais je crains bien qu'il n'en advienne tout différemment et qu'en cette matière, comme en tant d'autres, la quantité ne soit obtenue au détriment de la qualité. M. Thiers et le général Changarnier n'ont sans doute pas été, sur ce point, de faux prophètes. Ils devinaient quels résultats allait produire l'abandon de la loi de 1832. Cette loi, du moins, nous donnait ce que nous souhaiterions tant d'avoir à présent : des combattants de métier, des amoureux de la cocarde, des chevronnés redoutables ; elle avait aussi l'avantage de ne pas arracher au sillon l'armée des laboureurs qui nourrit l'armée des soldats.

En vain allègue-t-on la prétendue nécessité d'accroître de plus en plus le nombre d'hommes en état de porter les armes, sans qu'il manque à l'appel une seule unité vivante. C'est un axiome répandu chez nous, depuis 1870, et un axiome incontesté, bien que fort contestable, que le succès à la guerre dépend des masses plus ou moins grandes que l'on peut jeter sur l'ennemi. Notre vanité nationale s'est plu à chercher l'origine de nos revers dans notre infériorité numérique et dans les insuffisances de notre armement, quand il ne s'y ajoutait pas, en outre, des imputations de trahison. Sans insister sur ce point si douloureux, je croirais volontiers, pour mon compte, que c'est moins le nombre qui a manqué dans nos corps d'armée que l'habileté stratégique et la mutuelle entente chez ceux qui avaient charge de les commander.

En tout cas, on ne saurait nier qu'il n'y ait, depuis vingt-cinq ans, un engouement irrésistible pour les gros bataillons. L'Allemagne a donné le signal ; les autres nations ont suivi. Mais les Allemands eux-mêmes n'ont pas tous une admiration sans bornes pour leur système de conscription universelle. En 1883, parut à Berlin, on s'en souvient, un admirable livre de philosophie militaire, qui fit, dans les états-majors en Europe, une sensation profonde, tant à cause du talent de son auteur, le major von der Goltz, l'un des officiers les plus en vue de l'armée allemande, qu'à raison du sujet qu'il traitait. Ce livre était intitulé : *La nation armée*. Il exposait, avec mélancolie, à quelles contraintes fatales cédaient l'Allemagne, et, à son imitation, l'Europe entière, en créant des armées immenses composées de tous les hommes valides de chaque pays. M. von der Goltz, esprit fort éclairé, n'avait guère d'illusions sur les résultats inévitables de cette perpétuelle levée en masse. A son avis, ce n'était pas un progrès dans les voies de la civilisation, mais plutôt un retour à la barbarie des premiers siècles de notre ère ; tout citoyen devenant soldat, on avait bien des chances pour n'avoir plus que de mauvais citoyens et de mauvais soldats[1]. Et cherchant à deviner l'avenir, il prédisait que ces multitudes armées, dépourvues d'esprit militaire et d'endurance, espèces de gardes nationales de plus en plus faibles, qu'aucun généralissime, fût-il un homme de génie, ne pourra, le jour venu, ni commander, ni mouvoir, ni nourrir, seront battues, tôt ou tard, par quelques bandes aguerries, solidement encadrées et disciplinées, que dirigera un *condottiere* intrépide : « Le jour viendra, disait M. von der Goltz, où les habitudes actuelles seront profondément modifiées. Il est permis de prévoir que les armées composées de millions d'hommes cesseront

1. Voir l'appendice IX.

plus tard de jouer un rôle prépondérant. Un Alexandre apparaîtra à la tête d'un petit noyau de soldats exercés et robustes et chassera devant lui les masses amollies qui se seront transformées en gardes bourgeoises, innombrables, mais pacifiques, comme l'armée des Chinois. »

Sans doute, ce nouvel Alexandre est encore à naître, et les principales nations de l'Europe seront ruinées ou ensanglantées, avant que l'une d'elles ait le courage de préparer, de longue main, le petit noyau de professionnels endurcis qui disperseront victorieusement les cohues armées. Mais des réflexions du major prussien, partagées par certains de nos officiers les plus distingués[1], on est porté à rapprocher déjà, comme s'ils en étaient une justification édifiante, les événements militaires qui viennent d'agiter l'Extrême-Orient, où l'on a vu les masses chinoises écrasées sous l'effort imprévu d'un petit peuple

1. On peut voir, à cet égard, l'ouvrage remarquable du colonel Hennebert, *Les armées modernes*. — Nous rappellerons aussi les idées récemment émises par le général Lambert sur la nécessité de constituer d'urgence une armée active de première ligne, une véritable armée de campagne, où figureraient, en majeure partie, des vétérans, pour encadrer, soutenir et entraîner les jeunes conscrits. L'Allemagne elle-même est entrée dans cette voie depuis 1893.

singulièrement inférieur en nombre, mais plus résolu, plus instruit et mieux outillé pour la guerre.

Je n'aperçois donc pas, en résumé, que la loi nouvelle sur le recrutement, cette loi qui oblige tout Français à vivre trois ans en caserne, doive ajouter beaucoup à la solidité et à la cohésion de notre armée. Mais j'aperçois plus distinctement le préjudice irréparable qu'elle est de nature à occasionner à la nation, comment elle peut épuiser sa richesse acquise, tarir les sources de sa production industrielle, exposer sa haute culture intellectuelle, compromettre les intérêts primordiaux de sa civilisation à l'intérieur et hors de ses frontières. C'est ce que je vais essayer de montrer en ce qui concerne spécialement le commerce et la colonisation.

Au lendemain de la paix de Francfort, les Français, voyant leur prospérité économique en déclin, avaient fait une découverte heureuse. Ils avaient reconnu qu'on ne naissait pas commerçant, pas plus qu'on ne naît littérateur ou mathématicien. Même la pratique ne suffit pas, hormis chez quelques natures d'élite. A côté de l'apprentissage ou, avant lui, pour l'éclairer et le régler, il faut un certain enseignement technique. Notre pays n'avait pas cet enseignement. C'est pourquoi il était encombré d'Allemands et de Suisses occupant, dans nos maisons de commerce et de banque ou dans nos usines, des positions de confiance; on les y appelait parce qu'ils étaient très versés dans les affaires et dans les langues vivantes. Il y avait là, pour nous, une cause d'humiliation et de faiblesse. Les étrangers, plus instruits ou mieux préparés que nos nationaux, venaient exploiter nos richesses et pénétrer nos secrets de fabrication; mais, bien entendu, ils le faisaient dans leur intérêt, le plus souvent en vue de transporter chez eux les entreprises qu'ils avaient étudiées ou dirigées chez nous. Par ce moyen, l'Allemagne est devenue notre rivale dans les industries dites parisiennes, que nous regardions comme essentiellement françaises, et aussi dans certaines de nos industries régionales.

Pour détourner le péril d'un appauvrissement graduel au profit de l'étranger, des particuliers avisés ou des associations libérales, s'inspirant de ce qui existait en Allemagne, en Suisse, en Autriche, aux États-Unis, ont fondé, de leurs deniers, à Paris et dans les principaux centres de la province, des écoles supérieures de commerce, où l'on enseigne tout ce qui a trait aux affaires :

comptabilité, géographie et législation commerciales, connaissance des marchandises, opérations financières, langues étrangères[1]. Ces écoles leur ont coûté et leur coûtent encore d'énormes sacrifices. Aujourd'hui, elles sont en assez grand nombre, et, en général, fort bien agencées. Elles pouvaient compter sur une clientèle d'élèves abondante. Grâce à ces créations opportunes, on allait vite reconquérir le temps perdu. On avait désormais un instrument efficace pour former, parmi la jeunesse contemporaine, de bons commerçants et de bons colons. Dans les années fécondes de 18 à 20, 21 ou 22 ans, l'esprit déjà ouvert peut s'initier aux connaissances nécessaires. L'homme, à cet âge, choisit sa voie et s'instruit en conséquence. Si la préparation manque, toute la vie s'en ressent, la vie individuelle et aussi la vie nationale.

Or voici qu'à ce moment décisif apparaît le service de trois ans, qui, sévissant sur tout le monde, empêche le recrutement des élèves du commerce et comprime les vocations naissantes. Il interrompt ou détruit tout ce qui s'est fait jusqu'ici pour la culture commerciale. Cette

1. Les types les plus connus à Paris sont les écoles Turgot, J.-B. Say, Lavoisier, Chaptal, Arago, Colbert.

culture vient-elle à manquer, le résultat est presque fatal : c'est le commerce et l'industrie de la France exposés à retomber aux mains des Allemands et des Suisses[1]. C'est également, par ricochet, l'exploitation de nos colonies rendue de plus en plus difficile ; car qu'y peut-on envoyer d'utile, sinon des commerçants, des industriels, des agriculteurs ? Je ne sais si le prince de Bismarck pensait à tout cela le jour où il disait, au Reichstag, que l'Allemagne, après le Sedan militaire, infligerait à la France un Sedan économique.

Ces effets funestes de la loi militaire actuelle pour nos intérêts coloniaux avaient été prévus. Nombre de chambres de commerce et de conseils généraux demandèrent, mais vainement, l'établissement de dispenses en faveur de jeunes gens enclins à la carrière coloniale. La chambre de

1. On sait que notre pays est de nouveau envahi par les Allemands, comme il l'était avant la guerre ; on en compte aujourd'hui chez-nous plus de 80,000, dont près de 30,000 à Paris. — Et s'il n'y avait que des Allemands ! Au total, le nombre des étrangers résidant en France et non naturalisés s'élève à plus de 1,000,000 ; à chaque recensement, il augmente de 100 à 150,000. En face de tels chiffres, il n'est pas exagéré de dire que la France est peu à peu *colonisée* par les étrangers.

commerce de Bordeaux, dans une lettre au ministre de l'agriculture et du commerce, signalait ce qui suit comme se pratiquant journellement : « Des jeunes gens français de quinze à dix-huit ans se présentent-ils chez un négociant exportateur pour offrir leurs services dans une de ses succursales d'outre-mer, ce négociant demande tout d'abord s'ils se trouvent placés dans l'un des cas d'exception prévus par la loi militaire ; en cas de réponse négative, ce qui arrive le plus souvent, il n'est pas rare de voir ce négociant donner la préférence à des jeunes gens d'origine suisse et allemande ; de sorte que si notre loi militaire n'est pas revisée sur ce point, nous verrons bientôt passer le commerce de nos propres colonies dans des mains étrangères. »

Non seulement notre loi militaire n'a pas été atténuée dans le sens indiqué par la chambre de commerce de Bordeaux, mais ses inconvénients ont encore été renforcés. Avant 1889, les Français habitant l'une de nos possessions, (l'Algérie exceptée), n'étaient pas soumis au service. L'article 81 les y assujettit désormais, en les incorporant pour un an dans les corps stationnés aux colonies. De plus, à l'égard de nos plus anciennes possessions, déjà fort en souffrance, la Guadeloupe, la Martinique, la Guyane et la Réunion, celles qu'on regarde comme assimilées, et qui, en fait, sont régies à peu près comme un département français, le même article renferme une disposition qui peut les conduire à la ruine. Il déclare la loi militaire applicable, en ce qui les concerne, sans restriction ni modification ; il oblige, par conséquent, les Français de ces colonies à faire trois ans de service, et, chose à peine concevable, à venir les faire *en France*. (Voir aussi l'art. 44.) Inutile d'insister, n'est-ce pas, sur les dangers d'une pareille mesure.

Ainsi, que l'on envisage les Français en partance vers les colonies ou ceux en résidence dans les colonies, le service militaire se manifeste comme une entrave, et une entrave désastreuse. Si nous devons vivre longtemps sous ce régime, l'émigration coloniale, qui commençait à se développer chez nous, s'arrêtera tout à fait. Peu importe alors que nous ayons conquis ou non des terres nouvelles ; peu importe que notre population augmente ou diminue. Dans l'un comme dans l'autre cas, nous n'irons point au dehors fonder des sociétés françaises ; nous devrons laisser à nos rivaux d'outre-Manche, qui s'acquittent de cette tâche à merveille, le soin de peupler le monde[1].

1. Le nombre des émigrants anglais, écossais et irlandais a été de 227,000 en 1894 et de 272,000 en 1895.

L'exemple d'un grand pays voisin, que l'on cite souvent sans le connaître, devrait nous montrer, à ce point de vue, les inconvénients du service militaire exagéré. L'Allemagne, depuis une douzaine d'années, a voulu acquérir, elle aussi, des colonies ; elle s'est taillé notamment quelques beaux morceaux en Afrique. La plus petite de ses possessions, le Togoland, tout près de notre Dahomey, est large comme le royaume de Saxe; la plus grande, à l'ouest de Zanzibar, dépasse en superficie l'empire allemand. Mais ces colonies germaniques, encore que la métropole s'applique, avec vigueur, à y développer des intérêts, végètent comme les nôtres, par la raison que le courant de l'émigration ne se porte pas vers elles. Si, chaque année, un nombre considérable d'Allemands, 90 à 100,000 au moins, s'embarquent dans les ports de Hambourg, de Brême, de Stettin, de Rotterdam et d'Anvers, ordinairement à destination de l'Amérique, parfois à destination des colonies anglaises ou néerlandaises, c'est en vue d'échapper aux charges militaires, qui, bien qu'inférieures à ce qu'elles sont en France, sont encore écrasantes. Ils ne peuvent émigrer dans les dépendances africaines ou océaniennes de l'empire, parce qu'ils y seraient atteints par la conscription[1].

La même chose se passe chez nous, dans des proportions moindres. Le département des Basses-Pyrénées, (j'ai déjà eu occasion de le dire), envoie régulièrement à la Plata un bon nombre de jeunes gens qui ne rentrent pas à l'appel des classes. Ils y allaient déjà bien avant la guerre franco-allemande, leur émigration vers l'Amérique ayant commencé à se dessiner en 1832. Ce n'est donc pas, quant à eux, l'imminence du danger qu'ils appréhendent. On ne peut douter du courage des habitants du pays basque et du Béarn, de ces descendants des Ibères, dont le corps, suivant un historien latin, Justin, ne redoutait pas plus la faim et la fatigue que leur cœur ne redoutait la mort, et qui préféraient la guerre au repos ; au reste, il faut encore plus de courage pour faire un colon que pour faire un soldat. Mais les Basques sont une population indépendante, réfractaire à tout frein ; ils se dérobent, même en temps de paix, au service

1. D'après un récent rapport présenté au Reichstag, sur l'état des colonies allemandes en 1895, ces colonies n'ont reçu, l'an dernier, que 700 émigrés, et encore 250, parmi eux, étaient des fonctionnaires.

obligatoire. Ils partent très jeunes, avant l'âge de vingt ans, pour pouvoir commencer la vie de colons d'aussi bonne heure que les Anglais.

Quand, sur le tard, ces insoumis reviennent en France, ils n'ont plus besoin, comme jadis, de se faire amnistier par le gouvernement. Car la loi de 1889 (art. 50) affranchit de tout service les jeunes gens établis *à l'étranger*, hors d'Europe, et y occupant une situation régulière, s'ils ne rentrent pas avant l'âge de trente ans. Nos émigrants, — et c'est un effet singulier de cette loi, — ont ainsi tout intérêt, au point de vue militaire, à fuir nos colonies et à se fixer de préférence dans un pays étranger. S'ils choisissent l'une de nos possessions, ils ont à subir, suivant les cas, un an ou trois ans de service, dont ils sont exempts, s'ils vont, comme les Basco-Béarnais, dans une des républiques de l'Amérique du Sud ; signe frappant de l'intelligence que nos législateurs apportent à leur besogne !

Eût-ce donc été si grande faveur d'étendre l'exemption aux trop rares Français qui s'établissent dans nos colonies, de manière à diriger de ce côté une émigration plus abondante ? Quelle bonne aubaine ce serait, par exemple, pour l'Algérie ou la Tunisie, de recevoir ces émigrants pyrénéens, qui joignent à un grand esprit pratique une hardiesse d'entreprise attestée partout où ils passent ! Ils eussent fait sans doute des caporaux médiocres, mais ils feraient d'excellents colons. Assurément le nombre de ces exemptés n'atteindrait jamais le chiffre de 20 ou 25,000 hommes, qui représente, je crois, l'excédent de chaque classe que les crédits budgétaires empêchent de faire passer sous les drapeaux. L'armée ne serait donc pas appauvrie dans ses effectifs, tandis que nos colonies désertées profiteraient d'une affluence précieuse d'artisans et d'agriculteurs.

Des dispenses, somme toute, il a bien fallu en établir. Mais, sur ce point, la loi militaire n'a pas été non plus bien avisée. Je parlais plus haut des obstacles que l'éducation classique, telle qu'elle est entendue chez nous, suscite à la colonisation ; je montrais qu'après en avoir fait des bacheliers impropres à toute entreprise active, elle retient les jeunes gens en France, quand il faudrait les inciter à en sortir. Avec la loi de 1889, les choses sont encore aggravées, s'il se peut ; par elle, l'enseignement supérieur est en voie d'accroître ou de prolonger le tort que l'enseignement secondaire fait à l'émigration. Les appelés, en effet, ne subissent qu'une année de service, au lieu de trois, s'ils ont obtenu, à un certain âge, certains diplômes, doctorat en médecine ou en droit, licence ès lettres ou ès sciences, etc., etc., dont la nomenclature, assez longue, est dans l'article 23. Voilà de quoi les encourager désormais à pâlir sur des livres beaucoup plus qu'à défricher des terres vierges! Nous compterons par milliers les diplômés de tout genre, dont l'unique souci, pendant cinq, six et sept années de leur vie, appliquées à briguer des parchemins souvent inutiles, aura été de gagner deux ans de service. Ils se seront faits docteurs pour n'être pas sergents. A coup sûr, ce n'est pas non plus dans cette pléiade sédentaire et poltronne des Brid'oisons en herbe et des Diafoirus que se trouveront les bonnes recrues pour la vie coloniale [1].

Et voyez l'inconséquence de cette loi militaire. C'est une loi prétendûment démocratique. Or, les dispenses qu'elle édicte, — (il fallait bien en édicter, puisqu'on ne peut incorporer la totalité du contingent annuel), — ne doivent guère profiter

1. Au cours de l'année 1894-95, à Paris seulement, le nombre des étudiants, qui va toujours en croissant, était de 5,445 à la Faculté de médecine et de 4,158 à la Faculté de droit. Combien d'entre eux seront-ils aptes à tirer de leurs diplômes un moyen de vivre? Plus le temps marche, et plus la culture intellectuelle semble insuffisante à nourrir son homme.

à la nation ; elles profitent à diverses catégories de privilégiés que leurs études mêmes détournent de la vie active et productive ; elles grossissent l'armée famélique et désabusée des prolétaires de la science. Mais les hommes utiles, les hommes pratiques, dont le travail enrichit le pays et qui sont le nombre : cultivateurs, vignerons, contremaîtres d'industrie... ? Pour ceux-là, point de dispenses. Ils peuvent s'offrir pour aller aux colonies, où ils seraient très précieux ; ils peuvent aspirer généreusement à étendre le commerce de leur pays, à coopérer à l'accroissement de ses ressources, tout en pourvoyant à leur propre fortune. La loi de 1889 dit à ces hommes du peuple, au nom d'une égalité dont ils sont les dupes : faites d'abord trois ans de service ; ensuite, si vous y tenez, allez aux colonies.

Au lieu d'établir des dispenses stériles, — (et même dangereuses, parce qu'elles tendent à développer encore nos instincts casaniers et notre manie des examens et des grades), — il eût été plus sage, semble-t-il, d'en créer de fécondes, d'affranchir carrément des servitudes militaires le Français courageux qui va exercer une industrie aux colonies, et, par là, d'instituer une sorte de prime à l'émigration. On donne bien une prime à l'exportation de certaines marchandises ; pourquoi, après tout, n'en pas donner une au colon qui s'exporte lui-même ? Est-ce qu'on ne doit pas lui tenir compte des épreuves de tout genre et des dangers que suscite inévitablement l'expatriation ? Vous ne pouvez pas, sans ironie, et à moins de faire miroiter à ses yeux quelque immunité, comme est l'exemption de l'impôt du sang, dire à un homme amoureux du sol natal : *Egredere de terra tua*[1]. Sors de ton pays ; porte au loin ton foyer, au risque de goûter à la coupe amère des privations, des aventures et des mécomptes. Va en Algérie livrer ta récolte aux invasions de sauterelles ; va au Tonkin exposer ta famille aux incursions de pirates, à moins que tu n'aimes mieux lui faire savourer, dans la Nouvelle-Calédonie, le contact obligé des forçats. Cours chercher, à ton choix, — car il y en a, hélas, pour tous les goûts et pour tous les tempéraments, — le typhus en Guyane, la colique sèche au Gabon ou la dysenterie en Cochinchine, la fièvre jaune au Sénégal ou la fièvre paludéenne à Madagascar. Cet homme vous répondra, avec bon sens, que tout cela, si aucune compensation n'est offerte en échange, est fort peu séduisant, et qu'à tout prendre, la faim ne le poussant pas en-

1. Genèse, chap. XII, verset I.

core à en sortir, il se trouve mieux chez lui, dans la belle France[1].

Ce que j'indique ici, à savoir la dispense du service comme moyen d'encourager l'émigration, fut, en 1889, l'objet d'une pétition de 54 chambres de commerce de nos principales villes. Mais que pouvait peser, devant le parlement, cette manifestation des grands intérêts du pays auprès de la motion d'un député des Antilles, un nègre, je crois, qui vint demander, en invoquant les grands principes, l'assimilation des charges militaires pour la métropole et pour les colonies ? Il aurait pu ajouter, comme on osa dire à la fin du siècle dernier : périssent les colonies plutôt qu'un principe !

Ce principe aujourd'hui, c'était l'égalité à outrance, sans souci des conséquences, dans l'ap-

1. Il existe à Paris, sous le nom d'*École coloniale*, un institut fort intéressant, fondé il y a sept ans et déjà prospère ; il peut devenir la pépinière véritable de notre administration d'outre-mer. Pourquoi ne l'a-t-on pas encore assimilé aux nombreuses écoles dont les diplômes exonèrent de deux années de service militaire ? M. Siegfried, rapporteur du budget des colonies, vient d'émettre très raisonnablement le vœu que le bénéfice de cette dispense fût étendu aux élèves brevetés de l'*École coloniale*, qui s'engageraient à séjourner, pendant un laps de temps déterminé, aux colonies, soit dans les fonctions, soit même dans le commerce ou l'industrie.

plication d'une loi brutale ! Peu importait que, par le service obligatoire et universel de trois ans, la France fût affectée dans son commerce, dans son industrie, dans son rayonnement extérieur et dans sa civilisation, qu'en un mot, elle pût être moralement décapitée. Il s'agissait bien de cela, en vérité ! Il s'agissait d'imposer à chacun, inflexiblement, sans admission d'aucune équivalence, la même charge militaire et de livrer en tribut, au minotaure d'une démocratie jalouse, toutes les forces vives de la nation, quelles qu'elles soient. Il fallait surtout, — car tel semblait être le mobile essentiel de la loi, — déférer à une injonction radicale, exprimée par ce mot d'ordre : les curés sac au dos ! Ils le portent, le sac, et crânement, comme les autres. C'est égal, la loi militaire a raté son objectif : elle n'a pas dépeuplé les séminaires. Mais je ne vois pas non plus qu'elle peuplera les colonies. En tout ceci n'apparaît qu'un assez pauvre résultat, le peuplement des casernes.

CHAPITRE V

L'ABUS DU FONCTIONNARISME.

Quand un jeune homme a fait son temps de collège et son temps de caserne, quand il s'est trouvé assujetti, pendant dix ans, à la discipline scolaire et, pendant trois ans, à la discipline militaire, sans avoir été jamais abandonné à son seul instinct, il doit sentir déjà sa puissance d'action et de décision passablement émoussée. C'est le moment pour lui de choisir sa carrière. S'il a encore de reste un peu d'énergie, un peu de sève, en dépit des contraintes et des férules, si, en outre, il a une claire vision de l'état des choses dans notre société contemporaine, il pourra se tenir à lui-même le raisonnement suivant:

J'entends dire, de toutes parts, que la vie, en France, est devenue difficile. Ceux qui aspirent à travailler sont les uns sur les autres dans toutes les professions. Ne ferais-je pas mon chemin plus vite aux colonies ? Les colonies, c'est la terre promise pour les hommes d'initiative. Là, tout est à créer : travaux publics, commerce, navigation ; industries agricoles, manufacturières, extractives, métallurgiques. Si tout est à créer, que de places à occuper, que d'argent à gagner ! Il faut seulement y porter quelques capitaux, des connaissances techniques et de l'activité. Les premiers arrivés seront les mieux partagés. La fortune, après tout, est bonne fille ; elle se donne à qui va la prendre.

Pourquoi n'irais-je pas en Algérie exploiter, par exemple, les magnifiques gisements de phosphate découverts à Tébessa ? Sans doute une notable partie, la plus productive, en a été livrée subrepticement à des Anglais, avec l'aide d'une administration aveugle ou complice ; mais, ces concessions devant être annulées, voici qu'une aubaine inespérée s'offre aux Français désireux de s'enrichir. Pourquoi n'irais-je pas en Tunisie exploiter, sur la côte orientale, les fructueuses pêcheries de thons ? Celles-là, il est vrai, sont affermées à des Italiens ; mais le traité ne durera pas toujours. Si je l'obtiens après eux, c'est une affaire d'or ! Je fournirai le thon mariné à la table de tous les collèges et lycées de France. Pourquoi n'irais-je pas au Tonkin, à la recherche des fameuses pépites prônées naguère par M. Jules Ferry ? On n'en a point encore découvert ; mais gare, s'il y en a, que des Allemands n'aillent, à leur tour, les accaparer ! En Amérique, il y a des hommes partis de rien, Vanderbilt, Jay Gould, Pullmann, Stewart, North, Rockfeller, qui, opérant en pays neuf, sont devenus, à force de travail et d'intelligence, presque des milliardaires. Avec moins d'ambition, et opérant, comme eux, en pays neuf, je puis devenir un millionnaire. Si je ne réussis pas, si, dans les colonies, contre toute attente, je ne trouve rien à exploiter, je me consolerai par la pensée que, sans doute, je n'aurais pas mieux réussi en France, où de plus malins que moi n'ont pas trouvé à exploiter autre chose que les souscripteurs du Panama et des chemins de fer du Sud.

Eh bien, tel ne sera pas, dans la généralité des cas, le raisonnement du jeune Français fraîchement échappé du collège et de la caserne. Séjourner quelques années dans une de nos possessions d'outre-mer, et revenir, après fortune faite, comme les Anglais de Calcutta ou les Hollandais de Batavia, pour mener, dans le pays natal, devant les concitoyens éblouis, un train de nabab, ce n'est pas un rêve qui le tente. Il tentait, au dix-huitième siècle, nos gentilshommes campagnards de Normandie et de Bretagne, qui émigraient en masse aux Antilles. Le bourgeois d'à présent ne sent pas la nécessité d'aller si loin pour trouver sa voie. Il ne se dit pas : j'irai aux colonies et serai millionnaire. Il se dit : je resterai dans ma province et serai fonctionnaire.

Je serai fonctionnaire : une fois engagé dans la carrière, une fois muré dans la place, je n'aurai plus à m'inquiéter du soin de gouverner ma personne ni ma vie. L'État lui-même, l'État-Providence s'en acquittera pour moi et mieux que moi ; il reçoit des contribuables assez d'argent pour cela. Je lui vouerai en holocauste ma liberté, avec la même plénitude d'abdication que le moine ou la nonne au fond du cloître. Je serai encadré dans la hiérarchie touffue du mandarinat. J'aurai des inférieurs, à qui je commanderai durement, pour me venger d'avoir des supérieurs, à qui j'obéirai bassement ; c'est la bonne manière de faire du zèle des deux côtés. A la longue, et parfois au prix d'obséquiosités qui coûteront à ma fierté d'homme et de citoyen, je m'éléverai tout doucement de la quatrième classe de ma fonction à la troisième, et de la troisième à la deuxième, et de la deuxième à la première, chaque classe me valant quelques cents francs de plus. Je coulerai ainsi, dans une somnolente placidité, des jours exempts d'imprévu. Cela durera vingt-cinq ou trente ans de vie obscure, de besogne passive, de vasselage résigné. Et quand ce temps sera révolu, l'État-Providence m'allouera une pension par surcroît, pension dérisoire, mais dont la modicité pourra être compensée, le cas échéant, par une décoration, les Français, comme les Brésiliens, étant assez sensibles à ce genre de bagatelles.

Voilà un programme d'existence singulièrement alléchant ; c'est celui de la majorité de nos compatriotes. Pour le réaliser en grand, les campagnes se vident de leurs cultivateurs et les cités regorgent d'apprentis fonctionnaires. Nos lois et nos mœurs tendent, chaque jour, à propager l'abus. On abandonne peu à peu tout le reste, fermes, usines, comptoirs, pour se jeter sur les fonctions ; et les demandes d'emplois publics, (ceci est un signe des penchants actuels de notre race), foisonnent à ce point que, pour satisfaire seulement les plus pressantes ou les plus appuyées, on est obligé de créer sans cesse des charges nouvelles. Il a fallu inventer, dans la langue administrative, des appellations bizarres pour distinguer les divers états de chrysalide par lesquels passent les larves du fonctionnarisme. Il y a les *attachés*, les *aspirants surnuméraires*, les *surnuméraires*, les *faisant fonctions*. Il y a les *chefs adjoints* et les *secrétaires adjoints* à côté des *sous-chefs* et des *sous-secrétaires*. Il y a des titulaires parfois pour des fonctions qui n'existent pas, et des inspecteurs qui n'ont rien à inspecter, et des chargés de missions au dehors qui palpent le traitement sans bouger de chez eux[1]. Titres de faveur que tout cela, emplois pour la plupart inutiles, excepté à ceux qu'ils gratifient d'une place ardemment convoitée au râtelier national. Un député très informé et fort éloquent, (ce qui n'est pas le cas de tous les députés), M. Paul Deschanel, écrivait dans le *Temps*, au cours d'une étude sur la décentralisation administrative, que là où les Anglais emploient un agent officiel, nous en occupons dix. Il montrait, à ce propos, le vice constitutionnel de notre état, dans lequel l'action des fonctionnaires se subs-

1. M. de Lanessan, qui a gouverné l'Indo-Chine pendant quatre années, et qui connaît bien son monde, dénonçait récemment les parasites qui, forts de leurs protections, écoulent *à Paris* la majeure partie de leur existence coloniale. « Je pourrais citer, disait-il, une colonie où tous les travaux sont arrêtés faute d'argent, et qui paie, depuis six mois, à raison de 60,000 francs par an, sans compter le logement, les domestiques, etc., un fonctionnaire qui n'a même pas encore rejoint son poste. » (*Rappel*, 29 octobre 1895.)

tituant partout à celle des citoyens, ces derniers, condamnés à l'oisiveté politique, sont réduits à n'être plus que simples spectateurs de leur gouvernement ; et M. Deschanel concluait en disant: la France n'est pas une *démocratie*, c'est une *bureaucratie*[1].

Je ne songe pas assurément à faire ici le procès au fonctionnarisme en lui-même. Des agents de l'État, il en faut de toute nécessité, pour la gestion et la sauvegarde des intérêts généraux ; il en faut dans une proportion raisonnable. Aucune société ne saurait s'en passer, si pénétrée d'individualisme qu'on la suppose. Mais aucune société non plus ne saurait prospérer longtemps avec le fonctionnarisme à outrance que nous voyons en France. Il n'est pas à incriminer seulement parce qu'il grossit, de façon démesurée, les charges publiques et stérilise une partie du capital national. Ce ne serait, après tout, qu'un dommage d'ordre économique, et, suivant le vieil adage, plaies d'argent ne sont pas mortelles. Mais il y a le dommage d'ordre moral : le fonctionnarisme, poussé à cet excès, ne peut avoir qu'une action déprimante sur le caractère, les aspirations et l'énergie d'un peuple.

1. Voir l'appendice x.

L'abondance des candidats à toute place vacante fait que le succès appartient, non pas à celui qui a le plus de talent, mais à celui qui possède le plus d'entregent. Il faut nombre de démarches, de visites, d'instances et d'entremises pour obtenir la préférence sur les concurrents ou l'avancement sur les collègues. Or pensez-vous que tout cela n'amoindrit pas un peu le caractère du solliciteur ? Pensez-vous que celui qui se résigne à ces compromissions, à ces intrigues, à ce servilisme, ne laisse pas, derrière lui, bien à regret sans doute, dans les antichambres de gens qui souvent lui sont inférieurs en savoir et en probité, quelques parcelles de sa dignité d'homme libre ? Il l'abaissera cependant, sa dignité, dans la mesure requise pour atteindre le résultat souhaité : la conquête d'une place ; et dès qu'il en sera pourvu, il se montrera souple de l'échine, autant qu'il faut, pour la garder. Par une rencontre assez curieuse, mais qui ne doit pas être fortuite, la langue usuelle adapte les mêmes locutions *être en place, perdre sa place, faire son service*, aux fonctions publiques et aux emplois domestiques, comme si elle voulait de la sorte marquer, dans les deux situations, par l'identité des termes, la parité des sentiments et des attitudes.

Quant aux aspirations, quant à la largeur des vues et des horizons, je demande aussi ce qu'elles doivent être chez les innombrables employés, de tout ordre et de tout rang, qui encombrent nos services publics. A pâlir, trente années durant, sur des fatras de papier timbré ou sur des grimoires administratifs, dans des bureaux privés d'air et de soleil, est-ce qu'on peut avoir l'esprit porté aux conceptions hardies et le cœur enclin aux mouvements généreux ? Est-ce qu'on n'est pas exposé à voir bientôt le vaste univers se réduire à l'espace compris entre deux manches de lustrine ? Non, je n'ai jamais pu concevoir que tant d'hommes intelligents, doués de connaissances précieuses, formés par des écoles en renom, capables ainsi de gagner une fortune honorable, acceptent, pour quelques mille francs de salaire, d'emprisonner piteusement leur vie dans les compartiments étroits de l'administration ; ils devraient s'indigner d'être rivés à d'oiseuses besognes, derrière un grillage, sur un rond de cuir, pendant que la terre est large ouverte et que nos voisins l'accaparent et la fécondent.

Les caractères affaissés, les aspirations étouffées, ce sont là des pertes graves pour l'âme d'une nation. Mais le fonctionnarisme, abusivement développé, engendre un effet plus pernicieux encore : il tue les énergies individuelles. L'homme qui compte sur lui seul pour remplir les pénibles devoirs de la vie s'y prépare au moyen d'une éducation forte, qui provoque toutes les ressources de la volonté. Celui qui compte sur la fortune publique, súr les caisses de l'État, s'assoupit dans la nonchalance et dédaigne tout travail superflu. Certes la race française est douée de riches et exceptionnelles qualités. Mais pourquoi n'a-t-elle pas ou n'a-t-elle plus, comme la race anglo-saxonne, l'audace des grandes entreprises et l'opiniâtreté qui les mène à bonne fin ? Parce que l'habitude d'attendre tout de l'État et de tout lui demander paralyse chez elle les ressorts de l'initiative privée. On serait bien bon, en vérité, de tenter la fortune dans les hasards de l'industrie et du commerce, ou d'aspirer, par des applications nouvelles, à rendre plus fertile la terre de nos plaines et de nos coteaux ; on serait bien bon d'affronter les épreuves, parfois décevantes, de la vie coloniale, d'aller ouvrir des exploitations ou des factoreries au delà des mers, dans des régions incommodes ou insalubres, habitées par des nègres qui vivent tout nus, quand on peut s'endormir béatement, avec la perspective d'une retraite certaine, sur les coussins d'une fonction publique. Dans une carrière indépendante, on ne se soutient, on n'avance que par un continuel déploiement d'énergie. Dans une carrière administrative, hiérarchisée, canalisée, l'effort est inutile. Dès qu'on a forcé l'entrée, il n'y a plus qu'à se laisser porter. On gravit les degrés plus ou moins vite ; le tout est d'avoir pour soi la chance ou les protections. Mais en quoi l'initiative, l'activité, l'intelligence aident-elles au succès ? Les bonnes places se donnent à l'ancienneté, non au mérite.

Le résultat est que le fonctionnarisme condamne la nation à l'immobilité ; il agit comme un stupéfiant qui annihile en nous tout ce qu'il peut y avoir de spontané et d'aventureux ; il aboutit à l'arrêt fatal de la vie productive et expansive. Et le péril, notez-le bien, ne fera qu'augmenter. Le socialisme d'État, en étendant la mainmise du pouvoir central sur toutes les provinces de l'activité individuelle, lui donnera l'aisance de multiplier encore à l'infini le nombre des fonctionnaires. Quand nous en serons là, (et nous y marchons), on pourra dire des Français qu'ils sont tous occupés à s'administrer les uns les autres. Ils n'auront plus alors le temps ni le goût de regarder ce qui se passe derrière leurs frontières ; c'est bien dommage, car ils verraient qu'on n'y fait pas la même besogne.

Vous penserez que tout cela est étranger à mon sujet, l'émigration coloniale. Il n'est rien, au contraire, qui s'y rapporte plus étroitement. S'expatrier est un des partis les plus graves qu'un homme ait à prendre dans la vie. Pour en venir là et surtout pour faire œuvre utile sur la terre d'adoption, il faut un caractère trempé, des aspirations hautes et une énergie tenace. Vous ne verrez pas, dans l'histoire, qu'une colonie prospère ait jamais existé sans que ses fondateurs y aient apporté ces qualités-là. Or, ce sont celles précisément, je viens de le montrer, que le fonctionnarisme a pour effet d'amortir. Je n'ai donc pas eu tort de le classer, à côté de nos méthodes d'enseignement et du service militaire obligatoire, parmi les entraves les plus directes à l'émigration.

Le spectacle le plus affligeant est que, dans nos efforts d'expansion lointaine, nous ayons à lutter plus spécialement avec une puissance, l'Angleterre, qui, pour y réussir, a une organisation autrement favorable. Il ne se trouve, en effet, dans ses mœurs ni dans ses lois, aucun des obstacles à l'émigration que je viens de passer en revue. Elle n'est pas affectée, je crois, de l'instinct casanier ; on rencontre ses enfants dans tous les parages, on croise son pavillon sur toutes les mers. Elle a une natalité surabondante qui lui permet d'essaimer largement sur ses colonies, de déverser des travailleurs et des commerçants, par centaines de mille, sur l'Australie et la Nouvelle-Zélande, sans compter tous ceux qui vont peupler ou exploiter l'Afrique australe, l'Inde, la Birmanie, le Canada, la Jamaïque et autres lieux. Elle ne souffre pas des conséquences funestes du partage égal dans les successions. Le droit d'aînesse en Angleterre, disait Samuel Johnson, a l'avantage de ne faire qu'un imbécile par famille ; les autres enfants, qui n'ont pas à compter sur l'avoir héréditaire, se répandent à travers le monde et, en pourvoyant à leur propre fortune, propagent le renom et développent les intérêts de leur fière patrie. Elle se garde bien de former des légions de bacheliers présomptueux, mais elle vise à donner à sa jeunesse une éducation pratique et technique, qui l'habilite, dès l'âge de vingt ans, et parfois avant, à se débrouiller utilement dans la vie. Elle n'a pas de service militaire obligatoire, ce qui n'empêche pas sa diplomatie ou son drapeau de faire bonne figure dans les querelles où ils sont mêlés. Enfin elle ne connaît pas le mal dévorant du fonctionnarisme. Rien, dans ces conditions, ne saurait arrêter l'élan de la Grande-Bretagne ni décourager ses hommes d'État d'aspirer toujours, par des annexions nouvelles sous toutes les latitudes, à une *plus grande Bretagne*.

En vérité, nous n'émigrons pas, parce que nous *ne pouvons pas* émigrer. Nous voyons les grandes nations de l'époque, l'Angleterre, les États-Unis, la Russie s'étendre sans cesse et se lancer dans les espaces. Nous voudrions les suivre. La race gauloise, dont nous descendons, était friande aussi d'aventures, et, sur ce point, nous n'avons pas dégénéré. Nos soldats, au surplus, nous tracent bravement le chemin. Mais, par toutes les lisières qui nous enveloppent, par toutes les amarres qui nous retiennent, nous sommes cramponnés au rivage.

Supposez rompues ces lisières et ces amarres, nos colonies au moins, telles qu'elles se présentent et telles qu'elles sont administrées, attirent-elles l'émigrant? Ceci m'amène, dans cette recherche des causes multiples qui entravent notre émigration, à parler de celles qui sont *inhérentes* aux colonies.

CHAPITRE VI

LE CLIMAT DES COLONIES.

Pour rendre compte du faible attrait qu'exercent nos colonies sur ceux qui voudraient s'expatrier, il faut songer tout d'abord aux conditions particulières de leur climat. La question est capitale ; car si, dans certaines de nos possessions, les Français ont peine à vivre et à se reproduire, il est imprévoyant, pour ne pas dire inhumain, de les y pousser. Ce point de vue échappe ordinairement aux zélateurs des entreprises coloniales ; dans leur passion à promouvoir et à défendre ces entreprises ou dans leur sollicitude à ménager les intérêts politiques ou financiers en jeu, ils sont aveugles à l'influence des latitudes.

De tout temps, l'insalubrité du climat a été

l'obstacle principal que les peuples colonisateurs ont trouvé sur leur route. Aujourd'hui c'est presque le seul ; la facilité croissante des communications, les chemins de fer, la navigation à vapeur ont fait tomber une à une les barrières naturelles qui tenaient éloignés les continents. Il en est résulté une fièvre générale de locomotion, dont les Anglo-Saxons ont été particulièrement atteints. Ce besoin d'expansion est devenu une condition normale de l'existence des nations modernes et comme une nécessité de leur développement. Il a remplacé l'isolement systématique des nations anciennes et tend à mélanger les membres de la famille humaine dans des proportions inconnues jusqu'ici. Mais la question du climat reste entière ; elle est de celles que n'altèrent en rien les transformations économiques.

La notion du degré de salubrité des contrées où les emporte l'émigration intéresse, à un égal degré, les individus et les races. Si l'homme, en tant qu'espèce, est apte à vivre sur tous les points du globe, avec plus ou moins d'aisance et de confort, il ne s'ensuit pas qu'il puisse, à son gré, sans préjudice pour lui-même et pour sa descendance, changer de latitude. La nature a mis des restrictions à l'usage de ce droit ; elle a organisé les êtres, à quelque règne qu'ils appartiennent, pour subsister le plus favorablement où ils ont vu le jour. Changer de climat, c'est, en quelque sorte, naître à une vie nouvelle. Toutes les conditions hygiéniques sont modifiées à la fois, et la question de l'acclimatement se présente sous des aspects différents suivant qu'on l'envisage dans la personne de l'immigrant ou dans les destinées de la race. A celui qui émigre, il suffit d'être en état de vivre dans le pays d'adoption. Pour cela, il y a des conseils à prendre et des règles à suivre, si le pays est insalubre; le colon s'instruira de l'âge à partir duquel on peut s'y fixer sans danger, du laps de temps qu'il convient d'y séjourner, des ennemis naturels que l'on a chance d'y rencontrer, des précautions d'usage pour éviter les maladies endémiques. Il sera ainsi, ce colon, dans la plupart des cas, l'artisan de sa propre santé. Pour la race, le problème est à la fois plus compliqué et plus grave; elle doit pouvoir se maintenir sur le territoire occupé, s'y perpétuer et s'y développer, sans le renfort incessant de nouveaux venus pour combler ses vides et sans l'appel aux bras étrangers pour cultiver son sol. Or ces deux conditions difficiles à remplir, résistance de l'individu, fécondité de la race, dépendent, avant tout, de la latitude.

On a toujours observé que l'émigrant peut se

mouvoir impunément dans le sens des parallèles terrestres. L'acclimatement s'opère alors de lui-même et n'est soumis qu'à l'action spéciale des localités. Il n'en est plus ainsi lorsque le déplacement s'effectue hors des zones comprises entre les lignes isothermes. Néanmoins, en pareil cas, l'acclimatement est beaucoup plus aisé à ceux qui se dirigent vers les pôles qu'à ceux qui s'avancent vers l'équateur. Tous les explorateurs des mers polaires ont reconnu que leurs équipages gardaient la santé tant qu'ils avaient les moyens de se nourrir et de se réchauffer. Cette vertu d'endurance par rapport au froid, même le plus intense, est un privilège de la race blanche ; et, chose étrange, les populations du midi la possèdent, semble-t-il, à un plus haut degré que celles du nord. La mémorable campagne de Russie en a fourni un exemple. Presque tous les peuples de l'Europe étaient représentés dans cette armée sans égale, qui passa le Niémen le 24 juin 1812 et se trouva bientôt aux prises avec un hiver précoce d'une rigueur extrême. L'expérience, faite sur quelques cent mille hommes, fut à l'avantage des méridionaux. Pendant la retraite, où périt, sous la neige, la plus grande partie des troupes impériales, ceux qui résistèrent le mieux au froid furent les soldats des contingents espagnol et napolitain.

Cette souplesse d'organisation, qui permet à la race blanche de se déplacer ainsi vers le nord, ne lui confère pas la même immunité dès qu'il s'agit d'émigrer vers la zone intertropicale. C'est cependant, à l'heure présente, dans cette direction que toutes ses aspirations l'entraînent. Les peuples septentrionaux ont toujours été attirés par le soleil. A l'aube du moyen âge, les grandes migrations se sont faites du nord au sud; les barbares inondèrent surtout le midi de l'Europe, où ils devaient trouver, avec un climat plus agréable, une vie plus facile. Aujourd'hui les tentatives de colonisation ont pour champ principal les terres équatoriales. Mais les résultats n'ont pas été jusqu'ici très heureux; aucune précaution, aucun précepte d'hygiène n'a encore pu empêcher les blancs de mourir comme des mouches dans presque toute l'Afrique, au Brésil et dans les républiques de l'Amérique centrale, aux Indes, dans la Malaisie, bref dans toute la zone intertropicale, justement la plus fertile, la plus propre à supporter une population dense.

En effet, sous les tropiques, il n'y a pas, à proprement parler, d'acclimatement pour l'Européen. Il ne s'habitue pas aux maladies qu'il rencontre, choléra, typhus, paludisme, fièvre jaune, affections bilieuses et intestinales ; ces maladies sont pour lui une menace constante. Il peut sans doute vivre, moyennant une grande prudence. Il peut aussi se reproduire ; mais ses enfants sont anémiques et, en quelque sorte, dégénérés. Impossible, par conséquent, de faire souche. En dehors même des épidémies, la mortalité va croissant, à mesure que le séjour se prolonge. C'est pourquoi on n'a jamais réussi, dans les contrées torrides, à donner naissance à une population blanche, saine et vigoureuse, susceptible de se suffire à elle-même et de mettre le sol en valeur par ses propres bras. Depuis les grandes découvertes du seizième siècle, les essais, certes, n'ont pas manqué. Les régions équatoriales ont dévoré d'innombrables générations d'émigrants portugais, hollandais, français, anglais. Chaque colonie européenne fondée en Afrique ou en Asie a un lugubre passé de revers et de sacrifices qui, chose étrange, ne semblent pas avoir découragé de nouveaux efforts d'implantation.

En ce qui nous concerne, ces difficultés procédant du climat ont été plus particulièrement expérimentées sur les colonies pénales et sur l'armée. Dans les pénitenciers de la Guyane, surtout dans ceux des bords du Maroni et de l'Oyapock, la transportation a fourni, pendant une longue suite d'années, une proportion énorme de décès, atteignant et parfois dépassant le quart de la population reléguée. Ceux qu'on y déportait étaient condamnés, disait-on, par l'insalubrité du pays, à la *guillotine sèche*. A partir de 1863, on dut renoncer à envoyer, sur ces points, des forçats européens ; on les dirige maintenant, de préférence, sur la Nouvelle-Calédonie.

Nos soldats, pour lesquels d'ordinaire on a moins d'humanité que pour les criminels, paient, eux aussi, un formidable tribut au climat ; dans les colonies tropicales, ils sont, en quelque sorte, mis en coupe réglée. Lisez, par exemple, les statistiques mortuaires de nos troupes d'infanterie et d'artillerie de marine. Même en temps de paix, leur mortalité est parfois effrayante ; de 1873 à 1880, au Sénégal, elles perdirent annuellement, en moyenne, le septième de leurs effectifs. Il s'agit cependant de militaires soumis à une sélection lors de leur entrée sous les drapeaux et à des réformes constantes qui rapatrient dans leurs foyers, au cours du service, bon nombre de sujets débilités ; en outre, leur genre de vie les adapte, mieux que les troupes de terre, aux fatigues et aux dangers climatériques. C'est pis encore pendant la durée des expéditions ; on se rappelle combien de nos soldats ont eu à souffrir dans les campagnes du Tonkin, du Dahomey et de Madagascar, combien d'entre eux ont succombé sous le soleil des tropiques ou dans l'empoisonnement des fièvres paludéennes.

Cette insalubrité des régions équatoriales a conduit le département de la marine à réduire notablement le temps de garnison dans certaines de nos colonies. Il n'est plus que de deux ans en Cochinchine, au Sénégal et en Guyane ; c'est le maximum de ce que nos hommes, même entourés de toutes les précautions d'hygiène, peuvent supporter sans risques graves. Aussi le nombre de ceux qui, après leur libération du service, s'établissent à demeure dans les colonies, pour y travailler, est-il absolument insignifiant. Elles ont un trop mauvais renom ; à beaucoup, elles apparaissent comme des asiles d'épouvante et de mort, d'où l'on ne revient pas sans une grâce particulière de la Providence. Nos devanciers dans l'Afrique du Nord, les Romains, ont pu assimiler cette terre avec leurs légions de vétérans et, en ce moment, de vastes parties de l'Asie sont colonisées par les cosaques russes. Mais en vain offrirait-on aux Français d'exploiter comme colons les concessions qu'ils auraient gagnées comme soldats, dans des pays plus ou moins malsains, tels que le Dahomey, le Soudan et Madagascar ; en vain donnerait-on la terre aux vainqueurs. Il faut, avant tout, que, sur le sol où on les convie à se fixer, il soit avéré qu'ils peuvent s'acclimater et vivre ; or, sur ce point, l'expérience du passé est des moins engageantes[1].

Dans certaines de nos possessions de la zone intertropicale, par exemple en Cochinchine et au Sénégal, on aurait peine à trouver, paraît-il, une seule famille de provenance européenne ayant dix ans de colonie et demeurée indemne de toute maladie. Les Européens n'y peuvent subsister que passagèrement. Leur mortalité est très grande, leur natalité très minime ; ils ne sauraient aspirer à implanter leur race. On a remarqué que leurs femmes mènent difficilement à terme la gestation. (Pareille observation a été faite dans l'Inde anglaise). Leurs enfants, peu nombreux, s'ils arrivent, par exception, à l'âge adulte, n'ont qu'une fécondité limitée ou même restent inféconds. S'unissent-ils aux femmes indigènes, ils donnent naissance à des métis, qui eux-mêmes ne semblent pas posséder assez de vigueur proli-

1. Voir l'appendice XI.

fique pour se perpétuer durant une longue suite de générations. Si grande est l'insalubrité de ces colonies que les blancs encourent des maladies redoutables, quand ils s'éloignent de quelques localités habitées, relativement moins nuisibles, comme Cayenne en Guyane ou l'île de Gorée au Sénégal. Ils sont obligés de se rapatrier de temps à autre ou définitivement. Nos soldats de terre ou de mer, appelés à résider ou à se battre dans ces régions, pour maintenir l'autorité de la mère patrie, meurent, nous l'avons dit, en grand nombre ou reviennent anémiés ; sans cesse il faut renouveler les effectifs. Aussi, laissant le commandement à un petit groupe d'officiers européens endurcis au climat, est-on amené de plus en plus à recruter les garnisons des colonies parmi les indigènes ou parmi d'autres habitants des pays chauds ; on a formé ainsi, avec prévoyance, des bataillons de tirailleurs sénégalais, haoussas, tonkinois, annamites et sakalaves, à l'imitation des cipayes hindous.

Même les parties salubres de la zone torride ne paraissent pas propices à l'Européen. Le séjour, il est vrai, peut s'y prolonger plus longtemps. Mais, sous l'influence d'une chaleur continue, le corps s'épuise à la longue. Le colon qui, à son arrivée, se montrait ardent au travail et insoucieux de la fatigue et du soleil, sent peu à peu son activité décroître et son organisme s'énerver. Il est envahi par l'anémie des pays chauds, l'*anémie du tropique,* qui lui laisse tout juste la force de vivre, à moins qu'il ne puisse aller se refaire périodiquement sous un ciel moins brûlant. Nos nationaux, pour la plupart, reviennent en France, à intervalles réguliers ; c'est encore le moyen le plus sûr de rétablir leur santé. Qui n'a eu l'occasion d'approcher, dans nos villes, quelques-uns de ces fonctionnaires, pâles, émaciés, souffreteux, en congé de convalescence après un séjour de deux ou trois ans aux colonies ? Les Français, assez nombreux, qui habitent la Basse-Égypte, — (à cet égard, j'ai recueilli, sur place, des témoignages probants), — éprouvent déjà, bien qu'à une distance encore grande de l'équateur, l'action déprimante du climat sur leur constitution. Dans les pays chauds, ce qui paralyse l'individu et frappe insensiblement la race à mort, ce n'est pas l'excès de la chaleur, c'est sa permanence.

Un tel état de faiblesse chez les blancs transplantés dans la zone torride est incompatible, cela se conçoit, avec tout travail manuel un peu pénible comportant l'exposition prolongée au soleil[1]. Aussi est-il reconnu par la généralité des hygiénistes et des médecins que les races européennes ne sont pas aptes à cultiver la terre dans les pays intertropicaux et qu'elles ne peuvent s'y maintenir qu'en recevant constamment du renfort de la mère patrie ou en ayant recours à la coopération des races de couleur. C'est ce qui se produit, par exemple, à la Martinique et à la Guadeloupe, où l'on emploie, pour les plantations de cannes à sucre et de caféiers, la main-d'œuvre des populations jaunes de l'Extrême-Orient ; on ne parvient plus à tirer grand parti des noirs établis dans le pays, depuis que, de ces fils d'esclaves, on a eu l'idée bizarre de faire des électeurs.

Les observations qui précèdent, sur les influences atmosphériques, ne s'appliquent pas, il est vrai, avec la même rigueur, aux régions mon-

1. Sous ce rapport, le ministère de la guerre, dans la préparation de la récente expédition de Madagascar, a fait preuve d'une singulière ignorance ou d'une légèreté impardonnable, en prescrivant que la route à travers l'île serait faite par nos soldats. Le résultat de cette faute fut que la moitié au moins de l'effectif, minée par l'épuisement et les maladies, s'est trouvée bientôt impropre à poursuivre la campagne. Mais le but principal n'était-il pas atteint ? On avait utilisé les fabuleuses *voitures Lefebvre*, qui devaient enrichir leur inventeur, au prix seulement de quelques milliers de vies humaines.

tagneuses. En s'élevant graduellement en altitude, on passe comme par une succession de climats échelonnés dans le sens vertical, et l'effet est le même que si l'on s'avançait vers les cercles polaires. En même temps que la température s'abaisse, la végétation change, et l'air devient plus léger et plus pur, parce qu'il est déchargé des émanations paludéennes. A partir de 1,000 mètres, les conditions météorologiques sont sensiblement analogues à celles de l'Europe centrale ; sur ces hauteurs qui lui fournissent des résidences fraîches, la race blanche peut s'acclimater avec succès et se livrer au travail des champs.

Cela, il est vrai, est quelquefois démenti par les faits, l'état sanitaire variant, sous la même zone, d'un pays à l'autre. Ainsi, dans l'Inde, sur les plateaux de Madras ou sur ceux de l'Himalaya, à 1,500 et 1,800 mètres d'altitude, les familles des militaires anglais ne parviennent pas à se prémunir contre les maladies locales entraînant une grande mortalité. Au contraire, dans les îles Maurice et de la Réunion, les habitants des terres basses sont habitués à trouver, sur les sites élevés, à Cilaos, à Salazie, grâce à l'air salubre qu'on y respire, la guérison de leurs fièvres même invétérées ; bien plus, à la Réunion, on voit, depuis deux siècles, vivre et se perpétuer, dans les montagnes, les *petits blancs,* descendants non croisés des premiers aventuriers français. C'est, en somme, ce qui permet d'espérer que nous exploiterons fructueusement le centre montagneux de Madagascar, malgré la situation tropicale de notre nouvelle possession. Mais nous aurions peine à nous maintenir sur le littoral, réputé l'un des parages les plus malsains du globe ; à lui surtout s'applique le proverbe malgache : l'Européen qui creuse la terre à Madagascar creuse son tombeau. Pour cultiver la grande île insuffisamment peuplée, on devrait songer à importer, non pas certes comme esclaves, mais comme travailleurs à gages, des hommes de couleur, nègres du Mozambique ou coolies annamites.

A bien considérer les choses, la colonisation est donc, avant tout, affaire de climat et de race. L'histoire de tous les établissements d'outre-mer le démontre d'une façon lumineuse. Aux seizième et dix-septième siècles, les Portugais et les Hollandais, guidés par l'esprit d'aventure et de trafic et impatients des profits immédiats, avaient accaparé, pour les mettre en valeur, des contrées riantes, fécondes et riches, situées sous la zone torride ; ils n'ont pu y demeurer ou n'ont fait qu'y végéter, par suite de l'hostilité du climat.

Voyez, au contraire, les Anglais. Ils sont entrés, bien après les autres, dans la voie des entreprises lointaines. De l'aveu de tous, ils ont été et sont encore le peuple colonisateur par excellence. Sans doute cette supériorité vient, en grande partie, du génie de leur race apte au commerce et du mérite de leurs institutions propices au peuplement ; mais on doit reconnaître qu'elle a été puissamment aidée par le choix des pays à occuper. C'étaient des pays d'apparence moins séduisante, mais parfaitement en rapport, au point de vue climatérique, avec le tempérament et la constitution des Anglo-Saxons. L'Amérique du Nord, à laquelle nos voisins s'attaquèrent d'abord, est placée sur les mêmes parallèles et jouit du même climat que l'Europe ; leurs colons ont pu s'y installer en grand nombre et multiplier sans le moindre effort d'acclimatement. Il en a été pareillement au cap de Bonne-Espérance, dans la Nouvelle-Galles du Sud, la Tasmanie et la Nouvelle-Zélande, qui appartiennent à la zone tempérée de l'hémisphère austral. En tous ces lieux, les Anglais ont été à même de baser la fortune de leurs établissements sur le défrichement et la culture du sol. Ils ont mis en exploitation d'immenses territoires et créé des colonies agricoles, devenues riches et puissantes, dans lesquelles, sous le rapport de la santé, ils se trouvent aussi bien que chez eux. Au contraire, ils n'ont pu s'implanter véritablement dans l'Inde et s'en approprier le sol ; ils se sont bornés, comme les Hollandais en Malaisie, à y rechercher des avantages commerciaux [1].

Les Allemands n'ont pas non plus les qualités ethniques leur permettant de prospérer dans les régions voisines de l'équateur. On a remarqué que, même en Algérie, ils ont de la peine à s'acclimater et à faire souche ; ils y présentent un excédent notable de la mortalité sur la natalité, tandis que le contraire a lieu pour les autres groupes européens. Les Allemands, en général, sont de bons colons chez autrui, par exemple aux États-Unis et dans les parties tempérées du Brésil. Mais il serait prématuré de dire ce qu'ils seront dans leurs propres colonies. En tout cas, les établissements nouveaux qu'ils ont créés en Afrique n'ont pas encore attiré une immigration impor-

1. L'Anglais ni les siens ne séjournent dans l'Inde d'une façon permanente. Dès le plus jeune âge, il faut envoyer les enfants en Angleterre, si l'on veut préserver leur vie. Les adultes eux-mêmes ne peuvent affronter impunément que peu d'années ce ciel brûlant et ce climat fiévreux.

tante, tout au plus quelques centaines d'âmes par année ; visiblement le climat ne convient pas à leur race.

Les Italiens, dont la population déborde, se sont fixés, vers 1885, sur les bords de la mer Rouge. Ils sont loin d'y avoir fait merveille ; à grands frais, et avec des visées très ambitieuses, ils n'ont encore recueilli que de minces résultats, traversés par quelques défaites sanglantes. Leur colonie d'Erythrée, étroitement circonscrite depuis la retraite forcée du Tigré en février 1896, est une des terres les plus brûlées du globe ; elle n'a rien, par conséquent, qui puisse allécher les émigrants. On sait que, sous la pression du malaise économique de la péninsule, l'émigration italienne permanente s'accroît constamment et atteint à présent le chiffre de 100 à 120,000 âmes par année. Mais ses courants se sont formés d'eux-mêmes vers des contrées de climat moins dur et de civilisation plus avancée, comme la République Argentine, les États-Unis, l'Algérie-Tunisie et les pays du Levant[1].

1. Les Italiens sont aussi très nombreux en France. Le recensement de 1891 en comptait 295,741, établis principalement dans les Bouches-du-Rhône, les Alpes-Maritimes et la Savoie. C'est plus que nous n'avons de Français en Algérie,

La race espagnole fait exception à toutes ces règles et constatations sur l'acclimatement des Européens dans les pays chauds. Seule elle a pu, sous les tropiques, fonder des établissements durables, tout en se modifiant néanmoins par sa superposition à des races inférieures et par les croisements de sang. Dans les îles de Cuba et de Porto-Rico, colonies de planteurs, la population blanche, composée en majeure partie, de Catalans, de Basques et de Galiciens, multiplie avec aisance et fournit la moitié des travailleurs employés par les usines, les manufactures de tabac et les caféteries. On la retrouve également florissante, par suite de son métissage avec l'élément indien, dans les diverses républiques de l'Amérique du Sud, où s'est épanouie peu à peu, en dépit du mauvais gouvernement de l'Espagne pendant trois siècles, une belle et riche civilisation coloniale. L'importance en est attestée par un ensemble de monuments, d'institutions et de faits tels qu'au milieu de certaines cités chiliennes, péruviennes ou vénézuéliennes, à Santiago, à Lima, à Caracas, on pourrait se croire en Europe, parfois mieux qu'en Europe ; je ne

où rien n'est épargné cependant, en sacrifices de toutes sortes, pour y pousser les émigrants de notre nation.

parle pas de l'état plus prospère encore de la République Argentine et de l'Uruguay, dont le climat est peu différent de celui de l'Europe méridionale et devait attirer naturellement une forte immigration latine[1].

Cet acclimatement facile de la race espagnole tient sans doute à ce qu'elle constitue, plus qu'aucune autre, une race mélangée. Les Maures d'Afrique ont possédé l'Espagne, pendant plusieurs siècles, avec un éclat et une puissance favorables aux croisements. Il est permis de penser qu'ils ont infusé copieusement le sang africain dans les veines espagnoles ; et la température élevée du pays, pendant les mois d'été, a dû conserver à ce sang sa facile adaptation aux climats tropicaux, ainsi que sa propension à se mêler au sang des races colorées. Peut-être faut-il tenir compte aussi de la rigide sobriété des Espagnols pour expliquer qu'ils aient pu se façonner, mieux que tout autre peuple provenu d'Europe, à la chaleur équatoriale. Des hygiénistes, frappés de l'aptitude des habitants de la péninsule ibérique à vivre dans les pays chauds, ont préconisé le mélange, dans nos colonies, du sang français au sang espagnol. En Algérie, où abondent les

1. Voir l'appendice XII.

immigrés andalous, beaucoup de colons français s'unissent ainsi à des Espagnoles ; les enfants issus de ces mariages sont, paraît-il, plus en état de résister aux ardeurs du ciel d'Afrique.

Dans les entreprises coloniales, nous n'avons pas échappé, mieux que nos devanciers ou nos rivaux, à l'influence des climats. A cet égard, nous n'en sommes plus à compter les expériences malheureuses. Notre race n'est jamais parvenue à s'établir solidement et à s'approprier le sol sous la zone torride. Elle n'y a créé que des colonies de commerce, comme la Cochinchine et le Sénégal, ou des colonies de plantation, comme les Antilles. Dans ces dernières, jadis florissantes; aujourd'hui déchues, les habitants de races colorées, qui travaillent la terre, sont approximativement quinze fois plus nombreux que les blancs.

Si vastes qu'aient été nos possessions à partir du seizième siècle, nous n'avons encore été bien installés qu'au Canada et dans l'Afrique du Nord. Sur ces deux points du globe, nous avons pu, à la longue et après de lourds sacrifices, coloniser avec quelque succès. Or précisément, le Canada et l'Algérie sont situés sous une latitude tempérée dont le Français s'accommode sans effort. Ce sont des pays d'étés chauds, mais d'hivers sains, présentant des conditions climatériques appropriées à nos populations du nord et du sud. Le Canada a été peuplé par des Normands, des Bretons, des Angevins, des Picards, qui, depuis plus de deux siècles, ont eu, de l'autre côté de l'Atlantique, une étonnante vertu de reproduction ; l'Algérie, où la moyenne de la température est sensiblement plus élevée, est remplie de gens du midi, Provençaux, Languedociens, Gascons et Corses, qui s'y perpétuent d'une manière satisfaisante.

A vrai dire, les débuts de la colonisation algérienne n'ont pas été des plus encourageants. On sait ce qu'a coûté de vies humaines, avant d'être exploitable, cette contrée, qui, somme toute, a presque le même climat que le sud de la France. Certaines de ses parties, comme la grande plaine de la Métidja, naguère noyée de marais, ont servi, pendant vingt-cinq ans, d'argument favori aux pessimistes qui soutenaient que notre race ne s'acclimaterait jamais en Algérie. Les premières garnisons de soldats et les premières générations de colons y furent moissonnées terriblement par la fièvre.

Mais parcourez aujourd'hui le pays ; vous le

trouverez assaini et fertilisé par l'effort patient des Français. Les marécages de la Métidja se sont transformés en champs plantureux; l'homme a fini par vaincre la nature. Le lieu jadis le plus décrié de ce territoire, Boufarik, où les corneilles elles-mêmes, disait-on, ne pouvaient vivre, est devenu l'un des marchés les plus fréquentés de l'Algérie. La ville compte déjà plus de 15,000 âmes et grandit chaque jour, au milieu du plus admirable bocage de platanes et d'orangers que l'on puisse voir. Et chose à peine croyable : le travail des colons a tellement changé le climat que Boufarik est à présent une station sanitaire où l'on envoie les malades ; on a peine à se souvenir que le sulfate de quinine y fut débité longtemps dans les cantines avec rang de consommation. Ce n'est qu'un exemple, cela, mais le plus saisissant, de l'amélioration économique que nous sommes en train d'opérer en Algérie.

Dans cette belle colonie, qui devrait être plus populaire chez nous, le problème de l'acclimatement, si menaçant à l'origine, est donc résolu. Les Français y sont au nombre de 260,000 ; les autres races de l'Europe méridionale figurent pour un chiffre à peine moins élevé, 250,000. La mortalité y est un peu supérieure à ce qu'elle est en France ; en tout cas, elle est compensée par une natalité plus abondante. On peut en dire autant de la Tunisie, qui a eu un développement rapide et spontané, sans offrir jusqu'ici aucun obstacle particulier à l'acclimatement des immigrés. 260,000 colons français, dont l'implantation en Algérie, on l'a vu plus haut, nous a déjà coûté cinq milliards, c'est peu sans doute, si l'on réfléchit aux avantages exceptionnels qu'offre cette colonie par sa proximité de la mère patrie, l'agrément de son ciel, la variété de son sol ; mais c'est beaucoup en comparaison de l'effectif dérisoire de nos nationaux fixés dans nos autres possessions d'Afrique et d'Asie, qui sont, il est vrai, moins favorables à notre race.

En dehors de l'Algérie-Tunisie, quelles colonies avons-nous encore dans la zone où le Français peut vivre sans l'épreuve hasardeuse d'un acclimatement ? En cherchant bien sur la mappemonde, je ne vois guère que nos établissements disséminés d'Océanie, (Nouvelle-Calédonie, Taïti, Marquises...), et les îlots de Saint-Pierre et Miquelon, voisins de Terre-Neuve.

La Nouvelle-Calédonie, en particulier, avec ses dépendances, les îles Loyalty, aurait pu devenir, malgré sa faible étendue, une bonne colonie de peuplement, adaptée à la petite exploitation. La température n'y est pas beaucoup plus élevée que dans le midi de la France, et il n'y règne aucune des maladies qui déciment notre race dans l'Indo-Chine ou sur les côtes d'Afrique. Le Français peut y travailler le sol comme dans son pays natal. Il semblerait qu'avec de telles conditions naturelles, la Nouvelle-Calédonie dût attirer une immigration notable. Cependant il n'en est rien ; du moins, les efforts méritoires tentés, en ce sens, dans les derniers temps, en particulier par l'*Union coloniale,* n'ont abouti qu'à des résultats assez modestes. Faut-il imputer à l'éloignement de cette possession la pénurie des colons ? L'Australie en reçoit abondamment, bien qu'elle soit aussi éloignée. Serait-ce qu'en Nouvelle-Calédonie les surfaces arables font défaut ? Sans doute, l'île est bien étroite à côté de l'Australie ; mais il n'en est que plus facile de la peupler avec rapidité. Or elle compte seulement quelques centaines de colons libres pour une superficie égale à trois ou quatre de nos départements, et des milliers d'hectares de terres à culture ou à pâture et de forêts y pourraient être concédés par l'administration, qui les accapare sans en tirer parti.

Ce qui a contrarié le développement de la colonisation dans cette île, c'est le choix qu'on en a fait comme lieu de transportation pénale.

Ce choix a écarté les émigrants et les capitaux. Les forçats et récidivistes, bien qu'ils soient environ 13,000, en cours de peine ou libérés, n'ont pas apporté, comme certains se plaisaient à l'espérer, un élément de travail, toujours utile dans un pays neuf. Loin de préparer l'œuvre de la colonisation libre, ils sont un danger permanent pour la sécurité publique et une cause de démoralisation, surtout lorsqu'ils sont sortis du bagne[1]. Aussi, à cause d'eux, la Nouvelle-Calédonie n'a-t-elle pu atteindre, ni pour les productions agricoles ou minières ni pour les échanges commerciaux, la prospérité que semblaient lui promettre la salubrité de son climat, la richesse de son sous-sol, (mines de fer, de nickel, de cobalt, de houille...), et l'excellence de sa situation dans l'Océan Pacifique. Beaucoup souhaiteraient avec raison que ce pays cessât bientôt d'être un fief stérile de l'administration pénitentiaire et fût ouvert largement à l'émigration privée[2].

1. Voir l'appendice XIII.

2. Ce système de la transportation pénale, que les Anglais ont pratiqué aussi dans leurs possessions d'Amérique et d'Australie, assainit sans doute la mère patrie, mais en souillant la colonie : « *Que feriez-vous*, disait Franklin au ministre d'Angleterre, *si, pour en purger notre sol, nous vous envoyions nos serpents à sonnette ?* » — Dans la Nouvelle-

Plus fortunés, au point de vue du peuplement par nos nationaux, ont été et sont encore les îlots de Saint-Pierre et Miquelon, sous le 47° de lat. N. Ces îlots, presque contigus, sont une épave bien mince de nos anciennes possessions si importantes de l'Amérique du Nord. Mais leur exiguïté ne doit pas nous les faire tenir en discrédit. C'est dans cette intéressante petite colonie que l'on trouve, toutes proportions gardées, le plus d'immigrés venus de France. Sur une population totale d'environ 6,000 âmes, ils sont au nombre de 1,300, dont un respectable lot de fonctionnaires naturellement, pas moins de 120. Si l'Algérie était aussi largement gratifiée de colons français, ils y seraient douze ou quinze cent mille sur une population de cinq millions, ce qui nous vaudrait mieux, à coup sûr, pour l'expansion de notre race, que la possession de toutes nos autres colonies. Le climat de Saint-Pierre et Miquelon se rapproche beaucoup de celui de nos départements baignés par la Manche; cette analogie justifie un courant bien nourri

Galles du Sud, l'émigration européenne n'a pris son essor régulier que du jour où le gouvernement britannique, sur l'injonction des habitants de la colonie, eut renoncé à y envoyer des *convicts*.

d'émigration, qu'expliquent du reste aussi les relations constantes de ces îles, si proches de Terre-Neuve, avec nos ports de Bretagne et de Normandie qui arment pour la grande pêche.

*
* *

Par l'exposé qui précède, on a vu que toutes nos colonies, hormis l'Algérie-Tunisie et les possessions fort secondaires dont je viens de parler, sont situées dans la zone intertropicale où notre race a peine à s'acclimater. Cela même fixe leur caractère et leur destination : à l'instar de l'Inde anglaise et des Indes néerlandaises, elles ne peuvent être pour nous que des colonies d'exploitation et de commerce, non des colonies de peuplement. La température y est trop élevée pour que l'Européen aspire à jouer un autre rôle dans la mise en valeur des ressources locales, que celui de contremaître, de surveillant, d'agent-directeur ; il est incapable de remuer la glèbe ou de défricher la forêt. Mais avec des travailleurs mieux adaptés que lui aux régions torrides, avec les nègres et les coolies que lui fournissent les races inférieures, il est à même d'obtenir des résultats considérables. Les pays à la fois chauds et humides sont, par excellence, ceux qui produisent les céréales, les substances oléagineuses, les matières sucrées. Ils ont les alternances de pluies torrentielles et de soleil brûlant qui activent la végétation; sur ces terres de vie féconde, l'homme recueille, sans grand effort manuel, les munificences de la nature.

A ces conditions favorables du climat, ajoutez l'intelligence et la technique exercées de l'Européen, et les bras à bon marché qu'il est aisé de recruter à foison parmi les fourmillantes populations africaines, hindoues, chinoises, japonaises et javanaises, toutes faciles à domestiquer; ajoutez les applications de l'outillage moderne, particulièrement utilisable sur les grandes surfaces; et nos colonies peuvent procurer un jour à la France, où la terre est si chère, malgré son rendement avare, et où l'emploi des machines est souvent empêché par l'excessive division de la propriété, les services les plus appréciables. Le Tonkin serait sans doute en état de nous donner du blé à aussi bon compte que l'Amérique du Nord. Nos établissements de la côte occidentale d'Afrique, convenablement mis en culture, pourraient inonder les marchés européens d'arachide et d'huile de palme; et l'exploitation du coton, du café, du cacao, du tabac, du riz, faite en grand à Madagascar, nous permettrait, pour ces produits divers que, chaque année, nous achetons au dehors par centaines de millions, de n'être plus tributaires des colonies anglaises ou espagnoles ni des pays d'Extrême-Orient.

Faut-il, pour cela, que de nombreux Français aillent fonder, dans ces pays, des colonies comparables à celles d'Australie et de Nouvelle-Zélande ? Nullement; il suffit de quelques milliers de blancs aptes à diriger le travail des noirs ou des jaunes et le fonctionnement des machines. De ce qu'un pays est trop chaud pour que l'Européen y puisse vivre d'une façon durable, il n'en faut pas induire qu'il est impropre à la colonisation, mais seulement qu'il doit être exploité suivant le régime spécial approprié à son climat et à son sol; à cet égard, nous ne saurions suivre un meilleur exemple que celui des Anglais dans l'Inde. Jusqu'ici, l'Europe s'est bornée à chercher, sous les tropiques, d'amples débouchés pour son commerce et des matières premières pour son industrie. Mais qui sait si elle ne sera pas obligée bientôt, par la cherté de sa main-d'œuvre, d'y aller quérir aussi des aliments ? Ce jour-là seulement, nous apprécierons à leur valeur, pourvu que nous sachions en profiter, ce qui n'est pas encore démontré, les ressources de tout genre que sont susceptibles d'offrir à nos besoins nos possessions d'Afrique et d'Asie.

Les Français iront donc aux colonies, non pas, je le répète, avec le projet de s'y établir à demeure, à moins qu'il s'agisse de celles où ils le peuvent faire impunément, mais avec l'objectif plus modeste d'une exploitation en règle, par la main-d'œuvre indigène, des richesses du sol et du sous-sol. Ils pourront y séjourner, même avec leurs familles, sans trop de risques, pendant quelques années, le temps d'y créer des intérêts, d'organiser ou de surveiller des entreprises et, si le destin les seconde, de faire fortune. Ils reviendront ensuite sur la terre natale ; au reste, peu de nos colons, d'une façon générale, émigrent sans esprit de retour[1]. Voilà le seul procédé de colonisation, (si le mot peut encore s'appliquer ici), qui convienne aux pays intertropicaux.

Mais il ne saurait s'agir de transformer jamais ces pays, par des travaux d'assainissement, en régions d'une idéale salubrité. Modifier les fleuves en leur cours, drainer des marais immenses, défricher des forêts épaisses, ce serait une tâche

1. Voir l'appendice XIV.

illusoire, effroyablement coûteuse, et dont l'exécution, fût-elle réalisable, n'écarterait pas, en définitive, l'influence pernicieuse du climat ; par aucun expédient, on ne peut vaincre la nature, rafraîchir l'atmosphère, absorber l'humidité, ni supprimer les pluies.

C'est plutôt l'homme lui-même, dans l'espèce l'immigré européen, qu'il faut amender, s'il se peut, en l'instruisant du mode le plus pratique d'acclimatement sous les tropiques et en le mettant en garde contre ses propres erreurs sur la façon d'y vivre. Certes la zone équatoriale a été meurtrière à bien des existences, mais par suite surtout de l'insouciance ou de l'inhabileté morale des colons à suivre les prescriptions les plus raisonnables de l'hygiène. L'émigrant part ordinairement avec le préjugé que, sous les latitudes les plus différentes, il n'a rien à changer à son genre de vie ni à ses habitudes. Les difficultés d'acclimatement, il les suscite, pour ainsi dire, lui-même, par sa tenacité à ne pas rompre avec ses goûts, ses routines ou ses excès. Dès qu'on approche de l'équateur, l'augmentation de la chaleur ambiante entraîne une diminution de l'appétit ; si l'on continue de pratiquer, comme en Europe, l'usage immodéré des viandes et des alcools, on est, par suite des perturbations qu'en ressent l'appareil digestif, une victime prédestinée aux maladies endémiques.

Regardez les indigènes des pays chauds : leur sobriété coutumière les préserve des affections morbides qui nous atteignent au milieu d'eux. Ils sont presque tous de purs végétariens ; ils ne consomment que modérément des aliments azotés et s'abstiennent, pour la plupart avec rigueur, des spiritueux. C'est la civilisation qui leur enseigne l'alcoolisme. Elle leur apporte des bienfaits qu'ils sont lents à goûter et des vices qu'ils sont plus pressés d'adopter ; ils lui doivent leurs premières ivresses. Mais quand ils changent ainsi de régime pour prendre le nôtre, ils deviennent passibles, comme nous, des troubles et maladies qu'amène l'intempérance.

Sans doute, on ne peut pas demander à l'Européen, après des siècles d'usages contraires nécessités par l'âpreté des climats du nord, d'éviter, en Afrique ou en Asie, du jour au lendemain, les boissons fermentées et d'être, comme le nègre, un pur végétarien. Les hygiénistes et les praticiens coloniaux ont toutefois raison de l'avertir du péril qu'encourt sa santé, s'il s'obstine à transporter, dans les régions torrides, des habitudes peu en accord avec les conditions naturelles auxquelles s'y entretient la vie de l'homme. La seule manière de supporter les chaleurs extrêmes, on ne saurait trop le dire, est de se façonner, autant qu'il est possible, au genre d'existence physique des indigènes.

Ramenée à ces termes, avec des colons pénétrés de la nécessité d'une bonne hygiène et d'une alimentation adaptée au climat, l'exploitation de notre domaine colonial doit être résolument poursuivie. Il faut y fonder, de toutes parts, de grandes entreprises de commerce, d'industrie agricole, forestière et minière, de vastes plantations sur le modèle des *fazendas* du Brésil ou des *haciendas* de l'île de Cuba, avec l'Européen comme directeur et capitaliste ; il faut activer sans retard le succès des hardis pionniers, explorateurs, militaires, administrateurs, commerçants, missionnaires de tout ordre qui, au prix de tant d'efforts, sur tous les points du monde, travaillent noblement à élargir le champ d'action de la patrie française.

CHAPITRE VII

L'ADMINISTRATION COLONIALE.

Le climat de la plupart de nos colonies, on vient de le voir, n'est pas de nature à séduire beaucoup l'émigrant. Aura-t-il du moins à se louer davantage de leur organisation administrative? Ce qu'il souhaiterait de trouver dans le pays lointain où il va s'établir, c'est un régime simple et pratique, se bornant, sans intrusions superflues, à garantir l'ordre et la liberté, à protéger les intérêts légitimes, à favoriser l'esprit d'entreprise et d'association, toutes conditions sans lesquelles nos possessions bien évidemment ne peuvent se développer d'une manière normale. Cherchons si notre administration coloniale répond à cet idéal.

Une colonie renferme toujours deux groupes juxtaposés de populations : les colons et les indigènes. Qu'est-ce que les colons? Ce sont des nationaux auxquels la mère patrie, avec son rigide appareil de gouvernement, n'a pas offert de chances suffisantes de fortune, et qui vont au loin, dans des pays de libre initiative, avec l'espoir d'augmenter ces chances. Qu'est-ce que les indigènes? Ce sont des êtres primitifs, incultes et défiants, qui, le plus souvent, redoutent nos innovations, même les plus opportunes, et sont hors d'état de les apprécier ou d'en tirer parti.

Allons-nous, aux uns et aux autres, donner, sans y rien changer, nos lois et nos règlements d'Europe? Aux colons, qui essaient de recommencer une vie nouvelle, sous des auspices présomptivement plus favorables, imposerons-nous les mêmes statuts, les mêmes formes administratives, le même excès de règlementation et de fiscalité, auxquels, en émigrant, ils ont voulu se soustraire? Aux indigènes, qui ont de la vie la conception la plus rudimentaire et la plus simplifiée, imposerons-nous, de prime abord et en bloc, les organes compliqués et savants de notre vieille civilisation?

Ainsi posé, le problème semble résolu d'avance. La métropole ne peut administrer et gouverner ses colonies selon ses procédés d'Europe ; il lui faut concevoir d'autres procédés, édicter d'autres lois et, pour leur application, former d'autres fonctionnaires. Manifestement, les colons ne s'aventureront pas, le cœur léger, dans nos possessions, s'ils ne savent y trouver, avec une plus grande liberté d'allures, un régime particulier qui assure ou facilite leur prospérité. Or, à ces fins, toute colonie a besoin de certains éléments indispensables, à savoir des lois appropriées aux conditions de la vie locale, des fonctionnaires capables et intègres, et enfin des instruments matériels de fortune, au moins en voie de préparation, c'est-à-dire des travaux publics. Tout cela, on va le voir, est assez rare à trouver dans nos colonies.

*
* *

Pour commencer, il faudrait des lois appropriées aux nécessités locales, spécialement faites en vue du pays et de ses habitants, faites par conséquent *dans* le pays et *par* les habitants. Il est clair que les mêmes lois ne sauraient convenir à des établissements aussi disparates que sont nos multiples possessions ; telle mesure susceptible de profiter à une colonie de peuplement, par exemple, pourra nuire à une colonie d'exploitation ou inversement. Il est clair aussi que le régime légal qui leur est appliqué a bien des chances de porter à faux, s'il est conçu à distance par des hommes ignorants de leurs besoins et indifférents à leurs destinées.

Or, quelles lois donnons-nous à nos possessions d'outre-mer, aussitôt que la conquête en est achevée ? Des lois empruntées, pour la plupart, à la législation de la métropole. Ce sont nos codes, le code civil, le code de commerce, le code pénal, avec une infinité de nos lois d'administration. Nous les donnons ou nous les infligeons, sans modifications, à toutes nos colonies, si variées quelles puissent être sous le rapport des conditions climatériques, économiques et sociales. Partout, ou peu s'en faut, c'est le même appareil administratif, partout la même organisation judiciaire, partout le même traitement fiscal. L'ensemble de nos sujets exotiques doit être initié, pour son bonheur, à nos subtilités sur la séparation des pouvoirs, aux beautés archaïques de notre procédure, à la complexité de nos impôts. Les Anglais permettent, en général, à leurs possessions de se gouverner elles-mêmes, avec des statuts libres préparés sur place, parfois avec un parlement autonome[1]; ils se contentent

1. Ainsi, pour les colonies d'Afrique du Sud, du Canada et

de les rattacher à la mère patrie par des liens de souveraineté assez flottants. Commercer avec les colonies, les enrichir, et s'en faire aimer, cela suffit à leurs desseins. Nous, avec notre goût passionné pour la ligne droite et les belles ordonnances méthodiques, nous aspirons à courber toutes nos possessions, vieilles ou jeunes, sous un même niveau égalitaire. Au lieu d'habituer chacune d'elles à chercher, dans son propre sein, suivant les circonstances, les éléments et le type de sa propre organisation, au lieu de lui laisser suivre la pente de son génie particulier, être algérienne, indo-chinoise ou sénégalaise, de mœurs et d'institutions, nous prétendons les encadrer de force dans le moule de notre organisation continentale, pour en faire de simples succursales de la métropole ; et, afin d'y mieux réussir, nous les administrons toutes à distance, bien ou mal, mais de façon identique, dans les bureaux du ministère des colonies.

Qui ne voit cependant que des lois convenant à un pays ancien comme la France, opulent

d'Australie, il y a les parlements de Capetown, d'Ottawa et de Victoria. Chacune d'elles, en outre, a son ambassadeur à Londres, qui, sous le nom de haut commissaire (*high commissioner*), fait valoir les droits de la colonie.

comme elle, civilisé comme elle, doté de tout l'outillage du progrès moderne, nuiront, au contraire, à une communauté jeune, nouvelle venue dans la famille des nations, riche d'espérances et d'ambitions plutôt que de ressources immédiates, ardente par conséquent, dans sa marche en avant, à éviter tout retard et, s'il se peut, à doubler les étapes? Si à des colons énergiques, intelligents, aventureux, qui ont fui la mère patrie pour développer à l'aise leur activité, vous continuez d'imposer votre tutelle incessante et votre réglementation à l'européenne, ne voyez-vous pas que vous risquez de les paralyser? Si, dans votre passion d'uniformité, vous étreignez les colons par toutes les lisières de vos minuties administratives; si, dans votre esprit d'étroite justice, vous prenez contre l'individu et en faveur de l'État, toutes ces précautions byzantines que multiplient à l'excès les vieilles civilisations; si vous exigez de lui prématurément des impôts trop lourds; si, au lieu de l'aider à réussir, vous semblez être jaloux des occasions qu'il a de faire fortune, vous abattez tous les courages, vous ruinez à jamais l'esprit d'entreprise. Le goût de l'indépendance large est au cœur de tous les émigrants. On ne l'a pas assez donnée, jusqu'à ce jour, aux Français qui ont tenté de coloniser. On a perdu de vue cette remarque judicieuse de Montesquieu : *les pays ne sont pas cultivés en raison de leur fertilité, mais en raison de leur liberté*[1].

*
* *

Et les fonctionnaires de nos colonies, chargés d'en mouvoir le mécanisme compliqué, qui sont-ils et d'où viennent-ils ? Avons-nous, pour les emplois coloniaux, un corps spécial d'agents formés par de sérieuses études et par un apprentissage technique ? Avons-nous un mode de recrutement particulier pour les agents de nos possessions d'Asie, de nos possessions d'Afrique et de nos possessions d'Amérique ? Avons-nous seulement un mode de recrutement distinct pour la métropole et pour les colonies ? Point ; fonctionnaires des colonies et fonctionnaires de la métropole, nous les prenons dans les mêmes rangs, dans les mêmes cadres, j'allais dire, sans respect, dans le même sac. Peu importent l'endroit et le poste auxquels on les destine. Sans préparation d'aucune sorte, hormis celle de nos

1. *Esprit des lois*, liv. XVIII, chap. III. — Voir l'appendice XV à la fin du présent volume.

routines bureaucratiques, ils serviront aussi bien à gouverner les populations viriles et belliqueuses de l'Algérie que les races inertes et vieillottes de l'Indo-Chine, aussi bien les créoles civilisés de la Réunion que les nègres attardés de la Sénégambie. La langue du pays où on les dirige, ils ne la savent pas ; le droit de ce pays, ils ne le soupçonnent pas. Ils ne connaissent d'ordinaire ni son histoire, ni ses coutumes, ni ses besoins, ni la nature du sol, ni le caractère des habitants, ni les expériences tentées, ni les erreurs commises, ni les résultats obtenus. On ne leur a jamais demandé de rien apprendre ; ils n'ont rien appris. Combien avons-nous de fonctionnaires qui, en Algérie ou en Tunisie, parlent l'arabe ? Combien, en Indo-Chine, qui parlent l'annamite ou le cambodgien ? Pour acheminer vers la civilisation les peuples dont nous prenons la tutelle, il faudrait des fonctionnaires plus intelligents, plus instruits, plus intègres que dans la métropole, d'autant qu'ils doivent administrer à distance, très loin du gouvernement central et qu'ainsi leurs méprises ou omissions sont plus graves. Un fonctionnaire déjà mauvais en France deviendra pire dans les colonies ; il trouvera, au delà des mers, pour prévariquer, des occasions qu'il ne rencontrerait jamais chez lui. Par ce qui se passe en Algérie, où les fraudes, abus de pouvoir et gabegies de tout genre bénéficient de l'impunité, on devine ce qui doit se perpétrer dans les pays plus éloignés d'où ne parviennent que des nouvelles intermittentes et dûment contrôlées. Or, aux yeux des Arabes, Kabyles, Annamites, Hindous, le fonctionnaire infidèle ne compromet pas seulement le prestige de son administration, mais aussi le bon renom, la dignité, l'honneur de la mère patrie.

De ces choses, en France, il ne semble pas qu'on ait cure. Sans doute, le *Journal officiel* publie, de temps à autre, des règlements fort bien faits sur les conditions à exiger des administrateurs coloniaux; mais, en pratique, on n'en tient aucun compte. Nous faisons, entre les fonctionnaires, un triage à rebours. Nous gardons les bons chez nous. Le reste est évacué sur les colonies; le reste, c'est-à-dire les fruits secs et les fruits corrompus, refusés ou rejetés par toutes les carrières. Est-il un avocat sans causes, un médecin sans malades, un journaliste sans lecteurs, un professeur sans élèves ; est-il un politicien gênant, un fils de famille compromettant, un noceur impénitent, un rastaquouère entreprenant? Tout cela, sans examen, est jugé bon pour le service des colonies. On en a recruté, (il y a des exemples mémorables), jusque dans les coulisses de certains cafés-concerts et dans les couloirs de la Bourse où s'exécutent les victimes de la hausse et de la baisse[1]. On a investi de fonctions judiciaires, cela s'est vu, des escrocs condamnés à la prison avec application de la loi Bérenger. Il semble, en vérité, que la transmigration momentanée dans une colonie bien lointaine soit, pour un aventurier promu tout à coup fonctionnaire, comme l'immersion dans une fontaine de Jouvence qui lave les tares et refait les virginités.

Et c'est ainsi du haut en bas de l'échelle, avec cette circonstance aggravante au sommet que l'incompétence s'y manifeste encore plus qu'aux degrés inférieurs. Examinez, pour commencer, la série des sous-secrétaires d'État et ministres des colonies depuis dix ans. Dans le nombre, il y a eu des avocats, des médecins, un tanneur, un directeur d'enregistrement, un ingénieur hydrographe, un professeur d'histoire constitutionnelle à l'École des sciences politiques, mais pas un homme, en réalité, que sa profession, ses antécédents ou ses travaux particuliers aient prédestiné et habilité

1. Voir, à cet égard, les faits singuliers cités par M. Isaac, au Sénat, dans la séance du 6 août 1895.

le moins du monde à la fonction. Tous ont eu à l'apprendre au moment même où ils entraient en charge. Plusieurs ont paru s'y intéresser et même y réussir; par malheur, les fluctuations de la politique ne leur ont jamais permis de poursuivre longtemps leur apprentissage. Pensez à ce que deviendrait une grande maison de commerce dont le gérant, continûment choisi hors de la partie, serait, en outre, changé tous les six mois.

Le haut personnel administratif est à l'avenant des ministres, recruté ou déplacé avec le même sans-gêne. On se soucie fort peu de confier le gouvernement de nos colonies, qui, en réalité, sont ou devraient être des annexes commerciales de la métropole, à des mains expérimentées, et de leur imprimer une direction suivie. Avant tout, on écarte, de parti pris, ceux que leur connaissance du pays ou les services rendus sembleraient qualifier le mieux pour le poste à remplir. Le choix des gouverneurs ou résidents généraux est ensuite fait au hasard, avec la fantaisie la plus capricieuse. Il n'est dicté que par les influences parlementaires; on vise à nantir de charges décoratives et bien rémunérées les favoris ou les éclopés de la politique, comme si l'unique raison d'être du budget colonial était de gratifier les politiciens heureux ou malheureux. Que les candidats soient dépourvus de l'éducation technique nécessaire aux emplois dont on les investit, qu'ils ignorent tout du pays où ils sont appelés à servir, nul ne s'en inquiète. Ils feront une école *in anima vili*, sur les nègres abandonnés à leur merci et sur les colons assujettis à leur ignorance.

Si encore ils pouvaient, une fois installés, compter sur une certaine fixité dans l'exercice de leurs fonctions ! Mais souvent on les rappelle à l'improviste, ou on les fait sauter d'une de nos possessions dans l'autre, avant qu'ils aient eu le temps de connaître leur service. Ils défilent ainsi avec une rapidité vertigineuse, le nouvel arrivé s'appliquant, comme de juste, à défaire ce que son prédécesseur a péniblement édifié. Il me serait facile de citer par leurs noms tels de ces agents nomades, jugés incapables partout où ils passaient et promenés dans les parages les plus divers, de la Martinique au Sénégal et du Sénégal en Indo-Chine, avec une mobilité aussi nuisible à la bonne expédition des affaires qu'aux intérêts du Trésor[1]. Cette instabilité du personnel

1. Depuis quinze ans, les rapporteurs du budget n'ont cessé de réclamer contre cet abus. En 1890, M. Boulanger, séna-

dirigeant, qui est un des travers de notre administration, a peu d'inconvénients, après tout, dans la métropole, où chaque chose se trouvant à sa place depuis nombre d'années, les hommes sont encadrés dans des organismes dont le jeu est presque indépendant de leur volonté. Mais combien doit-elle être pernicieuse dans des contrées encore en enfance, où n'existent ni fortes traditions, ni coutumes solidement établies, ni méthodes durables de gouvernement !

Fut-il jamais, à ce point de vue, une colonie plus maltraitée que le Tonkin, plus déplorablement livrée aux changements brusques de régime, à l'impéritie des essais hasardeux, à l'épreuve des conflits incessants ? Nous avons conquis ce pays en 1883 ; nous le détenons ainsi depuis près de quinze ans. La direction suprême y a passé déjà par vingt-deux mains différentes. Les Anglais, qui occupent l'Égypte depuis la même époque, n'y ont encore eu qu'un seul agent général, sir Evelyn Baring, devenu lord Cromer.

Nos autres colonies ne sont guère plus favorisées que le Tonkin. Dans la seule année 1882,

teur, constatait « que certains fonctionnaires, aux appointements de 6,000 francs, coûtaient à l'État 30, 40 et 50,000 francs, en une seule année, pour déplacements inconsidérés. »

le Sénégal a eu quatre gouverneurs différents. Et Madagascar ? Un journal de la Réunion, le *Créole*, donnait un jour d'édifiants détails sur les allées et venues de nos résidents dans la grande île. A Majunga, six vice-résidents se sont succédé de 1886 à 1892 ; c'est à peine si les habitants ont eu le temps de contempler leur visage; à Tamatave, le point commercial le plus important de la côte, huit résidents, dans la même période, ont paru et disparu. On comprend alors que les Malgaches aient cessé, un beau matin, de prendre au sérieux un protectorat s'affirmant avec une telle indécision dans le choix de ses représentants. De la courte existence de chacun de ces agents errants, défalquez la durée de la traversée, un mois à l'aller, un mois au retour, et, à la somme de leur traitement, ajoutez les frais de voyage et les indemnités de déplacement, vous saisirez à merveille pourquoi nos possessions lointaines nous coûtent si cher, et pourquoi, en général, elles sont si mal administrées.

Comment, en effet, gouvernent ces fonctionnaires, à tous les degrés de la hiérarchie ? Ne pouvant faire autrement ni mieux, ils gouvernent de la même manière qu'ils feraient en France, suivant les vieilles méthodes continentales. Avec eux, dans les colonies, ils importent cette manie de l'uniformité, cet amour de la paperasserie, ce culte des routines, cette crainte des initiatives, cette appréhension des responsabilités et, par-dessus le marché, cet instinct du caporalisme, qui sont propres à écraser les colonies les plus vivaces. Dans un pays nouvellement ouvert à la civilisation, tout devrait être subordonné à l'encouragement de l'initiative privée. C'est elle qui a fait la fortune des États-Unis d'Amérique et de l'Australie ; d'elle seule dépend l'avenir de tout établissement naissant. Que l'administration se borne à faire respecter les droits acquis ; son rôle naturel ne va pas plus loin. Or ceci, il semble impossible à des fonctionnaires français de le comprendre. Une colonie est gérée par eux, sous n'importe quelle latitude, comme un département de la métropole, avec tout le formalisme hiératique et suranné de notre pays. L'idée ne leur est jamais venue que des hommes pussent faire prospérer une exploitation, sans qu'au préalable un arpenteur ait mesuré leurs champs et sans qu'un receveur d'enregistrement ait prélevé ses taxes.

Ceux de nos nationaux qui s'installent aux colonies et y apportent leurs capitaux, leur intelligence, leur activité, loin d'être secondés dans leur tâche, sont un peu regardés et traités, par nos fonctionnaires, en gêneurs, presque en intrus. Ils se heurtent à des difficultés, à des obstructions de tout genre ; souvent il leur faut briser, à grand'peine, des entraves qui paralysent les plus louables efforts ; et leur principal ennemi n'est pas dans les résistances de la nature pénible à vaincre ni dans les défiances de l'indigène dur à plier, il est dans cette réglementation méticuleuse et abusivement fiscale que les agents de l'État, transplantés au milieu des populations les plus disparates, parmi les moricauds d'Afrique ou les magots d'Indo-Chine, parmi les Taïtiens ou les Néo-Calédoniens, continuent de regarder comme une inviolable arche sainte. A propos des affaires du Dahomey et de nos comptoirs du golfe de Bénin, on a pu lire naguère, dans une feuille d'un langage très mesuré, le *Temps*, ces doléances significatives : « Plusieurs des chefs de maisons françaises établies en ce point ne désiraient aucun changement à l'état des choses existant. Ils s'accommodent des exigences parfois bizarres des Dahoméens et savent très bien comment les amener à composition ; enfin, avouons-le, il en est qui n'étaient pas sans redouter l'administration française avec sa réglementation souvent étroite et tracassière. »

Ainsi les négociants préféraient l'administration dahoméenne à l'administration française ! Il paraît qu'ils ont lieu de la regretter encore, si l'on en croit les révélations de M. J. Charles-Roux, député des Bouches-du-Rhône, sur les pratiques de notre régie des douanes à Kotonou[1]. On voit là se manifester, dans toute sa beauté, l'immixtion des fonctionnaires stérilisant l'effort des commerçants : défense de charger ou de décharger à certaines heures du jour ; obligation de faire précéder toute opération d'une demande adressée à la douane ; libellé de ces demandes suivant des formules invariables et sur papier spécial, mais non gratuit, fourni par l'administration ; droits d'entrée de 10 et 20 pour 100 sur les marchandises ; droit spécial de statistique sur chaque colis, etc. En vérité, il semble que, sur cette côte d'Afrique, où les affaires marchaient bien avant que nous y fussions maîtres, l'on se soit ingénié, par des prescriptions baroques, à les rendre désormais impossibles. Nos compatriotes qui continuent, sans défaillance, de trafiquer dans ces régions, sont, on en conviendra, des gens de bonne race.

Nulle part toutefois les excès du fonctionna-

1. Chambre des députés, séance du 28 février 1895.

risme colonial n'ont sévi comme dans nos possessions d'Indo-Chine. Là, peut-on dire, ils se sont développés avec une exubérance tropicale. Un publiciste de mérite, M. Paul Bourde, fut, il y a quelques années, envoyé au Tonkin par le journal le *Temps*, pour voir de près ce qui s'y passait. Il écrivait qu'une concession sur les bords lointains du fleuve Rouge nécessite les mêmes démarches, les mêmes délais, la même paperasserie qu'à Nanterre ou dans la plaine Saint-Denis. Loin de se charger de la besogne préparatoire, l'administration la rend aussi lourde que possible au colon par des exigences de toutes sortes, par des enquêtes et des contre-enquêtes ; si bien qu'un acte de concession dont l'unique raison d'être est de constituer au colon un titre sûr, devient pour lui une cause de ruine et de découragement. « Si l'on se posait simplement cette question, continue M. Bourde : qu'est-ce qui importe le plus à la prospérité du Tonkin que ses richesses soient exploitées ou que le formalisme administratif en vigueur dans la métropole y soit observé avec une correction parfaite ? Il semblerait inepte de donner la préférence au formulaire. Et cependant, dans la pratique, c'est ce qui arrive quotidiennement. J'ai entre les mains l'histoire de trois entreprises industrielles, qui ont été interrompues avec la brutalité la plus aveugle, uniquement pour ces questions de forme si malheureusement importées à 10,000 kilomètres de leur lieu d'origine. »

M. de Lanessan, dans son récent ouvrage *La Colonisation française en Indo-Chine*, cite, à son tour, quelques faits topiques survenus pendant son administration. Une circulaire de 1893, par exemple, — ce n'est pas bien vieux, — prescrivait aux gouverneurs de nos diverses colonies d'acheter en France tout ce dont elles auraient besoin, avec désignation des villes où ces achats devaient être effectués : les briques à Bordeaux et à Marseille, le porc salé au Havre, la paille et le foin ailleurs. Si l'on avait obéi à cette circulaire absurde, le Tonkin, dont le sol est formé de terre à brique et qui produit d'énormes quantités de riz, eût été obligé de s'approvisionner *en France* de briques et de riz. En 1891, raconte encore M. de Lanessan, il y avait cinq ans que le service de santé et les chefs militaires de Hanoï discutaient sur l'emplacement d'un hôpital pour nos soldats. De Hanoï, le conflit fut transporté à Paris entre les gros bonnets des bureaux de la guerre et ceux des bureaux des colonies, et il menaçait de s'éterniser ; pendant ce temps, les malades en grand nombre mouraient sur le sol dans des paillottes.

On se demande souvent si nous sommes un peuple colonisateur. Ce qui est sûr, c'est que notre race prospère, aussi bien qu'une autre, dans les pays où elle est laissée libre de s'établir et d'agir à sa guise, au Canada, à la Plata, en Orient. Mais malheur à elle si elle se trouve en contact avec notre administration ; celle-ci semble avoir été inventée pour garrotter et paralyser celle-là. En général, peut-on dire, l'histoire de nos colonies se divise en deux périodes bien distinctes. Une première période de création et d'initiative, heureuse et féconde celle-là : chacun a de l'entrain, parce qu'on jouit de quelque liberté. Puis vient une seconde période, d'un caractère tout opposé : c'est le triomphe de la centralisation à outrance, du formalisme tracassier, des réglementations touffues, aboutissant à détruire au lieu de produire. Tous les pouvoirs sont transférés à la métropole ; toutes les décisions sont attendues du pavillon de Flore. Le travail est tenu en laisse par mille règles administratives, mille chinoiseries bureaucratiques. Le colon a la vie plus serve que dans la mère patrie, car les maîtres dont dépend sa destinée étant plus éloignés, il est condamné à attendre, avec une résignation plus énervée ou plus morne, ce qu'il leur plaira de décider tardivement et aveuglément. On devine le sentiment d'irritation que doivent susciter de tels procédés chez des gens qui, à travers les mers, ont cherché l'air et l'espace pour faire œuvre d'activité indépendante, pour se soustraire aux ennuyeuses routines de la vie civilisée, et on comprend que certains, à la longue, lassés de peiner sur une tâche impossible, désillusionnés et appauvris, abandonnent la partie et préfèrent s'en aller.

Je serais incomplet si je ne parlais aussi du *nombre* de ces fonctionnaires coloniaux. Consultez leurs annuaires : vous y verrez un contingent double et triple de celui que l'administration la plus prodigue devrait tolérer. Ils fourmillent, au delà de toute mesure, dans les trois provinces de l'Algérie, assimilées d'ailleurs, en grande partie, d'une manière plus ou moins raisonnable, à nos départements métropolitains ; et l'on sait que ces fonctionnaires sont loin d'y faire toujours de la bonne besogne. Cette pauvre Algérie n'a pas à souffrir seulement de la périodique invasion des sauterelles ! La Tunisie est-elle plus exempte du parasitisme administratif ? Depuis plusieurs années, il y fait irruption tout comme ailleurs, à la faveur d'une extension croissante des services. M. Paul Leroy-Beaulieu, qui connaît très bien le pays pour l'avoir visité à maintes reprises et y avoir créé des intérêts, énonçait, dans une de ses lettres au *Journal des Débats,* que la moitié à peu près des résidents français dans la Régence se compose de fonctionnaires. Au début, il n'en était pas ainsi ; mais l'heureuse conception du protectorat, en Tunisie comme au Tonkin, est peu à peu abandonnée pour faire place à la gestion directe.

C'est bien pis en Cochinchine, où, sur les 2,235 Français qui s'y trouvent, il y a 1,575 employés et membres de leurs familles. Et que serait-ce si je parlais de la Guyane, du Sénégal et de la Nouvelle-Calédonie, presque entièrement dépourvus de colons libres ? Que serait-ce également si je parlais de Madagascar, où l'on dépêchait, au lendemain de la prise de possession définitive, des fournées de magistrats et des inspecteurs d'agriculture, sans compter le reste, avant même de savoir s'il viendrait jamais de France des justiciables et des cultivateurs. Un journal de Tamatave, le *Madagascar,* fit sur place, il y a quelques mois, une expérience intéressante. Ses rédacteurs s'appliquèrent à dénombrer les colons qu'ils verraient passer en une heure, dans la principale rue de la ville. 502 personnes ont défilé devant eux : officiers, soldats, matelots, missionnaires, résidents, vice-résidents et commis de résidence, douaniers, juges, greffiers, scribes d'espèces variées, porteurs indigènes, Hindous, Chinois, Arabes, marchands grecs, mineurs australiens, ensemble au nombre de 501 ; mais, de colons français véritables : un seul, et qui n'avait qu'une jambe ! Ce petit tableau, c'est le miroir de la colonisation française.

Les nations qui nous entourent voient, chaque année, leur population laborieuse déborder des frontières. Ce qui déborde des nôtres, ce sont les fonctionnaires ; ils sont, par rapport à nos colonies, le principal article d'exportation. Rien d'étrange à cela : les établissements d'un pays au delà des mers se modèlent d'ordinaire à son image et à sa ressemblance. Les Anglais et les Hollandais, peuples de marchands, ont des colonies de marchands. Qui s'étonnera, en songeant à la pléthore d'agents du pouvoir en France, que nos colonies soient des colonies de fonctionnaires ? La plus belle fille du monde, après tout, ne peut donner que ce qu'elle a.

Ce régime de fonctionnarisme intensif, censuré justement, tient, en grande partie, à l'organisation même dont nos possessions sont dotées. Aucune d'elles n'a de parlement local; mais presque toutes, du moins les anciennes, l'Algérie, le Sénégal, la Cochinchine, la Réunion, les Antilles, ont, dans le parlement de la métropole, des représentants élus. Ceux-ci, on le devine, n'ont d'autre souci que de travailler à leur réélection. Pour renforcer leur clientèle, ils poussent d'instinct à l'accroissement du nombre des fonctionnaires, qui forment, à défaut d'autres colons, le principal contingent de leurs électeurs ; et ils n'ont aucun motif de limiter leurs sollicitations, car ils ne sont pas responsables du budget colonial. Le gouvernement, de son côté, cède volontiers à ces demandes intéressées, qui, suivant le marchandage usuel, lui sont payées, un jour ou l'autre, en votes parlementaires[1].

*
* *

Qu'arrive-t-il alors ? C'est que des sommes énormes sont gaspillées à entretenir un personnel encombrant, tandis que les seuls chapitres utiles sont dotés misérablement. Ouvrez les budgets

1. Voir l'appendice XVI

coloniaux : neuf fois sur dix, les agents des travaux publics, directeurs, ingénieurs, conducteurs, inspecteurs, dessinateurs et comptables, coûtent aussi cher et parfois plus cher que les travaux publics eux-mêmes[1] ; de sorte que l'émigrant retrouve aux colonies en surabondance, du fait du fonctionnarisme, les obstacles qu'il avait voulu fuir, les règlements sans nombre, les formalités sans fin, les troubles sans répit, mais n'y rencontre pas les éléments matériels qui favoriseraient ses entreprises. Une telle perspective n'est pas de nature à tenter beaucoup les esprits aventureux qui seraient disposés à chercher au loin un champ libre et fécond pour leur activité. Ils ne quitteront pas le sol natal pour échouer, en Afrique ou en Asie, dans un département français aussi minutieusement régi que ceux du continent et pour s'empêtrer, à chaque pas, dans toutes les lisières d'une bureaucratie dépaysée.

Ce qu'il faudrait, pour les attirer, c'est, avec un système législatif et administratif plus simple

1. Dans toutes nos colonies, la proportion des frais généraux d'administration est exagérée : ainsi, au Sénégal, ces frais s'élèvent à 58 0/0 des dépenses totales ; à la Guadeloupe, 23 agents, pour faire 700,418 francs de travaux, sont payés 107,444 francs.

et plus souple, la certitude d'avoir à leur disposition, là où ils vont s'établir, les instruments nécessaires de toute colonisation, routes, canaux, ports, chemins de fer. C'est, hélas, ce qui manque le plus dans l'ensemble de nos colonies. Le Tonkin, par exemple, a déjà imposé aux finances de la République des sacrifices considérables, plus assurément que n'en avait imposé aux finances de l'Empire l'expédition si décriée du Mexique. On y a dépensé, comme frais de premier établissement, pas moins de 500 millions[1]. Mais tous ces sacrifices, bien que très onéreux, laissent peu de traces appréciables; au lieu d'aviser à en retirer promptement la récompense, par des améliorations économiques, on s'est arrêté à michemin. On a perdu de vue qu'il ne suffisait pas de conquérir un pays mal agencé, mal outillé, qu'il fallait, sans retard, le doter de voies de communication rapides et sûres, en construisant des chemins de fer ou des routes, en améliorant les cours d'eau navigables; et, après treize ans d'occupation, on se contente encore d'utiliser les moyens si rudimentaires, si lents et parfois si coûteux, des indigènes. Pendant ce temps, nos colons s'enfoncent dans la ruine et sont traqués

1. Voir l'appendice XVII.

sans cesse par les rebelles ou les pirates. Avec des travaux publics convenablement appropriés, et surtout un réseau de circulation, le Tonkin aurait, pour le commerce français, une valeur inappréciable, grâce à la densité de sa population, aux richesses avérées de son sol et de son sous-sol, et à la contiguïté des populeuses provinces chinoises, qu'il borde sur plus de 400 kilomètres. Mais quel profit nos négociants, nos producteurs et nos armateurs peuvent-ils bien attendre des nouveaux débouchés qui leur sont ouverts de ce côté, si les moyens manquent pour le transport des marchandises ? Pour coloniser, disait lord Palmerston, il faut trois choses : 1° des chemins ; 2° encore des chemins ; 3° encore plus de chemins.

Les chemins, nous avons vu qu'ils manquent en Nouvelle-Calédonie, qui n'est cependant pas, comme le Tonkin, une colonie née d'hier. Ils manquent également au Gabon-Congo, où nous avons pris pied il y a déjà quarante ans ; les transports par terre s'y font encore à dos d'homme, par des sentiers de caravanes. La sécurité n'est assurée nulle part ; le cannibalisme sévit à quelques kilomètres du chef-lieu de la colonie. Récemment, une mission officielle était attaquée dans le trajet de la côte à

Brazzaville. Tout cela est-il bien propre à séduire l'émigrant[1] ?

C'est la même chose à Madagascar. De 1885 à 1895, nous avons exercé ou prétendu exercer, sur la grande île, un protectorat reconnu par les traités et qui nous a donné lieu d'accréditer pas mal de fonctionnaires. Avons-nous seulement pris le souci d'ouvrir, à l'aide de la main-d'œuvre locale, une voie de communication reliant le littoral à la capitale? Pour les besoins de la récente expédition, il a fallu que nos soldats, malgré l'insalubrité bien connue du pays, fissent eux-mêmes, sous un ciel de feu, cette route funèbre de Majunga à Andriba, qui a été jalonnée de leurs cadavres[2].

Il y a plus fort que cela : parfois, pour les travaux publics, on a les fonds sous la main, des

1. Voir l'appendice XVIII.

2. A la pointe méridionale de l'île, nous occupons en toute propriété, depuis douze ans, la station de Diego-Suarez, estimée l'une des plus précieuses dans l'Océan Indien. Nous avons stipulé le droit d'y faire des installations à notre convenance; néanmoins, cette station reste encore dans l'état d'abandon sauvage où nous l'ont livrée les Malgaches en 1885, dépourvue de phares et de tout outillage maritime. Nos navires, qui sillonnent ces parages, sont obligés, en cas d'avaries, de se faire radouber à la station anglaise de l'île Maurice.

fonds réservés ; mais on néglige ou l'on refuse de s'en servir. En Tunisie, grâce à une administration financière très économe, une de ces bonnes et attentives gestions bourgeoises, comme on n'en voit plus guère, du moins chez nous, le budget se chiffre par des excédents de recettes, et un capital d'environ 25 millions a pu être mis de côté pour les entreprises d'utilité générale, ports, réseau ferré, etc. Il n'empêche que, pendant près de quinze ans, l'inactivité, à l'endroit des chemins de fer, a été complète. Jusqu'en 1895, on n'a rien fait, ou presque rien, pour ne pas contrarier les rancunes de certains députés d'Algérie qui déploraient l'expansion de la colonie voisine et rivale. La politique, qui empoisonne et dissout tant de choses en France, n'est pas non plus très bienfaisante, on le voit, à certaines de nos possessions.

On a privé longtemps la Tunisie de construire sur ses propres ressources, sans subsides et sans garanties de la métropole, les chemins de fer dont elle avait besoin ; mais sur les ressources de la métropole, on en construit ailleurs où ils sont inutiles. Ainsi on en a fait au Soudan. Or qu'est-ce que le Soudan ? Une colonie de peuplement ? Aucun Européen n'y pourrait vivre. Une colonie d'exploitation ? Le sol y est infécond.

Toutes choses aujourd'hui reconnues. Ce pays pauvre, qui, pour l'instant, ne renferme sans doute pas un seul colon français, en dehors des militaires et des fonctionnaires, a néanmoins une voie ferrée de 190 kilomètres, de Kayes à Bafoulabé. Établie sans un contrôle suffisant, elle a coûté plus de 20 millions. Pour l'imprévoyance de la gestion et la cherté de l'entreprise, cette petite ligne peut aller de pair avec le fameux chemin de fer tonkinois de Phu-Lang-Thuong à Lang-Son. Mais il sert, au moins, celui-là, si défectueuse qu'en fut la façon, à transporter quelques colons et beaucoup d'indigènes ; l'autre sert tout uniment à ravitailler les postes.

C'est à peu près ainsi dans toutes nos possessions ; les travaux publics, quand on y procède, sont le plus souvent mal conçus, mal engagés, mal exécutés. M. Turrel, député, dans son rapport sur le budget des colonies en 1895, cite des exemples frappants. Au Sénégal, le chemin de fer de Dakar à Saint-Louis devait coûter 13 millions ; il est établi de telle sorte qu'il faut bientôt le refaire. A l'heure actuelle, cet ouvrage coûte 40 millions. « A la Réunion, on a construit deux ports et un chemin de fer ; la dépense, évaluée à 34 millions, en atteint 67. Le travail est mal fait, incomplet pour la première partie ;

quant au second port, il est à peu près vide, inutile et inutilisable. *C'est un capital mort.* »

Par ce qui précède, on voit que les travaux publics ne sont pas la partie brillante de notre administration coloniale. Et cependant, qui contestera que les travaux publics, c'est l'avenir même des colonies ? Seuls ils donnent la sécurité aux colons, en marquant d'un sceau définitif l'événement de la conquête ; seuls ils activent la production, facilitent les échanges, stimulent l'industrie et le commerce, ouvrent les débouchés, sans lesquels il n'est pas de bénéfices possibles, ni par conséquent de vraie colonie. Les Américains de toute latitude, les Australiens et les Russes le comprennent à merveille ; c'est le rail, le chemin de fer qui, en se développant sans cesse, est, à leurs yeux, le principal conducteur de la colonisation et le meilleur agent de la pacification. De là vient que ces peuples pratiques n'hésitent pas à construire d'immenses voies ferrées à travers les solitudes, comme les Russes, hier dans l'Asie centrale, et, à l'heure présente, en Sibérie, comme les Anglo-Canadiens, il y a peu d'années, de l'Atlantique au Pacifique[1].

1. Voir l'appendice XIX.

Les travaux publics sont même autre chose : aux yeux des indigènes, ils sont la seule excuse de la prise de possession plus ou moins arbitraire, plus ou moins violente, que comporte tout établissement colonial. De nos lois, ils ne se soucient guère ; nos fonctionnaires, ils les évitent ou les dédaignent ; nos réformes, ils les appréhendent ; notre morale, ils ne la voient pas, ils n'aperçoivent que nos vices. Qu'est-ce alors que la génération présente des protégés ou des vaincus peut nous devoir, de quoi peut-elle nous tenir compte, si nous lui refusons ou si nous lui marchandons avec parcimonie les ports, les routes, les chemins de fer, les canaux, les aqueducs, les barrages, les hôpitaux, les écoles..., en un mot, tous les instruments matériels et tangibles du progrès, tous les organes essentiels et féconds de la vie économique ? Pourquoi, en ce cas, créer des colonies ? Nous les créons, j'imagine, pour les voir grandir et se développer, et peut-être, un jour, nous atteindre. Nous ne conquérons des peuples inférieurs qu'en nous engageant moralement à les élever. Mais, pour cela, il faut que la mère patrie leur donne de bonnes leçons, de bons maîtres et de bons outils. Les leçons, ce sont les lois ; les maîtres, ce sont les fonctionnaires ; les outils, ce sont les travaux publics. Je viens de le montrer : nos colonies, pour la plupart, malgré ce qu'elles coûtent, n'ont rien ou presque rien de tout cela.

Aussi, à l'inverse des possessions anglaises, où, sous un régime qui l'encourage au lieu de l'entraver, l'action individuelle se déploie largement, nos colonies demeurent toutes anémiques et languissantes. Parmi elles, il en est, comme la Réunion et les Antilles, de bien malades, s'il faut en croire les aveux de leurs représentants ; dans notre sollicitude à saisir par les armes des territoires immenses qui ne seront jamais peuplés ni peut-être exploités par notre race, nous laissons tomber à rien la production et le commerce de nos plus anciennes et de nos plus intéressantes possessions. J'ai déjà parlé du Canada qui n'est devenu prospère que du jour où nous l'avons perdu. D'autres colonies, jusque-là prospères, s'atrophient en nos mains du jour où nous les conquérons. Voici un fait tristement probant, que je relève dans une étude publiée, en 1894, sur la question coloniale, par M. Isaac, sénateur de la Guadeloupe. En 1877, la Suède nous rétrocède, à prix d'argent, une de nos anciennes possessions des petites Antilles, l'île Saint-Barthélemy. Sous la domination suédoise, l'île était heureuse. « L'élève du bétail, de petites cultures, l'exploitation des salines, le métier de la mer y entretenaient une aisance relative. » Aujourd'hui, après dix-neuf ans d'administration française, (c'est toujours M. Isaac qui parle), « tous les indices de prospérité ont disparu. Les cultures, l'industrie ont cessé d'exister ; les relations avec les îles environnantes sont ralenties, et la population se trouve maintenant dans un état de détresse qu'elle n'avait jamais connu ». Il s'agit là, il est vrai, d'une colonie fort peu importante par son territoire ; mais rien n'éclaire une situation aussi bien que les petits faits. En voici un autre, cité par le même sénateur. Près de Saint-Barthélemy, se trouve Saint-Martin ; une moitié de cette île appartient à la France et l'autre moitié à la Hollande. « La partie néerlandaise travaille et prospère, la partie française périclite tous les jours[1]. »

Il est visible que si nous nous bornons à con-

1. Des voyageurs ont noté le même contraste entre la détresse lamentable de la Guyane française et l'état florissant des Guyanes anglaise et hollandaise qui l'avoisinent. D'ailleurs, personne ne va plus dans notre colonie sud-américaine ; le service de l'émigration signalait, par exemple, pour la période 1878-1881, le départ de 6 émigrants en tout à destination de la Guyane.

quérir, à grands frais, des colonies, sans rien faire pour animer vers elles l'émigration des colons et des capitaux, il en sera des grandes, à plus forte raison, ce qu'il en est des petites. Leur malaise croîtra par le fait même de leur extension, et la nation se ruinera pour les entretenir et les conserver. Combien il serait plus pratique et plus sage de lever d'abord, et sans perdre de temps, les entraves procédant de nos institutions métropolitaines et de nos méthodes coloniales, dont le résultat le plus clair, aux unes et aux autres, est d'étouffer l'initiative privée et d'empêcher l'émigration. Ces entraves sont telles aujourd'hui que, pour les affronter, il faut, j'oserais dire, pousser la vocation coloniale jusqu'à un point d'intrépidité et d'enthousiasme qui n'a d'égale que la sainte folie du martyre.

DEUXIÈME PARTIE

LES APPELS A L'ÉMIGRATION.

CHAPITRE I

LA NÉCESSITÉ D'ÉMIGRER.

Je viens de m'appliquer à signaler ce qui, dans nos mœurs et dans nos lois, paralyse l'émigration coloniale. C'est indiquer, par là même, quelles réformes, difficiles sans doute, mais néanmoins réalisables, seraient susceptibles d'activer cette émigration. Il faut, de toute nécessité, qu'elle augmente, et dans une large mesure, pour rendre utile et rémunératrice la possession de nos vastes colonies. Les Français doivent être incités, par tous les moyens, à s'y porter en plus grand nombre, non seulement dans leur intérêt propre, mais aussi pour étendre, sur la surface du globe, l'action permanente de la mère patrie, de son esprit, de sa langue, de sa civilisation.

Qu'importe que la leçon du passé soit, à cet égard, peu encourageante ! Nous n'avons pas l'aptitude coloniale, disent les gens de routine. Est-ce bien sûr ? Autant dire d'un enfant qu'il n'a ni activité ni intelligence, quand on l'a d'abord ligotté et baîllonné pour l'empêcher d'agir et de parler. Il ne s'agit pas, au reste, d'examiner de quel effort d'expansion nous avons été capables jusqu'ici ; c'est *en avant* qu'il faut regarder. Au-dessus des sèches et déprimantes statistiques sur l'émigration et le commerce, il y a, pour nous, la question d'avenir et, je dirai, la question de vie. A la façon dont se dessinent les choses dans le monde actuel, avec l'extension progressive des communications internationales et des échanges, avec le déplacement et l'élargissement des moyens d'influence, il ne saurait être permis à un pays comme le nôtre de s'isoler et de se murer chez lui. Dorénavant pour compter en Europe, il faudra compter dans l'univers entier. Le combat pour l'existence entre les peuples civilisés, qui est le fond de l'histoire, se transportera de plus en plus sur le champ des intérêts économiques et commerciaux et se substituera aux conflits à main armée.

A s'effacer dans cette lutte, à rester passive au milieu de la poussée coloniale qui entraîne les puissances rivales, la France se ménagerait un abaissement certain menaçant, sur le continent même, son rang de grande puissance ; elle risquerait de se déclasser finalement. Il ne se peut qu'enfermée dans ses frontières rognées et satisfaite de sa fortune décroissante, elle abdique toute pensée d'essor extérieur. Il ne se peut qu'elle abandonne à ses sœurs plus ou moins envieuses, l'Italie et l'Espagne, le soin de représenter les races latines dans la mêlée ethnographique en train de s'engager. L'une, dont les ambitions juvéniles ont peine à se contenir, réussit à peupler mieux que nous certaines de nos colonies qu'elle convoite ; l'autre a déjà marqué de son empreinte la moitié du Nouveau-Monde ; et qui sait si, quelque jour, elle ne va pas retrouver, au Maroc ou ailleurs, son vieux génie colonial, lorsque l'absorption de l'Afrique par les puissances européennes, en déplaçant l'axe du monde, la mettra au centre des États civilisés et offrira un débouché à son énergie aujourd'hui latente ? Vaudrait-il la peine, en vérité, d'avoir acquis au Tonkin, au Congo, au Soudan, à Madagascar, de vastes territoires au prix des plus lourds sacrifices, si nous devions être récalcitrants ou inhabiles à les exploiter ?

Pour nous répandre dans le monde, le moment est plus opportun que jamais. Tout conspire chez nous et au dehors à nous y inviter. Crise agricole, crise industrielle, malaise social; cherté croissante de la vie coïncidant avec le fléchissement graduel du loyer des terres et du revenu des valeurs ; nécessité de trouver à nos épargnes des placements plus avantageux et même de cultiver au loin, avec une main-d'œuvre à vil prix, ce blé qui ruine son producteur sur le sol français, voilà, je pense, de quoi encourager aux colonies d'exploitation. Et quant aux colonies de peuplement, si nous avons encore de la vigueur de reste pour en créer, ou pour développer celles que nous possédons déjà, comme l'Algérie et la Tunisie, nous pourrons être stimulés d'une façon salutaire par l'exemple de certaines races agissantes qui, autour de nous, accaparent les espaces et les remplissent. Je dirai, comme l'historien irlandais, Justin Mac-Carthy : « Vous avez des yeux. Ouvrez-les. Regardez un peu plus loin que votre arrondissement, votre village, votre club ou votre coterie. »

Contemplez, en particulier, les progrès de la Grande-Bretagne, des États-Unis et de la Russie ; le spectacle est des plus édifiants. Pendant que les nations continentales s'épuisent en armements et se préparent à des luttes barbares, les Anglo-Saxons font la conquête du monde. Déjà maîtres des Indes orientales et du Canada, c'est-à-dire d'une vaste partie de l'Asie et de l'Amérique, maîtres de l'Australie, de la Tasmanie et de la Nouvelle-Zélande, c'est-à-dire de la presque totalité des terres océaniennes, voici qu'ils envahissent à présent l'Afrique. Ils détiennent l'Égypte, à coup sûr pour ne plus la rendre, malgré des promesses réitérées d'évacuation ; de l'Égypte, ils s'acheminent vers la Nubie et le Soudan, visant à faire du Nil tout entier, depuis ses embouchures jusqu'à ses sources, un fleuve anglais. Dans les régions australes, (ainsi que je l'ai montré plus haut), ils se déploient hardiment du cap de Bonne-Espérance jusqu'au nord du Zambèze et approprient d'immenses zones, encore vides il y a peu d'années, à recevoir la poussée d'émigration qu'envoie déjà la mère patrie. Entre le Zambèze et le Nil, près des grands lacs, ils annexent l'Ouganda et les districts environnants ; les conquérants qui viennent du nord y opéreront bientôt leur jonction avec leurs frères qui viennent du sud[1]. Suivez-les aussi

1. Pour cela, la Chambre des Communes vient de voter la construction d'une grande voie ferrée, qui, partant du port de

à l'ouest, du côté du golfe de Bénin, d'où ils se sont étendus, sans que les puissances concurrentes aient réussi à les en détourner, jusqu'à la boucle du Niger, à travers des territoires envisagés comme les meilleurs de l'Afrique.

Ainsi, sur ce vaste continent, ils multiplient habilement leurs points d'attaque. Avec un dessein persistant, qu'aucune difficulté n'arrête, la Grande-Bretagne, comme aux temps de Wolfe et de lord Clive, poursuit sa destinée; dans la vieille rivalité entre elle et nous, il n'y a de changé que le terrain de la lutte: l'Afrique au lieu du Canada et des Indes. Si nous n'y prenons garde, nos possessions au Sénégal, au Soudan, au Congo, celles même de l'Allemagne et du Portugal, qui végètent, les unes et les autres, faute d'émigrants et de capitaux, ne pourront entraver bien longtemps cette occupation ; elles se fondront, un jour ou l'autre, dans le grand empire anglo-africain, de la façon que nos établissements du Saint-Laurent, de l'Ohio et du Mississipi se sont fondus, au dix-huitième siècle, dans la Nouvelle-Angleterre. Bref, à compter les jalons plantés par nos rivaux, à mesurer les pro-

Mombasa, doit relier l'Océan Indien au lac Victoria-Nyanza et à la vallée du haut Nil.

grès de leur influence, l'Afrique anglaise n'apparaît déjà plus comme le rêve de quelques cerveaux en délire, mais comme une probabilité d'avenir. Peut-on augurer ce que la consolidation d'un tel empire réserve d'avantages au commerce britannique ?

De leur côté, les États-Unis, qui, dans la voie du progrès matériel et du développement de la population, marchent à pas de géants, ouvrent sans cesse au travail, à la richesse, à la civilisation, de nouveaux champs sur leur continent illimité. Ils font plus : ils cherchent à couvrir de leur influence économique et politique les deux continents américains. En ces derniers temps, on les a vus s'interposer discrètement, mais puissamment, dans les révolutions intestines et dans les guerres de l'Amérique du Sud. A cette heure encore, ils secondent l'insurrection de Cuba d'une manière effective, bien que non officielle, et, tout récemment, le Vénézuéla, en conflit avec l'Angleterre et en quête d'un protecteur, s'abritait sous le langage arrogant du président Cleveland. Cette prétention dominatrice n'est pas nouvelle. Elle s'était déjà fait jour, au début du siècle, sous la présidence de John Quincy Adams ; mais elle a pris corps dans le congrès des deux Amériques, convoqué à Washington en 1889, sur la promotion de M. Blaine, l'habile et entreprenant secrétaire d'État des présidents Garfield et Harrison. Dans ce congrès trop peu remarqué en Europe, on a prôné une association des intérêts matériels de l'entière Amérique, en ce qui touche aux traités de commerce, monnaies, brevets d'invention, propriété littéraire, chemins de fer internationaux. On a abordé la question d'une grande voie ferrée intercontinentale, rêvée par les ingénieurs américains, et qui relierait les lignes des États-Unis et du Canada, par un réseau continu, jusqu'aux extrémités méridionales du Chili et de la République Argentine.

C'est toute une révolution en perspective dans le monde économique. Le peuple des États-Unis répugne nettement aux aventures extérieures. Il veut se consacrer, sans diversion, à l'exploitation de son immense territoire, et ne souhaite que conquêtes économiques ; pour cette mission, il a l'espace devant lui et chez lui, de l'Atlantique au Pacifique. Une chose est claire désormais, et le monde doit s'y préparer : les États-Unis tendent à régenter l'Amérique tout entière, à l'enfermer dans le cercle infranchissable de leur suprématie imposée, et à ne plus tolérer que pour un temps sans doute restreint l'immixtion, sur le sol américain, de quelques nations européennes et l'expansion de leurs intérêts. C'est la maxime de Monroë, l'*Amérique aux Américains*, introduite dons la politique active. C'est la fédération imminente de tout le Nouveau-Monde sous l'hégémonie quasi-impériale de la grande république du Nord, engagée résolument, comme l'on sait, dans le courant protectionniste. Tous ceux que préoccupe l'avenir de nos relations, commerciales et autres, avec les deux Amériques, ne doivent pas être aveugles aux suites possibles d'un tel événement.

Enfin la race slave, qui possède déjà tout le nord de l'Asie, en conquiert silencieusement le centre et se tient prête à tirer parti des secousses qui viennent d'ébranler l'Extrême-Orient. La guerre sino-japonaise a produit en Chine un désarroi inattendu qui peut être suivi d'une dislocation. Si la Russie, comme il en est parfois question, cherche, de concert avec l'Angleterre, les bases d'un rapprochement intime, si ensemble ces deux puissances acceptent un fusionnement loyal d'intérêts et d'action, c'en sera fait sans doute, à une échéance plus ou moins prochaine, du Céleste-Empire. Alliées, elles seront maîtresses de l'Asie et pourront la modeler au gré de leurs désirs ; on les verra consommer alors un dépècement du vieux continent jaune, qui rappellera, en fait et dans des proportions singulièrement plus grandes, ce que fut en rêve le partage de l'Europe entre Napoléon et Alexandre Ier, lors du colloque de Tilsitt. A ce moment, nous pourrons être heureux de posséder le Tonkin, qui nous donnera quelque droit de figurer aussi dans l'opération[1].

Toutes ces entreprises, gigantesques par leur allure présente et plus encore par leurs contrecoups inévitables, se poursuivent loin de nous, presque à notre insu. Mais elles sont d'autant plus inquiétantes qu'elles accroîtront encore, en ce qui nous concerne, l'âpreté de la lutte économique. Les progrès constants de l'industrie ne permettent plus à chaque nation de consommer sur place ses produits ; ils exigent de vastes marchés d'exportation. Or, ces marchés, au lieu de s'agrandir, se rétrécissent de jour en jour, devant la production débordante des pays neufs, qui s'alimentent, de leurs propres ressources, après avoir été, pendant des siècles, les tributaires de la vieille Europe. Que deviendrons-nous alors, quand, par l'effet ultérieur des événements que je viens d'indiquer, l'Asie, l'Afrique, l'Amérique et l'Océanie nous seront plus ou moins fermées ?

1. Voir l'appendice xx.

Nous n'aurons plus à trafiquer qu'avec nos colonies, d'où la nécessité, pour l'avenir, d'en avoir de grandes et de les rendre prospères. Ce fut donc une sage politique, quoique certains puissent penser, de suivre l'exemple des autres nations, de nous répandre au dehors, et pendant qu'il en était encore temps, de nous faire une bonne place dans le monde, où il reste des terres fertiles inoccupées et des groupes de population commercialement inexploitées. Ces contrées lointaines, transformées par la civilisation, ouvriront de larges débouchés à notre industrie qui traverse une crise redoutable; elles nous permettront d'écouler des produits dont notre marché est saturé et d'en importer de nouveaux pour faire naître des industries nouvelles. Elles seront la grande ferme exotique dont les richesses subviendront à nos charges croissantes. En même temps, on y pourra faire avec avantage de l'exportation humaine ; les colonies sont appelées à jouer le rôle de déversoir naturel pour les forces multiples et inquiètes qui cherchent vainement leur emploi dans la métropole ou d'exutoire bienfaisant pour les éléments plus ou moins impurs, pour les résidus de nos villes, pour les déchets de notre société, susceptibles d'être encore utilisés et régénérés par le travail.

*
* *

La politique coloniale était ainsi, dans l'état présent des affaires humaines, une nécessité à laquelle nous ne pouvions échapper plus que nos voisins. Est-ce à dire qu'il faille louer avec conviction la manière dont cette politique a été menée et priser à une haute valeur les territoires variés dont elle nous a dotés ? A coup sûr, il n'était pas nécessaire d'en conquérir tant à la fois, de développer avec acharnement, contre toute mesure et toute logique, sans méthode, sans dessein raisonné, sans plan défini, et seulement au gré de certaines avidités louches habiles à entraîner l'opinion flottante, des possessions qui sont devenues, à la fin, trop étendues. La France, depuis quinze ans, ressemble à un hôtelier qui n'a déjà pas de trop de clientèle dans sa maison et qui se trémousse néanmoins pour installer des succursales en tous lieux, y poster des gens de service et préparer des lits à grands frais, sans s'être demandé au préalable si quelqu'un viendra jamais y coucher. C'est l'Afrique qui nous a le plus attirés, comme elle attire, d'une façon générale, le vieux monde tout entier. Nous avons prétendu nous composer un large lot dans le partage improvisé de ce continent retardataire, saisissant ou revendiquant avec âpreté, au détriment de rivaux non moins cupides, des territoires sur la valeur et les limites desquels personne jusqu'ici n'est bien fixé. A cette heure encore, nous poussons nos explorations ou nos opérations dans tous les sens, à l'aventure, même à l'aveugle, sans prendre pied fermement nulle part, un peu comme nous fîmes jadis en Amérique. On a pu croire et dire, (la chose est peut-être vraie), que, par ces entreprises, le gouvernement visait seulement à flatter la vanité nationale et à détourner les esprits du brouillamini des affaires intérieures.

Cette politique coloniale, ambitieuse et prodigue, eût été à peine excusable de la part d'un pays tout puissant, très prolifique et riche inépuisablement ; elle se comprend moins de la part d'une nation fléchissant sous une dette publique de près de 40 milliards, à population stationnaire et dont les frontières, déjà ébréchées, sont toujours sous l'œil d'un inquiétant voisin. Dans les conditions où nous sommes, un domaine colonial moins large eût été d'une exploitation plus aisée et d'un rendement plus fructueux.

Si, par exemple, de l'Algérie grossie de la Tunisie, (en attendant le Maroc), on avait tiré tout le parti possible, en y poursuivant avec vigueur la colonisation qui n'est qu'ébauchée, on pouvait créer là, en peu d'années, par l'appel et l'utilisation des forces disponibles dans la métropole, une véritable France africaine. L'Algérie renferme 260,000 de nos compatriotes ; elle serait en état d'en contenir et nourrir au moins 10 à 15 millions. Somme toute, cette tâche eût pu suffire à nos aspirations coloniales et au besoin légitime d'élargir notre place dans le monde.

Ajoutez cependant, si vous voulez, le Tonkin. La conquête du Tonkin et des autres provinces de l'empire d'Annam, malgré l'impopularité dont le sort l'a frappée, n'est peut-être pas une mauvaise affaire. C'est un pays riche par son sol et son sous-sol, très peuplé, suffisamment civilisé, qui a des besoins que notre commerce doit désirer satisfaire. Il est, de plus, contigu à la Chine, qui elle-même a une population tellement dense que ni ses productions ni son industrie ne peuvent suffire à la sustenter ; d'où un nouveau débouché, et celui-là indéfini, pour nos exportations. Je sais bien que le commerce français n'est jamais parvenu à se faire en Chine la place que, depuis longtemps, lui facilitaient les traités; il n'a pas essayé de se mesurer avec le commerce anglais qui, solidement établi à Hongkong et à

Shanghaï avec des capitaux considérables, a tout accaparé[1]. Mais ce régime pourra se modifier à notre avantage le jour où des voies de pénétration nous permettront de trafiquer largement avec les provinces méridionales du Céleste-Empire.

A vrai dire, cet objectif seul nous avait conduits à faire l'expédition du Tonkin. Si on l'a perdu de vue, ne faut-il pas s'en prendre aux variations déplorables, à l'inconséquence de notre gouvernement d'Indo-Chine? La stabilité est le bienfait qui lui a manqué le plus jusqu'ici; les changements incessants dans le haut personnel dirigeant, l'essai successif de toutes les méthodes, même les plus opposées, la mésintelligence chronique entre administrateurs civils et militaires, les conspirations mesquines et les abus de pouvoir en résultant, autant de causes qui ont gêné le développement de notre colonie et troublé de la façon la plus grave sa situation économique et financière. On n'a pas obtenu, à beaucoup près, du Tonkin, malgré tant d'efforts dispersés, tout ce qu'en attendaient les promoteurs de sa conquête. Il était apparu, à l'origine, grâce à la facilité d'y créer des richesses, comme

1. Voir l'appendice XXI.

un pays de placements fructueux, vrais placements de pères de famille, disait M. Jules Ferry; aujourd'hui, son nom seul, après treize ans d'occupation, continue d'effrayer les capitalistes. Pour réussir à émettre un emprunt, il faut le couvrir de la garantie de la France. L'œuvre d'implantation française en Indo-Chine est récente, il est vrai, et on se découragerait à tort devant la lenteur des résultats, d'autant que certaines améliorations ont été réalisées dans les derniers temps. Fermons les yeux sur les erreurs commises et sur l'état de crise aiguë qu'elles ont amené à plusieurs reprises, en nous rappelant qu'il n'est guère de colonie, même parmi les plus florissantes, qui, au début, n'ait essuyé des traverses ; au moins, dirons-nous, il est honorable pour le présent, et il peut être avantageux pour l'avenir, (bien que l'Indo-Chine en soit encore à attendre des colons), d'avoir créé, en Extrême-Orient, à côté de l'Inde que nous eûmes jadis, un empire nouveau propre à nous dédommager de sa perte.

Mais que faisons-nous dans l'Afrique équatoriale, au Dahomey, en Guinée, au Congo, pays où notre race ne saurait, en aucune façon, s'implanter ? Avions-nous un besoin si impérieux de possessions de cette sorte, pour les produits spéciaux qu'elles peuvent donner, nous qui, sous ce rapport, ne sommes déjà point parvenus à faire grand'chose de nos vieilles colonies tropicales à présent ruinées ? Les colons, s'il en vient, y seront très clairsemés et, de longtemps, notre pavillon ne flottera que sur quelques stations précaires.

Ce qui me console, en tout cas, c'est que le Congo, à l'inverse du Dahomey, ne nous a pas coûté cher, en hommes ni en deniers : il a été ouvert à notre influence par la vaillante entreprise d'un apôtre, M. de Brazza. J'ai seulement des doutes sur la valeur commerciale de cette colonie ; je ne vois pas bien, en particulier, ce que peuvent procurer nos maisons d'exportation, hormis de l'alcool pour s'étioler et des armes pour s'entretuer, à des peuplades primitives vivant absolument dans l'état de nature. Leur portera-t-on des modes de Paris, des soieries de Lyon, des draps de Sedan, des velours d'Amiens, des dentelles de Saint-Quentin, des glaces de Saint-Gobain, des verreries de Baccarat, des faïences de Limoges ? Auront-t-ils même besoin des savons de Marseille ? Ils opteraient, en tout cas, pour le savon *des princes du Congo,* en reconnaissance de l'ardeur déployée par la maison Vaissier pour vulgariser en France le nom d'une de nos colonies. Je rencontrai un jour, à l'exposition de 1889, un groupe de Congolais, à moitié ivres et à moitié nus, qu'on promenait ébahis à travers les galeries de peinture ; on prétendait, j'imagine, les initier aux œuvres des grands maîtres. Que n'ai-je songé alors à questionner le cornac intelligent, qui les guidait et devait les connaître, sur ce que ces sauvages pourraient, dans l'avenir, utiliser de nos articles ?

Que faisons-nous également au Soudan ? Nous y sommes tout le temps en guerre : guerre poursuivie sans rime ni raison, pour des gains problématiques, pour les territoires dévastés du moyen Niger, pour les sables du Sahara, où les Touareg disputent aux Maures quelques maigres pacages ou quelques bouquets d'arbres à gomme. Là aussi on veut ouvrir des voies de pénétration au commerce ; mais le meilleur moyen d'écouler des marchandises n'est pas de tuer à coups de canon ceux qui pourraient les acheter. La politique belliqueuse dans ces parages est une détestable politique. Était-il besoin, en vérité, pour recueillir tous les avantages inhérents à la possession du Sénégal, de conquérir, à si grands frais, le Soudan occidental, un pays pauvre, très faiblement peuplé, qui n'est susceptible, semble-t-il, d'aucun développement économique. Solidement établis sur le littoral, à Dakar, qui a une des plus belles rades sur l'Atlantique et une des plus enviables situations commerciales du globe, nous eussions pu faire la conquête pacifique de la côte africaine par les négociants et les traitants au lieu de soldats, avec nos produits au lieu de fusils.

A coup sûr, c'eût été le meilleur système, dans ces contrées malsaines où l'Européen ne peut vivre. Pas d'annexions, à main armée, de surfaces inhabitables qu'on est ensuite obligé de laisser en friche : de simples comptoirs pour le commerce, en des endroits propices dûment approvisionnés de charbon, dûment fortifiés contre toute attaque éventuelle. De la sorte, on évite les dépenses superflues, les charges budgétaires ruineuses, qui agissent, par contre-coup, sur la production industrielle, dont elles majorent inévitablement les frais au préjudice des exportations. Mais de la sorte aussi, disons-le, on n'aurait plus à nantir d'une foule de places bien rétribuées la famille et la clientèle exigeante des politiciens influents ; on n'aurait plus à procurer à des colonels en faveur, qu'énerve une paix continue, le moyen de s'illustrer dans des expéditions et de pousser leur avancement. Avez-vous, par hasard, la candeur de croire que la colonisation, telle que nous l'entendons et la pratiquons, est destinée à servir exclusivement le commerce? Elle sert tout d'abord l'intérêt des fonctionnaires et des militaires; cela vaut bien les dix millions que nous coûte chaque année le Soudan! Et encore si nous n'avions qu'un Soudan!

Enfin je dirai, au risque de me mettre en travers des idées courantes: que faisons-nous même à Madagascar? Depuis le temps de Richelieu, cette île a été pour nous l'objet d'une série de travaux d'approche et de tentatives inféconde; quelle chance nouvelle avons-nous d'y réussir à présent mieux que dans le passé? A la pointe nord, nous possédions déjà la baie de Diego-Suarez, position stratégique excellente, sorte de fenêtre d'aspect sur l'Océan Indien. Si nous y avions ajouté, et rien n'eût été plus facile, quelques ports bien choisis, comme Majunga, Tamatave, Vatomandry, Fort-Dauphin, pour en faire, à cet endroit du monde où s'entrecroisent les grandes routes du commerce, de vastes entrepôts d'échanges, comme les Anglais en ont sur les côtes de Chine et de Malacca, ou tout au moins des stations de ravitaillement et de transit, nous aurions pris, je crois, à Madagascar, tout ce qu'il y avait de bon à y prendre. Était-il nécessaire de prendre le reste, d'implanter notre souveraineté effective sur la totalité d'un territoire immense dont les deux tiers au moins semblent inutilisables, de faire régenter, par nos fonctionnaires disgraciés, quelques variétés d'indigènes abâtardis, sans aucun espoir de régénérer les uns ni les autres, et d'affronter continûment, par une installation définitive, un climat reconnu meurtrier? Le climat de Madagascar! Il est déjà tristement célèbre ; nos soldats en ont fait une assez cruelle épreuve, et c'est pour fêter, n'est-ce pas, la fin de leurs souffrances, la fin des immolations gratuites, plutôt que pour exalter l'émolument douteux de la conquête, qu'on a chanté, dans les cathédrales, à la prise de Tananarive, un *Te Deum* d'allégresse !

*
* *

Tous ces territoires d'incommensurable étendue, dont on connaît à peine les ressources et même les limites, et qui ne sont jusqu'ici que des annexions purement administratives, il faudra sans doute des siècles pour les mettre en valeur, dans la mesure où ils s'y prêtent; dès à présent, notre plus cruel embarras est de savoir au juste ce que nous allons en faire. Mais l'ardeur singulière déployée à les conquérir ou à les revendiquer a, peut-on dire, une excuse : c'est que l'heure du morcellement de l'Afrique, sinon aussi d'une partie de l'Asie, entre les États civilisés, a sonné tout à coup, et que, bon gré mal gré, nous dûmes figurer parmi les copartageants, sous peine de voir échapper à jamais notre lot. Qui se fût montré trop circonspect dans cette conjoncture eût été vite exclu ; nos voisins se fussent pourvus à notre place, et nous serions restés les mains vides. L'abstention momentanée de la France n'eût mené qu'à l'accaparement de la plus grande partie du monde par la puissance la plus ambitieuse et la plus agissante. Alors, pour obéir à la concurrence, on a dû, comme les autres, prendre position et faire des approvisionnements de colonies, encore que le besoin immédiat s'en fît assez peu sentir ; on a réclamé les régions que des efforts séculaires plaçaient dans l'orbite de l'influence française, afin surtout de les mettre à l'abri des cupidités étrangères. Après la Cochinchine, — le Tonkin, le Cambodge, le Laos, finalement tout l'Annam et même une partie du Siam ; après le Sénégal, — le Soudan, le Dahomey, le Congo, et, en dernier lieu, Madagascar ; des plaines, des montagnes, des forêts, des lagunes, des terres fertiles et des déserts inhospitaliers; des races noires ou cuivrées, barbares ou civilisées, n'importe!

En voilà certes plus que nous n'en pouvons utiliser pour l'instant et même dans un avenir prochain; heureuse sera la génération présente si elle peut seulement, sur un tel domaine, planter quelques jalons. Mais nos rivaux sont à peu près dans le même cas. Toutes ces terres exotiques que les peuples de l'Europe s'attribuent à l'envi et dont la valeur actuelle est insignifiante, qu'en feront-ils? S'ils ont de la persévérance et de l'habileté, (il faudra beaucoup de l'une et de l'autre), ils en feront, avec le temps, suivant qu'il s'agit de colonies de peuplement dans les régions tempérées ou de colonies d'exploitation sous les climats équatoriaux, ce que les générations précédentes, avec une moindre puissance d'action, ont fait des deux Amériques, de l'Australie, de la Nouvelle-Zélande, de l'Inde anglaise, de l'Insulinde néerlandaise, à savoir une source merveilleuse de bien-être pour le vieux monde et d'amélioration des conditions d'existence pour le genre humain tout entier. Dans l'accomplissement de cette tâche, où les grands peuples s'apprêtent à se mesurer, les Anglais sont à l'avant-garde; avec l'audace, la vigueur et la méthode qui caractérisent leur race, on les voit déjà esquisser en Afrique les linéaments d'un futur empire, qui croît à vue d'œil en étendue, en population et en richesse.

Par une véritable bonne fortune en ce qui nous concerne, les territoires que les nations européennes se partagent aujourd'hui, ne peuvent guère, sauf quelques morceaux, devenir des colonies de peuplement ; nous n'aurions pas, à cet égard, la matière première indispensable, qui est un trop-plein de population. Mais ils s'annoncent, du moins certains d'entre eux, comme susceptibles de constituer de bonnes et utiles colonies d'exploitation, c'est-à-dire des domaines extérieurs où les capitaux, l'esprit d'entreprise et les capacités techniques du peuple colonisateur peuvent faire épanouir une production abondante au lieu et place de la stérilité actuelle.

A cet égard, quels sont nos moyens ? Les capitaux, on ne dira pas que nous en soyons dépourvus. Notre puissance d'épargne tend, il est vrai, à s'affaiblir un peu depuis vingt ans, sans doute par l'effet des impôts absorbants qui la découragent ; mais la France reste encore, malgré tout, une des plus grandes fabriques de capitaux qui soient au monde[1]. L'esprit d'entreprise

1. Nul n'a qualité, pour s'en convaincre, comme la Russie,

et d'organisation ne nous fait pas non plus défaut. Nous en sommes seulement moins doués que certains autres peuples ; nous souffrons, à cet égard, soit au dehors, soit au dedans, d'un régime d'éducation qui se montre impuissant à façonner la jeunesse pour les réalités de la vie et d'un régime d'administration qui annule les initiatives privées et fait de nous des centralisés à outrance. Quant aux capacités techniques, elles fourmillent sur notre sol. Beaucoup même s'émoussent faute d'emploi. Depuis qu'on a prodigué l'instruction, à tous les degrés et dans toutes les classes, au risque de créer des ambitions, des convoitises et même des droits impossibles à satisfaire, la question que posait déjà Proudhon, il y a cinquante ans, prend une actualité saisissante : si vous formez 500,000 capacités techniques par an, qu'en ferez-vous ! On pourrait lui répondre, à présent, que le champ du travail s'est grandement élargi et que, dans les nouvelles Frances en train de naître en Asie et en Afrique, il y a place, si l'on veut, pour tous les talents inoccupés et toutes les aspirations inassouvies.

qui, depuis plusieurs années, y puise à pleines mains, à la faveur d'une alliance vague, dont il a été difficile, jusqu'ici, de percevoir un autre résultat.

Nos instituts d'enseignement professionnel, écoles polytechnique, des mines, des ponts et chaussées, des arts et métiers, écoles d'agriculture, de commerce, d'industrie, déversent continûment dans la lice de multiples sujets dont beaucoup déplorent de ne pas trouver en France une tâche appropriée à leur savoir et à leur zèle. Pourquoi ne songeraient-ils pas à utiliser dans les colonies, où tant de travaux sont à faire et tant de richesses à susciter, les connaissances spéciales qu'ils ont acquises ? Ne serait-ce pas d'un édifiant exemple qu'ils s'y portâssent en grand nombre, eux les plus instruits et les mieux préparés, pour exploiter enfin, comme il conviendrait, de façon intelligente et pratique, ces possessions lointaines, que l'on s'accoutume à regarder, par une fausse conception de leur vrai rôle, comme le déversoir naturel de la bohême ignorante, famélique ou tarée ?

Ainsi ces trois facteurs essentiels des colonies d'exploitation, capitaux, esprit d'entreprise et d'organisation, capacités techniques, on peut espérer, sinon absolument compter qu'ils ne nous manqueront pas dans la carrière coloniale où nous sommes engagés. Encore doivent-ils être accompagnés d'une certaine émigration de Français, de compétence et de qualité, pour être mis en œuvre. C'est là surtout que gît la difficulté. Mais, comme on l'a dit avec raison : l'organe crée le besoin. La possession même d'un vaste empire d'outre-mer est propre à ranimer en nous la disposition migratoire. Tous les appels nous sollicitent. Depuis quinze ans, l'éducation géographique du Français s'est faite par les moyens les plus variés; l'école, la presse, le livre, la gravure, les spectacles, les conférences ont éveillé sa curiosité et frappé son imagination. On l'a entretenu sans relâche des pays exotiques et des hauts faits de nos explorateurs, de nos soldats, de nos missionnaires. Sa passion coloniale a pu être jusqu'ici spéculative et vague; mais des cerveaux, attisés de la sorte, ne tarderont pas, on peut le croire, à passer du rêve à l'action. Tant d'efforts ne sauraient demeurer stériles. Le jour où nos jeunes gens, impatients de se faire une carrière, s'habitueront à la chercher de ce côté, il y aura, sans nul doute, un grand pas de fait vers la colonisation utile et effective.

CHAPITRE II

LES AVANTAGES DE L'ÉMIGRATION.

L'émigration est le fait générateur ou, si l'on veut, la base de la colonisation; elle représente l'un des phénomènes sociaux les plus conformes à l'ordre établi, l'un des plus invariables à toutes les époques de l'histoire. Lorsqu'une natalité trop grande a produit l'encombrement et qu'un pays ne peut plus nourrir tous ses habitants, la pression de la population brise le récipient national. Tous ceux qui se trouvent resserrés dans leurs frontières s'en vont chercher, sur un sol nouveau, l'espace libre. « Il est aussi naturel aux hommes, a dit Burke, d'affluer vers les contrées riches et propres à l'industrie, quand, pour une cause quelconque, la population y est faible, qu'il est naturel à l'air comprimé de se précipiter dans les couches d'air raréfié. » On est là en présence d'un instinct inhérent aux sociétés humaines, d'une sorte de nécessité physique si évidente que toute démonstration en est superflue; seuls les résultats doivent fixer l'attention.

Que les régions insuffisamment peuplées ou incomplètement organisées retirent des avantages considérables du courant d'émigration qui s'y porte, personne ne s'est jamais avisé d'en douter; mais que la mère patrie, d'où l'émigration dérive, y trouve elle-même son profit, ceci a été souvent contesté en France et ailleurs. Ces adultes bien portants et laborieux, qui abandonnent le vieux monde pour aller au loin défricher des terres vierges et exploiter des richesses jusque-là délaissées, ne sont-ils pas perdus pour le pays où les avait placés la nature, et leur éloignement n'enlève-t-il pas à ce pays une partie de sa vigueur et de sa vitalité? J.-B. Say partageait ce point de vue; il disait que le départ, en temps de paix, de 100,000 émigrants, équivaut à la perte, en temps de guerre, de 100,000 soldats avec armes et bagages. S'il en est ainsi, autant proclamer qu'il est inutile à une nation, même grande, même opulente, d'avoir des colonies, qu'elle y chercherait en vain un élément véritable de développement et de prospérité, que, par conséquent, elle doit concentrer chez elle jalousement, de peur de s'affaiblir ou de s'appauvrir, le sang et les épargnes de ses enfants.

Eh bien, certains publicistes et hommes d'État, non des moins influents, s'étaient fait de notre avenir national cette conception simplifiée. Ils eussent souhaité de voir la France s'enfermer tranquillement dans ses frontières, se confiner pour l'éternité aux 520,000 kilomètres carrés qui forment son étroit territoire. Nous avons un sol qui n'est pas sans mérite, quand le phylloxéra, le mildew ou autres fléaux ne le ravagent pas; nous jouissons d'un climat tolérable et d'une prospérité économique assez enviable. Notre capitale a, dans le monde, le renom d'une ville accueillante, où l'on trouve en abondance les satisfactions d'art goûtées par une élite et les plaisirs lubriques recherchés par la foule; à donner des fêtes, à monter des expositions, elle est sans rivale. Est-ce que cette primauté ne peut pas nous suffire? Pourquoi ne pas vivre en paix au coin de notre feu, accumulant nos économies et avisant à les bien placer, ayant le moins d'enfants possible pour ne pas trop agiter notre maison et ne point diviser notre bien? A d'autres les grands horizons et l'activité exubérante; à d'autres les hardies entreprises du commerce lointain. Que nos voisins couvrent le monde de leur pavillon et le transforment par leurs travaux, peu nous importe ! La mission de la France sera plus modeste : pour ne rien changer, les plus instruits de ses enfants persisteront à être fonctionnaires, employés, professeurs, instituteurs, avocassiers, écrivailleurs, peintureurs ; à côté, on en verra beaucoup, il est vrai, qui, sans emploi, malgré tous leurs diplômes, resteront affamés et déclassés. Les illettrés seront débitants de boissons, aubergistes, tailleurs, modistes, coiffeurs, cuisiniers, professions où le Français excelle, grâce à une vocation communément reconnue. Dans cette voie facile et douce, nous gagnerons sans périls des profits sûrs et, renonçant aux grands projets qui engendrent les grands soucis, nous n'aurons plus qu'à sommeiller dans notre bien-être mollement acheté.

Ceux qui, avant nos récentes conquêtes, préconisaient ce train de vie bourgeois, n'ont pas tout à fait à s'en dédire ; car on ne voit pas encore, malgré l'appât des gains à réaliser dans les colonies et l'urgence des besognes de toute sorte à y entreprendre, que nos instincts casaniers aient sensiblement perdu de leur tenacité. Nous continuons d'être le moins migrateur des peuples de la terre. Mais tels ne sauraient être, en vérité, l'idéal ni le rôle de la nation française. Si nous sommes condamnés, dans l'avenir, à ce repos obscur, à cette retraite couarde, c'est notre devoir de tendre d'abord à y échapper. Arrière ce pessimisme attiédissant, fruit de nos revers, qui ne voudrait plus voir en nous qu'une race épuisée, à qui la prudence la plus timorée est désormais seule permise, comme si une nation ne renaissait point avec chaque génération nouvelle et n'était pas jeune tant qu'elle est vivante! Sûrement nous sommes trop près des heures glorieuses de notre histoire pour consentir à n'être plus qu'un peuple effacé, replié sur lui-même, uniquement occupé aux minimes industries urbaines, une vaste hôtellerie où les nababs des deux hémisphères viendront tour à tour se divertir. A la faveur de nos possessions d'outre-mer, si chèrement acquises et abandonnées trop insouciamment aux étrangers, qui seuls y font fortune, nous devons, nous aussi, multiplier nos relations au dehors, étendre nos débouchés, faire, sur une large échelle, du commerce international, ce que l'on peut appeler du commerce noble, par opposition à tous ces petits métiers sédentaires qui ne suffisent pas à remplir l'activité virile d'une grande nation. Cette aspiration ne saurait nous être interdite. Nous sommes aussi aptes que d'autres à y atteindre; que nos mœurs et nos lois, notre système d'éducation et notre esprit public nous y préparent seulement un peu plus !

Avant tout, il serait bon de corriger nos idées courantes sur l'émigration. On a tort de l'envisager toujours comme un indice de souffrance et une nécessité pénible imposée aux populations. Cette opinion, comme tant d'autres erreurs, ne prévaut que chez nous. Les pays, au contraire, où règne une abondante natalité, apprécient les bienfaits de l'émigration, qui permet d'obvier à l'encombrement et, par là même, prévient le paupérisme ; les familles s'y portent avec entrain, et, loin d'avoir à exciter cette tendance, les gouvernements sont parfois obligés de la refréner.

Au surplus, les gênes que la nature apportait jadis à la liberté d'émigrer ont disparu peu à peu ; les applications de la vapeur ont facilité les communications et, en quelque sorte, supprimé les distances. Aujourd'hui l'humanité a des ailes ; les colons de l'Angleterre se rendent en Australie aussi aisément que les Russes aux steppes de la Sibérie et les Américains aux prairies du Missisipi ou aux forêts de la Californie. Entre nos propres colonies, même les plus lointaines, et la mère patrie, il y a des services réguliers de paquebots. L'homme, en quête d'un terrain nouveau où déployer son activité, peut donc à présent se transporter, par les voies rapides, des régions défrichées et civilisées vers celles qui sont encore livrées à la brousse.

L'émigration, rendue ainsi de plus en plus aisée par le progrès des transports, est avantageuse à l'émigrant lui-même comme à l'ensemble de la nation. Elle ouvre d'abord, dans des pays vierges, une perspective de liberté séduisante à ceux que tentent le goût de l'inconnu, l'esprit d'aventure, la lassitude des sujétions administratives et des conventions mondaines. En outre, elle procure du travail et des occasions de fortune à ceux qu'atteint, sur le sol national, l'effet des transformations économiques ou sociales et, mieux encore, elle tend une panacée à ceux que préoccupe l'avenir professionnel de leurs enfants ; c'est là, sans doute, dans la période que nous traversons, sa fonction particulièrement utile et sur laquelle il y a lieu ici d'insister.

Vous êtes père de famille ; vous appartenez à la petite bourgeoisie ou vous avez une position libérale. Que ferez-vous de votre fils ? (Je dis *votre fils,* car, en France, le plus souvent, il n'y en a qu'un.) Jadis vingt carrières s'offraient à lui, toutes au moins acceptables, quelques-unes brillantes. Il y avait l'armée, la magistrature, l'enseignement, le clergé, les emplois publics, l'agriculture, le haut commerce... Elles existent encore, ces carrières. Mais regardez-y de près : chacune est encombrée, et plusieurs, depuis peu, ont perdu notablement de leurs avantages ou de leur prestige.

L'armée ne comporte plus, par le temps qui court, qu'un lent avancement et laisse entrevoir, dans la généralité des cas, la retraite d'office comme capitaine ou chef de bataillon, avec la maigre compensation de la Légion d'honneur donnée à ceux qui n'y ont d'autre titre que de n'avoir su atteindre à un grade plus élevé. La profession des armes est-elle d'ailleurs si séduisante, dans l'état de paix actuel ? Quand on s'est voué généreusement au culte du drapeau, ce n'est pas pour piétiner, sa vie durant, autour d'une caserne.

La magistrature, depuis la suspension momentanée de l'inamovibilité, qui en a fait une fonction comme une autre, n'est-elle point aussi en discrédit ? On l'a engagée, malgré elle, dans des aventures politiques, qui l'ont façonnée à rendre des services autant que des arrêts ; elle ne convient plus aux âmes paisibles, indépendantes et droites. De plus, elle exige, à l'entrée, un long stage non payé, propre à écarter les jeunes gens sans fortune.

L'enseignement n'est accessible lui-même qu'après une série d'examens et de concours rebutants. C'est devenu, en outre, un métier bien ingrat, par suite de l'instabilité des programmes et de leur surcharge continue. Pour un mince salaire, vous y ruinez votre santé, vous risquez une méningite. Le surmenage scolaire, si justement blâmé, pèse plus, en réalité, sur les professeurs que sur les écoliers. L'écolier rebelle ou nonchalant ne prend, après tout, que ce qu'il veut ; le professeur soumis doit donner tout ce qu'il peut.

Le clergé attire les natures à la fois militantes et délicates, avides d'apostolat et de charité. La prêtrise toutefois ne va pas sans quelques sacrifices. Il faut endurer le célibat, ce qui est une gêne ; et si l'on ne veut pas rester à perpétuité curé de campagne, avec l'infime allocation concordataire qui donne à peine la subsistance, il faut s'assouplir aux conditions nouvelles et imprévues de la charge, non plus se vouer seulement à la garde du tabernacle et au rachat des pécheurs, mais, sous la houlette des évêques complaisants, frayer, plus ou moins, bien qu'il en coûte, avec l'Antéchrist, tourner l'encens des autels vers un gouvernement qui vous opprime ou vous asservit, être prêt à chanter tour à tour, avec le même entrain, l'Évangile et la *Marseillaise*.

Les fonctions publiques, multipliées à l'excès par une démocratie seulement soucieuse de placer ses partisans, ont vu, d'année en année, réduire le nombre et l'importance des traitements supérieurs ; elles ne permettent guère à l'homme dépourvu de patrimoine de vivre, lui et les siens, avec confort, ni même avec décence pour son milieu, à moins qu'il n'ait recours à l'expédient classique du mariage d'argent.

L'agriculture, depuis vingt ans, crie misère, peut-être sans raison; elle détourne, en tout cas, un crédit qui pourrait être bienfaisant et des recrues qui seraient précieuses. Restent le commerce et l'industrie, carrières attirantes, certes, pour qui souhaite de garder sa liberté, d'être maître chez lui, de vivre à l'écart de tout vasselage hiérarchique. Mais là encore, à bien envisager les choses, il y a plus d'épines à braver que de roses à cueillir. Non seulement la concurrence rend chaque jour les affaires plus difficiles et les profits plus aléatoires ; mais les procédés mêmes du commerce et de l'industrie se sont modifiés au point que ces deux branches d'activité ont cessé, peut-on dire, d'être à la portée de tous. A cet égard, il s'est produit depuis vingt ou vingt-cinq ans, dans la vie intérieure de notre pays, une révolution complète.

Naguère une maigre avance de fonds et certaines qualités modestes, mais persévéramment développées, pouvaient conduire, après un temps plus ou moins long, à un succès presque assuré. Nous avons tous connu de ces industriels ou de ces commerçants partis du village, comme on dit, avec leurs sabots, c'est-à-dire avec le plus léger bagage de connaissances et de ressources, et auxquels un labeur opiniâtre, une gestion prévoyante, un esprit inventif ont préparé une enviable et légitime fortune. De nos jours, cela suffit encore à qui se contente de végéter, point à qui veut *arriver*. Ces qualités n'ont pas perdu leur valeur, loin de là ; mais elles se heurtent communément à des obstacles invincibles, si elles ne sont renforcées du grand moyen de lutte, l'argent. Il en faut, et beaucoup, pour fonder, dans le commerce d'à présent, des créations viables ; il en faut, et beaucoup, pour les alimenter chaque jour, pour les approprier à la mode changeante, pour les défendre contre la concurrence grandissante. Par une étrange anomalie, on dirait même qu'il n'y a plus de place, dans notre société démocratisée, que pour les affaires à gros capitaux, pour les entreprises soutenues par de puissants moyens d'action ; et encore les unes et les autres ne sont-elles pas à l'abri des soubresauts causés par cet élément scabreux, qui opère, d'une façon si dépravante, dans les mœurs actuelles du commerce et qu'on appelle la *spéculation*.

Sans être prophète, il est permis de pressentir, dans l'avenir, la continuation ou même l'aggravation de cet état de choses ; on n'endigue pas un mouvement économique plus aisément qu'on ne remonte un courant. Ceci posé, est-ce que la jeune génération, dont l'activité s'inquiète et s'agite, en face d'un labeur devenu de plus en plus âpre et de moins en moins productif, ne doit pas interroger les horizons qui se découvrent au loin devant elle ? Vainement serait-elle sollicitée à suivre, dans des postes sédentaires, les errements du passé ; ils ont produit, ces errements, tout ce qu'ils pouvaient produire et ne mènent plus désormais qu'à l'obstruction ou à l'impuissance. Coûte que coûte, il faut jeter les regards sur d'autres champs à exploiter et marcher dans une voie nouvelle plus propre à garantir la rémunération du travail et la récompense de l'effort.

C'est à ce moment que l'utilité de l'émigration

aux colonies se fait sentir, offrant aux aspirations impatientes des solutions plus promptes. Elle devrait se faire sentir, en particulier, aux fils de la bourgeoisie. Ceux-ci ont pu vivre jusqu'à présent, tant bien que mal, sur le fonds paternel. Mais le moment vient où, ce fonds s'épuisant, surgit pour eux la nécessité de faire quelque chose. Sera-ce encore du droit, de la médecine, de la littérature ? Aliments creux que tout cela, de plus en plus insuffisants, dans notre société contemporaine, à nourrir leur homme. Les colonies montrent aux jeunes bourgeois d'aujourd'hui le vrai chemin du salut et de la fortune. Comme par un dessein providentiel, elles apparaissent au moment précis où les pères, parmi la classe aisée, ne savent plus quoi faire de leurs garçons de vingt ans.

Si les Français émigrent peu aux colonies, les femmes y vont moins encore. Les fonctionnaires, lorsqu'ils sont appelés à prendre du service au dehors, ne sont que trop enclins à laisser leur famille en France, et les colons se recrutent ordinairement chez les célibataires. Sous ce rapport, il est à souhaiter que de nouvelles mœurs s'établissent, pour l'avantage des femmes elles-mêmes et de la colonisation. Nombre de femmes qui, malgré leur énergie méritoire, ne trouvent qu'à grand'peine du travail en France, vivraient sans doute mieux aux colonies, et grâce aux foyers honorables qu'elles contribueraient à fonder, nous gagneraient la considération et l'estime des indigènes[1]. A ces fins, il est temps que l'opinion publique tourne vers la vie coloniale les aspirations des jeunes filles. Cela paraîtra bien osé dans notre société casanière ; les mères, déjà si promptes à trembler devant l'idée de voir partir leurs fils, s'indigneront qu'on veuille aussi prendre leurs filles. Et pourtant, sans elles comme sans eux, pas de colonisation possible, pas de mariage, pas de famille, pas de société respectable et durable, mais une existence improvisée, irrégulière, anormale, des mœurs louches n'aboutissant qu'à un régime de civilisation basse qui écarte les meilleurs éléments de progrès.

Oui, sans doute, il est dur de laisser se rompre ou se détendre les liens de la famille, en consentant à l'expatriation de ses enfants. On a eu tant

1. Les Anglais ont fait de grands efforts pour diriger les femmes vers les colonies. Une société privée, entre autres, l'*United british women's emigration Association*, s'est assigné ce but, et, l'année dernière, n'a pas envoyé moins de 353 jeunes filles, dûment équipées, surveillées et pilotées, vers l'Afrique du Sud et l'Australie.

de peine à les élever! On voudrait enfin les aimer à son aise et sans trouble. Mais ces enfants, précisément, il faut les aimer pour eux, non pour soi. Si l'égoïste affection des parents les retient à la maison et d'avance les rive à une condition mesquine, leur en seront-ils reconnaissants? Cette jeune fille que vous, petit employé, petit commerçant, petit rentier, vous gardez jalousement à vos côtés, quel avenir pensez-vous lui offrir? La lutte pour les examens, l'âpre concurrence pour la vie, les efforts infructueux pour la conquête d'une place, les déceptions amères naissant d'une éducation prétentieuse qui a manqué son but et, avec cela, l'appréhension du mariage ou du moins des enfants, qu'on n'aurait pas de quoi élever ni établir.

Mais déliez-lui les ailes, à cette jeune fille, agrandissez son horizon; souffrez qu'elle essaie d'une voie nouvelle, et voici que les connaissances péniblement acquises ici vont avoir au loin une valeur décuplée. Elle-même, en tant que femme, devient un objet rare et précieux, que les maris se disputeront. Elle n'aura plus à se morfondre dans l'attente vaine de l'épouseur; même sans dot, elle fera son choix au lieu de le subir. Elle vivra sa vie avec des ambitions plus hautes et des devoirs plus larges. Elle sera vraiment la compagne de son mari, assistante de ses labeurs, participante à ses succès; les enfants, quel qu'en soit le nombre, futurs travailleurs eux-mêmes, continuateurs de l'œuvre paternelle, seront les bienvenus, et l'épouse comme la mère, fondatrice de la famille et de la colonie, bénira ses parents de l'heureuse inspiration, qui, en dépit des préjugés, l'a faite libre et l'a rendue à ses véritables destinées.

*
* *

Avantageuse au citoyen qui s'expatrie, l'émigration l'est pour le moins autant à la nation elle-même. Il est à peine besoin d'énoncer qu'elle aide puissamment, surtout si elle se recrute parmi les éléments sains de la population, au rayonnement de la race et à l'expansion de la civilisation métropolitaine. Les colonies ne serviraient-elles qu'à cette fin, il faudrait se louer d'en posséder et tout faire pour leur peuplement; la prépondérance, en effet, appartient aujourd'hui aux nations qui fournissent à l'émigration extra-européenne ses plus forts contingents. Mais la situation économique et morale du pays en ressent aussi, à bien des égards, une action bienfaisante. Parmi les émigrants qui vont au loin chercher fortune, la plupart sont relativement pauvres. En s'expatriant, ils atténuent l'âpreté de la concurrence ; ils laissent à leurs compatriotes des emplois, des métiers plus nombreux et conséquemment facilitent pour eux les moyens d'existence. Le départ des uns procure aux autres un gain meilleur et plus assuré. Dès lors la pauvreté diminue et l'on voit s'améliorer les conditions biologiques et l'état sanitaire des habitants de la mère patrie.

On a même remarqué que l'émigration n'est pas sans présenter une connexité étroite avec la statistique des morts volontaires. La France est le pays d'Europe dont la population émigre et s'accroît le moins ; c'est aussi celui où la marche du suicide a été le plus rapide. Les personnes qui s'y donnent la mort deviennent progressivement et régulièrement de plus en plus nombreuses : 5,472 en 1875, 6,741 en 1881, 9,043 en 1893. Pour les peuples plus habitués que les Français à s'expatrier, l'émigration, en procurant aux découragés, aux fatigués de la vie des occasions de modifier leur destinée, semble prévenir efficacement les actes de désespoir ; de fait, en Angleterre, en Irlande, en Allemagne, en Suède, une émigration considérable coïncide avec le chiffre relativement faible des suicides.

Plus visible toutefois est l'influence de l'émigration sur le commerce national. Elle active et multiplie les transactions, c'est un fait d'expérience indéniable. Celui qui était, dans la mère patrie, un consommateur pauvre, devient souvent, dans un pays nouveau où il s'établit, un consommateur aisé. Il conserve le goût des produits auxquels il était accoutumé et contribue, par l'exemple, à le propager ; c'est le meilleur et le moins coûteux des agents commerciaux. Nous avons une forte colonie de Français dans la République Argentine ; c'est pour ce motif seulement, soyez-en sûr, que notre commerce avec cette jeune nation s'élève à 360 millions de francs par an. En Tunisie, nous avons déjà 10 à 12,000 de nos compatriotes ; c'est aussi pour cela que le commerce français s'y développe franchement, malgré un régime douanier assez strict[1].

Il serait facile de multiplier ces applications.

1. Avant 1881, le commerce de la Tunisie ne dépassait jamais 20 à 25 millions de francs ; en 1894, il atteignait 70 millions (importations et exportations réunies), chiffre dans lequel les transactions avec la France et l'Algérie figurent pour environ les deux tiers. En Algérie, où vivent 500,000 Européens, le commerce extérieur monte à 400 millons, et il triplera ou quadruplera sans doute dans l'espace d'un quart de siècle ou tout au plus d'un demi-siècle, période singulièrement brève dans l'existence d'une nation.

L'Italie, qui n'a d'existence nationale que depuis 1860, semble avoir consacré ses premiers efforts, après la constitution de son unité, à développer sa vitalité par l'émigration. Elle a si bien réussi dans cette entreprise qu'elle est devenue pour nous au dehors un concurrent des plus redoutables. Qui soupçonnait, il y a quinze ou vingt ans, le commerce italien à l'étranger ? Nous aurions été les premiers à nier que ce pays d'artistes et de *lazzaroni* pût jamais avoir une industrie propre, qu'il pût, sous ce rapport, cesser d'être le tributaire de ses voisins. L'Italie a donné un démenti à ces prévisions. Ses nombreux émigrants ont déterminé la création chez elle d'une industrie bien vivante, et son commerce, assez nul autrefois, apprend, par les bénéfices de l'exportation, à devenir de plus en plus envahissant. Sur certains marchés où nous étions les maîtres, les produits de la péninsule tendent à se substituer aux nôtres, non qu'ils soient préférables en qualité, mais parce que le nombre toujours croissant des consommateurs italiens répandus dans le monde en fait connaître l'existence et en impose l'usage. Le signe le plus palpable de cette progression inattendue est le mouvement des affaires dans le port de Gênes, qui, depuis peu, est à regarder, pour l'importance du tonnage, comme le premier port de la Méditerranée.

Quel profit l'émigration n'a-t-elle pas valu aussi au commerce de l'Angleterre et de l'Allemagne ? Si ces deux peuples font un trafic colossal avec les États-Unis, c'est parce qu'ils ont contribué, plus que tous autres, à peupler le continent nord-américain et que la communauté de race, de langue, de goûts et d'habitudes garantit naturellement, entre ceux qui partent et ceux qui restent, un courant soutenu d'échanges. Le commerce de la Grande-Bretagne avec ses colonies n'est pas moins énorme. D'après le *Statesman's year-book* de 1895, publié par M. Scott Keltie, elles ont importé, dans l'année 1893-94, pour quatre-vingt-sept millions de livres sterling, soit *deux milliards cent soixante-quinze millions de francs* de marchandises anglaises. Ces colonies représentent le tiers des débouchés du Royaume-Uni. Autrement dit, si l'Angleterre les perdait, ou si elles cessaient de consommer ses produits, le commerce du Royaume-Uni serait réduit aux deux tiers de ce qu'il est aujourd'hui. On voit par là que la prospérité de l'Angleterre est étroitement liée au maintien de ses rapports avec son domaine d'outre-mer.

Enfin est-il besoin d'ajouter que la Hollande

elle-même doit à son empire colonial et à ses sujets d'Extrême-Orient une grande partie de son développement économique et de ses richesses, que, sans cet empire, elle perdrait bientôt son rang parmi les principales puissances commerciales et l'éclat que, malgré l'exiguïté de sa place sur notre continent, elle a encore dans le monde ?

Peuplons nos colonies, du moins celles qui peuvent être peuplées par notre race, exploitons les autres d'une façon méthodique, et l'on verra s'élargir à l'infini, comme par enchantement, les débouchés du commerce extérieur de la France. Notre marine marchande, qui, au début du siècle, tenait en Europe une situation prééminente, est à présent en pleine décadence et ne figure plus qu'au cinquième rang des marines du globe, après celles de l'Angleterre, des États-Unis, de l'Allemagne et de la Suède-Norvège ; elle prendrait un essor rapide, dépassant toutes prévisions, si, en Afrique, en Asie, dans les contrées si vastes récemment ouvertes à notre influence et qui n'attendent que des bras et des capitaux pour porter de riches moissons, se créaient, par l'émigration, d'importants intérêts français, et si nous avions à cœur d'accaparer tout le mouvement maritime entre nos colonies et nos ports métropolitains, au lieu d'en abandonner une part trop large à des compagnies étrangères [1].

En résumé, l'émigration naturelle et spontanée est une chose utile, salutaire, qui fait beaucoup pour le bonheur des émigrants bien doués auxquels elle ouvre des carrières lucratives ; de son côté, la mère patrie y gagne de pouvoir étendre, par ce moyen, son prestige, ses relations, son marché, de se constituer en maints endroits une clientèle sympathique et fidèle, de se débarrasser enfin du superflu des bras sans emploi, des existences parasites, susceptibles de devenir, faute d'être transportées à temps dans un milieu plus favorable, des éléments perturbateurs ; loin d'en souffrir dans sa complexion sociale, elle y trouve donc, à tous les points de vue, un surcroît de force et de richesse.

Sans doute, l'émigration enlève annuellement une partie de la population et du capital. Mais cette exportation n'appauvrit point le pays, ainsi qu'on serait tenté de le croire ; car elle-même est alimentée par une fécondité qui ne se produirait pas sous un autre régime. Comme nous l'avons déjà énoncé au début de cette étude, les

1. Voir l'appendice XXII.

deux phénomènes s'enchaînent étroitement : l'émigration, loin d'être une cause d'épuisement, agit au contraire comme un stimulant sur la population. La production des hommes obéit à la loi universelle du monde économique ; elle tend toujours à se proportionner avec ses débouchés. Aussi est-ce dans les pays qui essaiment le plus au dehors que la population croît le plus au dedans.

La statistique vient confirmer ces assertions pour la généralité des nations qui nous entourent, mais tout spécialement en ce qui concerne nos voisins d'outre-Manche et d'outre-Rhin. Lors de la guerre de l'Indépendance américaine, la Grande-Bretagne ne comptait guère que 15,000,000 d'habitants. En 1891, le recensement monte à 37,797,013, et pourtant, dans l'intervalle, la métropole britannique avait peuplé ses grandes colonies australes, et, en la seule année 1881, 144,000 Anglais, Irlandais ou Écossais avaient émigré aux États-Unis. L'excédent annuel des naissances dans le Royaume-Uni s'élève aujourd'hui à 400,000. De même l'Allemagne voit sa population se développer sans cesse, bien que plus de 100,000 de ses sujets s'expatrient annuellement. Au contraire, les pays qui n'émigrent pas ou qui émigrent peu, les pays de tempérament casanier, demeurent stationnaires en nombre, et, pour ne parler que de la France, elle double sa population seulement en 108 ans, tandis que la généralité des nations du continent doublent la leur en 56 ans.

Des publicistes ont soutenu cependant que l'émigration avait eu sur la destinée de certains peuples des conséquences désastreuses. Ils disent : observez l'Espagne, cette nation si prépondérante et si fière au seizième siècle. Elle décline à vue d'œil ; la population, les ressources, l'énergie et l'activité des citoyens, tout est en baisse. Pourquoi ? Parce que ce corps social souffre encore d'un épuisement interne dont la cause première fut une émigration trop considérable vers l'Amérique du Sud et les Antilles. Mais c'est là une constatation superficielle que corrige un examen attentif des faits. En y regardant de près, vous découvrirez que la majeure partie des émigrants d'Espagne appartenait, dès l'origine, aux provinces maritimes, Biscaye, Galice, Catalogne, qui, maintenant encore, sont les plus peuplées, les plus industrielles et les seules florissantes de la monarchie. Dans ces provinces, si accentué qu'ait pu être jadis le mouvement migratoire, la population et la richesse n'ont subi aucun temps d'arrêt ; au contraire, elles n'ont fait que croître, lentement il est vrai, mais d'une manière continue.

L'exemple de l'Irlande, également allégué, n'est pas plus démonstratif. Cette île, abandonnée peu à peu par ses babitants, tend, il est vrai, à se dépeupler, malgré l'excédent constant des naissances sur les décès. Elle a présentement moins d'habitants que la ville de Londres. Dans la période de 1874 à 1889, la population y est tombée de 5,298,979 âmes à 4,716,200. Mais ce résultat ne tient pas uniquement à l'émigration vers l'Amérique; il est imputable aussi, pour une très large part, à l'émigration dans l'intérieur du Royaume-Uni, les Irlandais se portant en masse, pour y chercher du travail, dans les villes manufacturières de Liverpool, Manchester, Birmingham, Glascow, etc[1]. Les conditions sociales défectueuses, la mauvaise administration, le régime agraire, la dureté des landlords et les abus du fisc, tout cela produisant un état de crise sans solution possible, aident à ces départs qui

1. « L'Irlande est une fabrique permanente de pauvres diables qui n'ont pas de culottes, qui ne savent aucun métier, et qui, trois pommes de terre à la main, passent le détroit et viennent demander aux Anglais du travail au plus bas prix possible. On leur en donne et ils s'étendent endormis sur leurs haillons. » (Phil. Chasles, *L'Angleterre politique*, p. 248.)

cessent d'être une émigration régulière et deviennent un exode. Au reste, on a remarqué que la province d'Ulster, qui, depuis des siècles, a fourni le plus d'émigrants, est néanmoins celle où l'accroissement de la population est le plus rapide, ce qui vient ainsi corroborer notre thèse, même au regard de l'Irlande. « On est étonné, dit M. de Beaumont[1], de la promptitude avec laquelle le vide produit par l'émigration se remplit, et l'on ne sait par quel funeste enchantement les pauvres qui s'en vont sont tout à coup remplacés par d'autres pauvres. »

Il est chimérique, on le voit, d'appréhender que l'émigration volontaire, fût-elle considérable, puisse jamais porter atteinte à la population d'un grand pays. Son influence sur la santé du corps social est pareille, a-t-on dit, à l'influence d'un saignement de nez sur la santé d'un homme. Elle ne débilite pas ; elle dégage momentanément. L'expérience montre même qu'une émigration régulière sur laquelle le peuple compte, a pour effet général d'augmenter les naissances. « Lorsque, remarque le docteur Bertillon, elle devient un courant continu, une habitude pour ainsi dire physiologique du pays qui

1. *L'Irlande sociale, politique et religieuse*, II, p. 94.

la fournit, la natalité n'y est plus seulement, comme ailleurs, en relation avec la production et avec la mortalité du pays, mais encore avec l'émigration[1]. »

Donc que les Français, si l'on peut toutefois les y induire, aillent en bon nombre aux colonies ; les places laissées vacantes derrière eux seront vite occupées. L'émigration agirait chez nous, comme chez les autres nations, d'une façon plutôt bienfaisante ; puisse-t-elle être le remède providentiel, appelé par les vœux unanimes, à une dépopulation graduelle, qui serait plus apparente encore, sans l'appoint des étrangers qui, s'insinuant sur notre territoire par toutes les fissures, y sont aujourd'hui plus de 1,000,000. Ceux que préoccupe l'avenir de la France souhaitent ardemment de la voir se répandre sur ses nouvelles possessions ; mais jusqu'ici, la chose n'est pas douteuse, ce sont les autres peuples qui font irruption sur son sol[2].

1. Dictionn. encyclop. des sciences médic., art. *Émigration*, p. 658.

2. On s'en aperçoit non seulement dans les départements contigus aux frontières, mais aussi en plein cœur de Paris. Il est des quartiers, notamment ceux de l'Opéra et de la Madeleine, où le commerce, à en juger par les enseignes des magasins, semble accaparé presque tout entier par les étran-

gers. On s'en aperçoit encore à bien d'autres indices. Lors de la dernière distribution des prix du Concours général, à la Sorbonne, je fus surpris d'entendre, parmi les lauréats proclamés, près d'un tiers de noms étrangers. Combien on souhaiterait que, dans cette intelligente et studieuse jeunesse de nos grands lycées, dans cette élite, sur laquelle repose l'espoir du pays et que le P. Didon appelle si bien les saintes réserves de l'avenir, on eût moins à compter de fils ou de petits-fils d'Allemands, de Flamands, de Suisses et d'Italiens !

CHAPITRE III

LES AGENCES D'ÉMIGRATION.

La première chose à faire, cela va de soi, serait d'arriver à capter, au profit de nos possessions, les courants d'émigration déjà existants. Les Français, qui vont peu dans leurs colonies, ne répugnent pas, en effet, d'une façon absolue à l'expatriation. Ils commencent à participer, dans une mesure assez faible, il est vrai, et variable d'année en année, à l'essor général que l'émigration a pris, dans toute l'Europe, au cours de cette fin de siècle. Beaucoup de nos compatriotes, plusieurs milliers, sont établis dans les provinces orientales de la Méditerranée, en Asie-Mineure, en Syrie, en Égypte, où la France, malgré les défaillances de sa politique, a réussi à maintenir sa prééminence morale et religieuse et l'usage constant de sa langue. Un plus grand nombre de Français, surtout du midi, se sont portés et se portent encore dans le Nouveau-Monde. Les États-Unis en reçoivent par an 4 ou 5,000; l'Amérique du Sud en reçoit davantage.

Les républiques hispano-américaines, jeunes nations à peine peuplées, manquant de bras pour la terre et l'industrie, ont fait appel, de bonne heure, par tous les moyens possibles, amorces licites et duperies éhontées, à l'excès de la population européenne. Elles ont été vite envahies par tous les déshérités de la fortune, par tous les éclopés de la vie, par tous les réprouvés de l'enfer social, que notre continent, surpeuplé et appauvri, ne suffisait plus à nourrir. Les moins préparés à la lutte, ne trouvant que déceptions, se sont fait rapatrier. Les plus courageux sont restés et, à la longue, ont prospéré. C'est ainsi que la République Argentine, le Chili, l'Uruguay, le Brésil, le Vénézuela renferment aujourd'hui, à côté de groupes importants provenus des autres pays latins, Italie, Espagne ou Portugal, d'assez fortes agglomérations de Français, grossies, chaque année, par des immigrations nouvelles. Ils forment spécialement, dans les grandes villes du rio de la Plata, à Buenos-Ayres, à Montevideo, des colonies anciennes et bien assises. Le département des Basses-Pyrénées est celui qui fournit le plus à cette émigration; les relevés officiels y ont constaté, depuis une soixantaine d'années, un total de près de 100,000 émigrants.

Ils ne sont pas tout à fait perdus, ces Français ! Ils deviennent, pour leur patrie d'origine, bien que soustraits à ses lois, des clients sûrs et actifs. Ils continuent à propager, au dehors, son langage, ses idées, ses mœurs, le goût de ses produits et de ses modes. Ils lui sont profitables par les rapports d'affaires qu'ils entretiennent avec elle ; et les tableaux du commerce extérieur montrent tout le prix que nous devons attacher à la permanence de ces rapports, pour alimenter notre exportation. Certains publicistes envisagent même ces sortes de colonies, formées spontanément, comme les seules que nous eussions dû ambitionner; elles n'exigent ni armées pour les conquérir, ni fonctionnaires pour les administrer, ni budget pour les sustenter. Ce sont là, en effet, avantages fort appréciables, et une nation serait singulièrement imprévoyante, si, en vue d'étendre son influence, elle n'utilisait et ne soutenait, à l'étranger, ses enfants groupés ainsi en communautés libres, qui se rappellent à son souvenir, non par les charges infligées à ses finances, mais par les bénéfices procurés à son commerce.

Il n'en est pas moins vrai qu'il nous serait, à tous égards, plus précieux, après tant de sacrifices pour acquérir des colonies territoriales, de voir nos émigrants se diriger vers elles. Eux-mêmes y trouveraient peut-être aussi, avec moins de risques à courir, un plus facile et plus fructueux emploi de leur intelligence et de leur activité. Mais l'entraînement est ailleurs; il les pousse vers l'Amérique du Sud, notamment vers le pays argentin.

C'est un état de choses qu'on déplore, sans en rechercher assez les motifs. Bien sûr, pour l'expliquer, il faut tenir compte du climat favorable de la Plata, à peu près analogue à celui du midi de la France, et des occasions de travail et de fortune qu'offrent des villes peuplées, vivantes et grandissantes, comme Buenos-Ayres et Montevideo. Mais cette raison ne doit pas être la plus déterminante ; il est, dans le monde, nombre de contrées nouvelles, aussi riches que la République Argentine, et même plus riches, vers lesquelles cependant la population basco-béarnaise n'a jamais songé à émigrer. Il faut plutôt croire qu'ils choisissent tous la Plata, parce qu'ils sont sûrs d'y trouver, en arrivant, des compatriotes, parents ou amis, déjà au courant des usages locaux et prêts à guider leurs premiers pas, à les aider de leurs conseils et même de leurs deniers, à leur procurer des emplois dans l'agriculture et l'industrie. Ils sont attirés par la connaissance qu'ils ont du succès de ceux qui les ont précédés. Les Basques vont dans l'Amérique du Sud, où se trouvent déjà des Basques, comme les Irlandais et les Allemands vont dans l'Amérique du Nord, où sont des Irlandais et des Allemands.

Mais ce qu'il importe de pénétrer, c'est la cause première qui a suscité ce mouvement d'émigration. Or, si l'on examine les choses de près, on ne tarde pas à découvrir qu'il a été originairement provoqué et se trouve actuellement entretenu par des influences qu'il ne serait pas impossible de modifier. C'est en 1832 que le courant a commencé à se dessiner vers Montevideo, à l'instigation d'une maison anglaise qui voulait organiser une colonie agricole. Depuis, les agents d'émigration, par leur propagande intelligente et incessante, par les appels de toute sorte, par des procédés variés d'embauchage, ont amorcé et fomenté continûment l'émigration. Ils l'ont précipitée, à certaines époques, par des facilités de crédit exceptionnelles, et l'ont rendue, d'année en année, plus aisée, trouvant, il est vrai, dans le pays basque, comme dans les départements baignés par la Garonne et ses affluents, des conditions économiques, chroniques ou passagères, qui favorisaient leurs entreprises.

Il y aurait beaucoup à dire sur les agences d'émigration et sur les moyens usuels qu'elles emploient pour allécher la clientèle. Ce n'est pas sans motif qu'en maintes occasions, on s'est préoccupé, dans les sphères officielles, de mettre le public en garde contre leur action. En effet, elles ont déployé parfois, auprès de nos populations méridionales, non moins qu'en d'autres pays, un zèle que l'intervention de la police, voire même des tribunaux, a dû refréner[1]. Encouragées, sinon accréditées, par les gouvernements de l'Amérique du Sud, elles travaillent, avec une audace incroyable, et souvent en s'aidant des pratiques les plus abusives, à entretenir le courant de l'émigration. Dans ce but, il n'est aucun instrument qui ne leur soit bon : réclames mensongères, journaux subventionnés, conférences payées, racolages à domicile.

1. En Suisse et en Italie, des dispositions législatives spéciales furent prises, à divers moments, contre les agences d'émigration. Grâce, en partie, à ces règlements restrictifs, l'émigration italienne qui était, en 1888, de 207,795 têtes, n'a plus été, l'année suivante, que de 125,781.

Comme bien l'on pense, ces entreprises sont loin de poursuivre un but désintéressé. Si elles séduisent nos compatriotes par de notables facilités de voyage et même par l'appât d'une légère avance de fonds, elles touchent des primes proportionnelles au nombre des émigrants enrôlés ; elles ne visent alors qu'à en expédier outre-mer la plus grande quantité. Cela devient une spéculation comme une autre, une sorte de traite des blancs, procurant à l'agence tant par tête. De là, pour approvisionner ce marché, les annonces pompeuses et les promesses captieuses sur les ressources du Nouveau-Monde et les moyens rapides d'y faire fortune, annonces et promesses trop souvent démenties par la cruelle réalité du lendemain.

La manière dont on transporte ces émigrants aux lieux de leur destination suffirait déjà pour montrer le peu de souci que l'on a de leur santé et de leur vie. Sur l'entrepont de mauvais bateaux affrétés à bon marché, on entasse la cohue grouillante, manquant de tout, exposée aux intempéries pendant les trois longues semaines que doit durer la traversée. Lisez, sur la vie de ces malheureux à bord, l'émouvant récit d'Edmond de Amicis, *Sull' Oceano*. Ils trouveront, leur assure-t-on, dès le débarquement, travail et salaires ; mais les circonstances changent si brusquement, dans ces contrées de formation économique encore toute récente et, par conséquent, très instable, que la plupart des nouveaux arrivants ne parviennent pas à louer leurs bras. Quand ils y réussissent, c'est pour eux un esclavage à peine déguisé; l'homme et sa famille, entièrement livrés au maître, perdus dans l'intérieur des terres, assimilés à des coolies chinois ou à des nègres avant l'affranchissement, peuvent être les victimes les plus malheureuses sans avoir à espérer aucune protection. Les autres, abandonnés à eux-mêmes sur des plages inconnues, ou parqués provisoirement sur des terrains malsains, n'aspirent qu'à revenir en Europe. Par malheur, les gouvernements, qui les ont fait transporter à leurs frais, ne se chargent plus de les rapatrier. Les pauvres gens passent tour à tour d'un pays à l'autre, d'un métier à l'autre, jusqu'à ce que vienne le moment où l'on entend plus parler d'eux.

On a mené ainsi vers l'Amérique latine, sans que, par avance, il fût pourvu, le moins du monde, à leur établissement, de véritables troupeaux humains. Sur ces rivages se sont déroulées parfois, du fait des entrepreneurs dont nous parlons, des odyssées tragiques dont certaines ont trouvé leur dénouement devant la justice[1].

1. Voir l'appendice XXIII.

C'est l'Italie qui a fourni le plus, jusqu'à présent, à cette émigration transatlantique ; l'état besogneux de sa population épuisée par l'impôt a permis aux agences d'y opérer à l'aise et sur une large échelle. Chaque semaine, partent encore des ports de Gênes, Naples, Palerme, Messine et Venise, sous la poussée d'une misère noire qui les chasse du lieu natal, des convois d'émigrants facilement recrutés et dupés. Mais les provinces du midi de la France donnent aussi leur tribut, un lourd tribut, que ne compense pas toujours la rencontre d'avantages cherchés si loin. Pour quelques centaines de nos compatriotes qui ont fait fortune, grâce à un labeur persévérant ou à des circonstances heureuses, et pour quelques milliers qui ont atteint une modeste aisance, combien de malheureux ont inutilement peiné dans les villes cosmopolites de la République Argentine, de l'Uruguay, du Brésil ou du Vénézuela ! Les déboires et la banqueroute des uns ont été comme la rançon douloureuse du succès des autres. Par là s'est justifiée l'expérience communément faite que, dans les pays neufs, l'élite seule prospère.

Nos ministres de l'intérieur se sont appliqués de temps à autre, par des instructions spéciales, à combattre le trafic des agences, à prévenir leurs abus, en éclairant le public sur les incommodités, les périls et les déceptions de tout genre qu'il rencontrerait dans l'Amérique du Sud et en lui signalant, à certaines époques, certains pays où l'installation de nouveaux colons présentait peu de chances de réussite. On fut même obligé, en différentes occasions, par exemple en 1875 et en 1892, d'interdire, parce qu'elle avait pris des proportions alarmantes, l'émigration française au Brésil et au Vénézuela. Mais ces mesures sont restées vaines. L'habitude est la plus forte ; elle est fondée sur l'exploitation de la crédulité qui résiste aux meilleurs conseils, peut-être aussi sur un secret désir d'échapper aux servitudes militaires et à la charge des impôts qui devient trop lourde. Dans plusieurs de nos départements du midi, l'émigration est passée à l'état endémique; chaque année, un grand nombre de Basques, de Languedociens et de Gascons s'embarquent pour l'autre côté de l'Océan[1].

Cet exode regrettable est un fait que nous ne pouvons guère empêcher; au moins devrions-

1. D'après les rapports officiels, le nombre des immigrants français dans la République Argentine se serait élevé, de 1881 à 1894, à 103,596.

nous tâcher d'en profiter. Une administration habile et prévoyante chercherait à dériver l'émigration sur nos propres territoires d'outre-mer; il suffirait pour cela de se donner la vingtième partie du mal que se donnent les agences étrangères, qui la dirigent, par les manœuvres que l'on sait, vers des contrées où elle devient une force à peu près perdue pour nous. Mais, dans ce sens, on n'a encore rien tenté de véritablement efficace. C'est une précaution sage et opportune sans doute que d'avertir nos émigrants, à intervalles périodiques, au moyen de circulaires ministérielles, des épreuves qui les attendent dans l'Amérique du Sud. Cependant, puisqu'ils y vont quand même, et par milliers, malgré les crises économiques et financières, malgré les guerres civiles et les lynchages, malgré la fièvre jaune, il conviendrait, pour les en détourner, de leur montrer enfin et même de leur offrir des chances sérieuses de fortune dans nos possessions, avec la perspective d'immunités appréciables, comme seraient l'exemption d'impôts pendant quelques années et l'allégement ou l'exonération des servitudes militaires.

Nous avons, en particulier, deux colonies, l'une jeune encore, l'autre née d'hier, libéralement dotées par la nature, admirablement situées, voisines de la mère patrie dont elles sont comme un prolongement, reliées à elle par des communications fréquentes et rapides, et offrant un champ merveilleux à une colonisation bien entendue. C'est l'Algérie et la Tunisie. Elles devraient être, plus que les colonies lointaines et surtout plus que les pays étrangers, l'objectif des émigrants français. Le courant existe sur certains points de la France. Les Pyrénées-Orientales, par exemple, fournissent à l'Algérie-Tunisie 11 émigrants pour 1,000 habitants ; la Corse en donne 22 pour 1,000. Il ne s'agit plus que d'élargir et développer ce courant. Si un actif échange de renseignements était établi entre les préfets des départements d'où l'on émigre et les administrateurs de l'Algérie et de la Tunisie, si, en faveur de ces deux belles colonies, il se faisait une propagande énergique dans les principaux centres d'émigration, si, de plus, il se créait des associations de patronage pour placer les émigrants, dès leur arrivée, et les aider pendant la première période d'établissement, il ne serait pas impossible d'attirer dans l'Afrique du Nord une notable partie des 30,000 ou 40,000 Français, ruraux pour la plupart, qui recourent annuellement à l'expatriation. C'est à quoi devraient s'appliquer, sans retard et sans répit, les efforts de notre ministère des colonies. J'admets la difficulté pour lui de traiter directement avec les agences d'émigration [1]. Ce n'est pas son rôle. Mais il ne devrait négliger aucun moyen d'instruire l'émigrant des richesses inexploitées que nos possessions recèlent et de le guider dans le choix du lieu où il pourrait s'installer le plus commodément.

Et, de leur côté, dans leur propre intérêt, nos colonies, celles du moins qui sont à présent suffisamment développées et outillées, devraient, à l'imitation de l'Australie, du Canada et des États sud-américains, s'occuper elles-mêmes, par les voies appropriées, d'attirer l'émigrant [2]. Les gouvernements de la Plata, de l'Uruguay, du Chili, du Brésil, du Vénézuela saisissent toutes les

1. Peut-être les grandes compagnies à charte, si l'on se décide à les instituer, seront-elles plus à même de prendre de tels arrangements, qui faciliteraient et multiplieraient les enrôlements ; mais elles n'agiront qu'en faveur des territoires inorganisés qui pourront leur être concédés dans nos possessions les plus récemment acquises.

2. Plusieurs des colonies d'Australie ont été jusqu'à donner des primes aux immigrés. En Irlande, pays de grande émigration, des compagnies nombreuses et puissantes, subventionnées par les colonies anglaises où les bras manquent, et patronnées par tout ce qui est influent dans le royaume, travaillent activement à recruter des colons.

occasions de publier et d'exalter, avec une bonne foi souvent peu scrupuleuse, les avantages et conditions d'un établissement sur leurs territoires. Ils usent et abusent de la réclame, pour les offres d'emplois et les concessions, comme certains pharmaciens pour leurs pastilles ou leurs drogues[1]. A la dernière exposition universelle de Paris, dans leurs pavillons si engageants du Champ-de-Mars, ils faisaient distribuer des notices à profusion.

Qui de nous a jamais eu, entre les mains, document analogue, offert à tout venant, sur l'une quelconque de nos colonies ? Où sont les affiches qui devraient faire connaître, dans tous les cantons de France, les bonnes occasions d'acquérir des terres fertiles ou des concessions rémunératrices ? Où sont les agences de renseignements susceptibles d'apprendre, d'une façon rapide, précise et sûre, au futur colon, dans les centres principaux d'émigration, ce qu'il a besoin de savoir pour organiser son départ et pour faire ses débuts en Algérie, en Tunisie ou ailleurs[2].

1. Voir l'appendice XXIV.

2. Je dois dire qu'il vient de se créer tout récemment (juin 1896), à Paris, sur l'initiative de M. René Millet, résident général de France à Tunis, un bureau spécial de rensei-

Ces organes indispensables sont représentés par un crédit insignifiant au budget de la colonisation ; et encore est-il bien sûr que ce crédit soit correctement employé ? On dissipe, sans compter, les vies d'hommes et les millions à conquérir des terres nouvelles, et on alloue avec étroitesse quelques pauvres milliers de francs aux services essentiels qui devraient avoir charge d'y attirer les colons[1]. Ils continuent, nos colons, d'aller au Brésil ou à la Plata. Pendant ce temps, les étrangers envahissent de plus en plus nos colonies et pays de protectorat. Il semble qu'eux seuls aient aptitude ou qualité pour en tirer parti ; les Français sont les derniers à trouver l'utilisation industrielle et commerciale des territoires qu'ils ont intrépidement conquis.

gnements sur la Tunisie ; ce bureau est établi dans les locaux de l'*Union coloniale française*, dont il sera parlé plus loin.

1. Voir l'appendice xxv.

CHAPITRE IV

LE ROLE DES POUVOIRS PUBLICS ET DE L'INITIATIVE PRIVÉE.

Tous les peuples qui encouragent l'émigration coloniale ont senti le besoin d'associer à cette opération le concours des pouvoirs publics. L'intervention plus ou moins directe, plus ou moins énergique, de l'autorité gouvernementale en cette matière offre l'avantage de canaliser, en quelque sorte, les courants d'émigration dans une direction déterminée, de façon à recueillir et à grouper, pour le plus grand intérêt du pays, des forces utiles qui pourraient se disperser dans tous les sens. Quand il prend possession d'une colonie, l'État en devient *ipso facto* le premier propriétaire et pionnier. C'est à lui qu'il appartient d'en substituer d'autres, non pas en les implantant d'office et à ses frais, mais en leur montrant la route, en les attirant par des immunités spéciales, en les guidant par des méthodes rationnelles d'exploitation, en accordant des primes, en effectuant les travaux publics indispensables.

Malheureusement ce n'est pas ainsi que notre administration entend son rôle. On dirait qu'elle se désintéresse du peu d'empressement que montrent nos compatriotes à se fixer dans nos possessions ; il ne lui apparaît pas que la seule destination des colonies soit de recevoir des colons qui les fassent valoir. Son principal souci, quel est-il ? Il consiste à reproduire, en quelque lieu du monde que ce soit, avec une désolante monotonie, toute l'organisation bureaucratique de la métropole, pour que le Français qui s'avise d'émigrer vers l'une ou l'autre des nouvelles Frances exotiques, soit sûr d'y retrouver le même luxe de prescriptions, de règlements, de vexations et d'entraves que plusieurs siècles de centralisation abusive ont introduit dans le mécanisme de nos rouages administratifs. Si l'émigrant aspire à autre chose, s'il recherche plus d'indépendance au risque d'une plus grande responsabilité, s'il veut s'épargner, dans le trafic journalier de la vie civile et commerciale, les formalités compliquées et les frais exagérés, ce n'est pas dans nos possessions qu'il peut trouver satisfaction ; mieux vaut s'établir, comme font les Basques, dans les républiques du Nouveau-Monde, où un régime plus souple offre une carrière plus libre et plus large aux natures aventureuses. Voilà pourquoi nos colonies, pour la plupart, ont si peu de colons français, mais, en revanche, ont tant de fonctionnaires.

A diverses reprises toutefois, l'administration a essayé d'inciter nos nationaux à l'émigration vers les colonies; il faut lui rendre justice, en signalant, dans ce sens, quelques-uns de ses efforts intermittents. On s'était plaint souvent de la rareté ou même du défaut d'informations précises sur les ressources vraies de nos territoires d'outre-mer; de là, disait-on, l'habituel penchant des Français qui s'expatrient à se transporter de préférence en pays étranger. Les nombreux sous-secrétaires d'État et ministres, qui ont successivement géré le département des colonies depuis quelques années, n'ont pas tous méconnu le devoir qui leur incombait de penser, de temps à autre, aux émigrants, de les guider utilement dans le choix du lieu d'installation, de les éclairer sur les entreprises à y tenter. Par des circulaires ministérielles, les gouverneurs de nos possessions ont été invités à envoyer périodiquement des renseignements sur les pays qu'ils administrent. Tout le monde, en effet, est intéressé à connaître les avantages qu'offrent les colonies, les cultures dont elles sont susceptibles, les divers genres d'industrie et de commerce qui peuvent y être créés, encouragés ou développés, les conditions du travail, les emplois de la main-d'œuvre, le régime des concessions de terres. Si ces choses ne sont pas divulguées, comment susciter des vocations coloniales? On enjoignait aussi aux gouverneurs d'assurer aux émigrants éventuels, après leur débarquement, l'accueil et la protection qui leur sont dûs, de s'occuper d'eux avec sollicitude, de leur faciliter un établissement en rapport avec leurs aptitudes constatées ou pressenties.

Mesures excellentes, à coup sûr, et qu'on ne saurait trop approuver ; encore faudrait-il, après avoir été prises, qu'elles fussent docilement suivies et compétemment appliquées. Cent fois elles ont figuré dans les instructions ministérielles, sans avoir encore amené de résultats bien sérieux. Les actes, en général, ne répondent pas au programme. Nous savons tous ce qu'il advient de ces circulaires bien intentionnées. Les ministres, qui changent souvent, n'en sont pas avares; quel moyen auraient-ils de signaler leur passage aux affaires, n'était la ressource des circulaires?

Les plus récentes, sur ce sujet, auront sans doute le sort de leurs devancières ; ensemble, dans la retraite profonde des cartons administratifs, elles sont appelées à sommeiller paisiblement.

Dans le dessein d'activer l'émigration, il fallut trouver autre chose. Jadis on avait institué un bureau d'émigration, doté d'ailleurs d'un crédit assez précaire et disposant d'informations peu abondantes. On avait ouvert aussi, à Paris, une exposition permanente de produits des colonies, aménagée, tant bien que mal, dans la partie S. du palais de l'Industrie. Mais cette exposition, trop à l'écart, était délaissée ; les commerçants et les futurs colons, pour la plupart, ignoraient son existence. Ceux qui désiraient s'associer, de leur personne ou par leurs capitaux, à la mise en valeur de nos possessions anciennes ou nouvelles, ne trouvaient donc pas aisément les moyens de s'instruire sur les débouchés qu'elles peuvent offrir et les produits qu'elles peuvent donner. A la fin de l'année 1894, M. Delcassé, qui, de l'aveu de tous, fit des efforts louables, pendant son passage au ministère, pour animer la vie économique de nos colonies, prit le parti d'englober le bureau d'émigration et l'exposition permanente dans un même service rajeuni, élargi et plus pratiquement organisé. Ce service embrasse : 1° un office de renseignements commerciaux ; 2° un office de colonisation.

L'*Office des renseignements*, (auquel l'exposition permanente fut momentanément adjointe), a pour but de fournir aux industriels et négociants toutes les indications utiles sur les ressources de nos colonies, le placement des produits français, les voies et moyens de transport, le prix du fret, les tarifs de douane, et, d'une manière générale, sur toutes les questions concernant les transactions de commerce entre la métropole et ses possessions d'outre-mer. Ces indications sont puisées dans les rapports que les gouverneurs de colonies envoient ou sont censés envoyer périodiquement au ministère[1].

1. En installant, auprès de son département, un service de renseignements commerciaux, M. Delcassé avait prévu, comme conséquence de cette mesure, la création, dans chacune de nos possessions, d'un office ou bureau de renseignements correspondant, chargé de répondre aux demandes d'informations ou de produits. Une direction de ce genre fut établie au Tonkin, puis supprimée ; une autre fonctionne à Tunis, depuis plusieurs années, sous le nom de *Contrôle des renseignements et de l'agriculture*, et a rendu déjà d'appréciables services.

A titre de rapprochement, signalons, dans la République Argentine, l'*Office national du travail*. Cet organe officiel communique aux immigrants toutes les indications qu'ils désirent et se charge de leur procurer des emplois, de les diriger

En dehors des employés ordinaires de l'office en question, des fonctionnaires coloniaux peuvent lui être attachés, à titre temporaire, pour procurer au public des renseignements sur les pays où ils exercent leurs fonctions.

L'*Office de la colonisation* a pour mission d'éclairer ceux qui veulent s'expatrier sur l'opportunité d'un établissement dans telle ou telle de nos colonies. Il fait connaître les facilités particulières, (concessions de terres, subsides en argent ou en nature, etc.) que les autorités locales peuvent accorder aux émigrants. Il sert d'intermédiaire, pour la transmission aux gouverneurs, des demandes d'emplois ou de concessions. Bref, il prête son concours, en principe, à toutes personnes désireuses de trouver, dans les possessions françaises, sous une forme ou sous une autre, l'utilisation de leurs connaissances commerciales, industrielles ou agricoles. C'est, comme on le voit, une sorte de bureau de placement.

Dans ce domaine des renseignements et de la

vers les lieux où ils veulent acquérir des terres, etc. Il possède, en outre, à Buenos-Ayres, un *Hôtel de l'immigration*, où les nouveaux venus peuvent être logés à leur arrivée et qui, en 1895, en a hébergé 24,817.

colonisation, tout, en vérité, était à faire ; l'organisme préexistant avait été d'une insuffisance notoire. Pourtant l'intention du ministre fut de ne pas créer de dépenses spéciales, pour l'instant, mais d'employer seulement les fonds de l'exposition permanente des colonies, soit 60,500 francs. Ceci explique sans doute l'exiguïté du local où le nouveau service fut d'abord installé ; on ne put lui donner, au premier étage du palais de l'Industrie, à l'entrée même de l'exposition, qu'une couple de pièces étroites et sombres, un réduit mesquin, que, malgré soi, on était porté à comparer à un logement de concierge. Une telle parcimonie n'est-elle pas étrange, quand il s'agit de pourvoir, par les moyens les mieux appropriés, au peuplement et à l'exploitation de colonies, pour la conquête desquelles on a commis inconsidérément tant de gaspillages[1] ?

Néanmoins ce service, bien qu'assez pauvrement subventionné, a déjà pris, semble-t-il, une certaine importance. Des fonctionnaires colo-

1. Le service dont nous parlons vient d'être transféré en meilleure place, au pavillon de Flore (ministère des colonies) ; mais les remaniements fréquents dont il est l'objet et la réduction de crédit que le Sénat lui a infligée en font présager, dans un temps prochain, la suppression pure et simple.

niaux, en congé à Paris, sont venus, de temps à autre, y apporter des communications utiles, à des moments que les journaux ont fait connaître. Le bulletin que publiait l'exposition permanente a fait place, depuis janvier 1895, à un nouvel organe mensuel, la *Revue coloniale,* qui insère les documents officiels sur le régime économique et commercial des colonies et d'instructives notions sur leurs ressources et débouchés. Les intéressés ont ainsi, sous la main, à condition, bien entendu, de prendre un abonnement, divers éléments d'information qui, jusqu'ici, demeuraient enfouis dans les archives de l'administration des colonies. De plus, une série de *Guides de l'émigrant,* d'un prix modique, est en cours de publication ; chacun d'eux, (il en a paru déjà quelques-uns), doit contenir, pour nos diverses possessions, une description générale et des aperçus techniques sur le climat, les terrains, les plantations, les mines, les frais d'exploitation, le coût de la main-d'œuvre, les moyens de transport, etc. Ces sortes de notices, si elles sont rédigées d'une manière impartiale et par des plumes compétentes, peuvent être très précieuses ; il serait à désirer qu'elles fussent gratuites et largement vulgarisées. Jusqu'à présent, elles restent tout à fait ignorées de la masse du public et n'aident pas beaucoup, j'imagine, à l'éclosion des aspirations coloniales [1].

Il faudrait aussi réorganiser et compléter l'exposition des produits coloniaux, de façon que son arrangement intérieur répondît davantage à sa destination. Je ne crois pas qu'on ait eu pour dessein, à l'origine, d'en faire un musée d'ethnographie ; cependant, telle qu'elle est agencée, cette exposition fournit plus à la curiosité banale qu'à l'instruction pratique. On n'y découvre pas, comme il conviendrait, les éléments d'un grand commerce colonial, mais plutôt un magasin de bibelots. Les échantillons épars, que renferment les salles, y sont classés sans aucune méthode démonstrative. Ce n'est pas tout d'étaler à la file, sous vitrines, en boîtes ou en bouteilles, des étoffes, des grains et des liquides, avec la simple indication de la nature du produit et de sa provenance. Dans une exposition de ce genre, le négociant ou le futur émigrant devrait être mis à même de prendre une idée très nette des pro-

1. En dernier lieu, M. André Lebon, ministre des colonies, vient de prendre une nouvelle mesure opportune, en prescrivant l'insertion, au *Journal officiel*, tous les lundis, des renseignements reçus au ministère, durant la semaine précédente, et qui sont susceptibles d'intéresser les commerçants et industriels français.

ductions variées de nos colonies, et surtout du parti qu'on en peut tirer ; à côté du produit naturel, je souhaiterais de voir les applications que l'industrie indigène en fait dès maintenant, une notice sur l'application que l'industrie européenne serait apte à en faire, des données précises sur les modes de culture, des statistiques sur l'abondance des rendements et sur les débouchés déjà ouverts, bref un ensemble de renseignements qui arrêterait le visiteur et lui inculquerait, à vue d'œil, des connaissances immédiatement utilisables.

Et c'est principalement, il va sans dire, sur les produits de nos grandes colonies nouvelles qu'il serait expédient d'attirer l'attention. Le Tonkin notamment, et la Tunisie, et Madagascar offrent à nos nationaux, sous toutes les formes possibles, un champ d'action illimité ; il n'empêche que ces pays tiennent, dans l'exposition coloniale, beaucoup moins de place que nos insignifiants établissements de l'Inde, que la petite île de Taraïti, située aux antipodes, ou que la Guyane, de laquelle une expérience, déjà longue et qui doit suffire, a démontré que nous n'avons jamais su rien faire.

L'exposition des produits coloniaux, chassée bientôt du palais de l'Industrie par les apprêts de la grande foire de 1900, va être installée dans un nouveau local. L'occasion est donc bonne pour en perfectionner l'aménagement. Ceux qui seront chargés de ce soin pourront voir les établissements analogues qu'ont créés les Anglais à Londres et les Hollandais à Haarlem. Marseille aussi leur offrira un modèle excellent, bien que plus modeste, l'*Institut colonial,* fondé, il y a quatre ans à peine par le docteur Heckel, dont les savants travaux sur la chimie ont été si profitables à l'industrie française ; c'est un musée tout pratique, celui-là, supérieurement classé, destiné à montrer à la population d'une grande ville qui vit surtout des colonies l'usage qu'on peut tirer de leurs produits. Un tel musée colonial permanent, doublé d'un office de renseignements techniques, et au besoin d'un laboratoire et d'une bibliothèque, n'est pas moins nécessaire, on en conviendra, à Paris qu'à Marseille ; et vraiment, les économies, s'il faut en faire, pourraient bien être cherchées ailleurs !

Par le service de la colonisation, réformée comme nous venons de voir, l'administration serait certainement en état d'être l'auxiliaire efficace du développement économique des colonies ; seule elle peut centraliser, sur le travail et la richesse de chacune d'elles, des informations multiples, faciles à recueillir par l'entremise des gouverneurs et faciles à répandre par l'entremise des chambres de commerce et des syndicats.

Quant à dire que cet organisme, duquel on était en droit d'attendre beaucoup, ait tenu toutes ses promesses et qu'en fait il ait stimulé notablement l'émigration, c'est, à la vérité, une autre question. Il paraît que nombre de fonctionnaires coloniaux, auxquels on réclame des rapports commerciaux, se dérobent volontiers à cette tâche, par incurie ou par ignorance. De mauvaises langues ont dit aussi que, sous couleur de renseigner nos producteurs ou nos colons sur des choses qu'ils seraient intéressés à connaître, on avait visé simplement à créer, à Paris, un bureau de plus, pour nantir d'un emploi lucratif quelques créatures politiques, de compétence plus ou moins avérée ; que ce bureau, où des informateurs officiels sont censés être à la disposition de tout venant, est, à peu près, aussi fermé que les autres ; qu'on y éconduit poliment les braves gens qui se présentent, en les berçant d'indications vagues qu'ils trouveraient aussi bien ailleurs; et qu'à certains initiés seuls, formant une espèce de franc-maçonnerie tripotière, sont réservées les communications essentielles, les vraies, les bonnes, celles qui permettent de brasser des affaires fructueuses.

Il arrive ainsi, paraît-il, que certains individus, qui n'ont jamais eu l'envie de coloniser, (bien qu'on les nomme des *coloniaux*), et qui même d'ordinaire ne connaissent aucun des pays où fleurit le bambou, trouvent le moyen, sans quitter Paris, de vivre grassement aux dépens du budget des colonies. Ils excellent, mieux que d'autres, à priser la valeur des conquêtes lointaines, qui leur rapportent, à domicile, maints avantages : pépites d'or, décorations exotiques, ceintures symboliques, monopoles de l'opium, concessions de tout genre, parfois énigmatiques, mais représentées par des actions et obligations que les banquiers juifs se chargent de négocier pour eux à la Bourse. C'est là un des abus les plus connus et les plus invétérés de l'administration coloniale. Il y en a bien d'autres ; si nombreux et si scandaleux sont ces abus que plusieurs des sous-secrétaires d'État, qui ont eu charge de cette administration avant la création du ministère des colonies, en furent épouvantés. Mais, par une fatalité qui ne s'est jamais démentie, ils étaient relevés de leurs fonctions au moment précis où ils s'apprêtaient à introduire un peu de lumière, d'ordre et de probité dans ce gâchis.

*
* *

Il y aurait cependant, par ce temps d'affaires difficiles et de crises intenses, nombre de Français assez enclins à chercher fortune dans les colonies, si, au préalable, ils pouvaient être pertinemment renseignés : cultivateurs, contremaîtres, ingénieurs même, instruits et connaissant à fond leur métier, mais qui ne voudraient point partir tout à fait à l'aventure vers le Tonkin ou Madagascar, c'est-à-dire quitter le certain pour l'incertain, en risquant un petit avoir ou un emploi modeste qui ne se retrouverait plus. Mettez-les à même de se caser facilement dans ces pays que nous avons conquis et dont l'étranger profite, et bientôt sans doute vous verrez nos colonies peuplées de bons Français, sérieux et laborieux, qui feront beaucoup pour leur développement. Oui, mais comment savoir la marche à suivre ? A qui s'adresser pour avoir des indications ? Si l'on s'adresse au ministère, le ministère ne répond pas. Il réclame des colons pour les colonies, mais se soucie médiocrement de les recruter ou de les guider.

Par bonheur, il s'est fondé, dans les dernières années, sous les auspices de quelques hommes d'action, diverses sociétés de propagande coloniale, qui, travaillant à Paris et en province, sont de nature à parer, dans une certaine mesure, à l'indifférence administrative. Elles n'attendent pas l'émigrant, elles vont le chercher. Tels sont, par exemple, la *Société française de colonisation*, qui a pour président actuel M. de Lanessan, le *Comité Dupleix*, formé, l'hiver dernier, sur l'initiative de l'explorateur Bonvalot, le *Comité de l'Afrique française*, le *Comité de Madagascar*, l'*Alliance philalgérienne*, la *Société Coligny*, etc. La plus connue et la plus remuante de ces sociétés est l'*Union coloniale française*, constituée en 1893, dont je dois dire ici quelques mots.

L'*Union coloniale* est un des rares exemples de ce que peut encore chez nous l'initiative privée ; le succès que, dès sa création, elle a obtenu dans le monde des affaires, prouve qu'elle vient à son heure, en répondant à de réels besoins. Ces besoins, chacun les aperçoit. Au fur et à mesure que notre emprise d'outre-mer prenait un développement plus large et que la politique d'expansion gagnait en faveur, la pénurie des moyens propres à seconder ce mouvement se révélait plus manifestement. Si entreprenantes que puissent être les bonnes volontés, elles risquent fort, quand elles demeurent isolées, de se consumer en vains efforts ou de s'égarer dans des voies inféçondes. Les fondateurs de l'*Union* ont voulu, en leur offrant les renseignements, l'assistance et la direction qui, jusque-là, leur avaient manqué, mettre un terme à une regrettable déperdition de forces.

L'*Union coloniale* a un double but : d'abord elle s'est donné une mission pour ainsi dire théorique qui consiste à éclairer l'opinion sur les avantages généraux de la colonisation. A ces fins, elle tient à la disposition du public tous les moyens d'information ayant trait aux productions des contrées exotiques, à la manière d'en tirer parti, de les échanger contre nos produits, de nouer, en un mot, des relations permanentes avec les pays récemment ouverts à notre influence. En même temps, l'*Union* se charge d'instruire les jeunes gens désireux de se livrer au commerce d'exportation, sur la situation commerciale, industrielle, financière des pays avec lesquels ils veulent entrer en rapport, et leur prête son concours moral et ses encouragements effectifs. Elle organise, à Paris et en province, des conférences où sont traitées, par des hommes compétents, les principales questions qui se réfèrent aux choses coloniales ; ces hommes vont porter la parole dans les milieux qu'ils jugent les plus propres à fournir des colons utiles et nombreux, par exemple devant les sociétés de géographie, les écoles supérieures d'agriculture, de commerce, etc.

Mais ce n'est là, pour l'*Union coloniale,* que la première partie de sa tâche ; elle a aussi un rôle pratique, qui est la sauvegarde des intérêts français au dehors et le recrutement des colons. Ceux de nos compatriotes qui se sont établis à l'étranger se plaignent, avec une insistance parfois justifiée, soit de n'être pas suffisamment aidés par nos représentants, soit d'être souvent victimes de mesures arbitraires prises par les gouvernements ou de manœuvres dolosives de concurrents déloyaux. A l'avenir, ils trouveront dans l'*Union* un protecteur autorisé, qui se constituera le porte-parole de leurs revendications auprès des pouvoirs publics, fera valoir leurs griefs légitimes et ne négligera rien pour leur procurer satisfaction. En outre, pour régler l'émigration au mieux des intérêts de l'émigrant et des colonies elles-mêmes, l'*Union coloniale* patronne, dans plusieurs de nos possessions, au Tonkin, en Tunisie, en Nouvelle-Calédonie, une association locale qui reçoit le colon à son arrivée, lui facilite toutes les démarches et oriente ses premiers pas ; innovation excellente, imitée des procédés anglais en usage au Canada et dans l'Australie, et dont on s'étonne que l'État, qui dispose, aux colonies, de tant de fonctionnaires peu occupés, ne se soit point soucié le premier. Pour ces mêmes colonies, elle a publié des *Guides de l'émigrant,* qui sont distribués à toutes les personnes qui en font la demande.

Ce qu'il faut à l'*Union coloniale,* ce sont de bons émigrants agricoles. Instruite par les nombreuses et décevantes expériences dont l'Algérie a été le théâtre, elle se soucie moins de la quantité que de la qualité. Aussi procède-t-elle par sélection, en exigeant des futurs colons qui réclament son appui, outre un capital minimum de 5,000 francs, de sérieuses garanties de capacité, de moralité et de tempérance. L'attention de cette association s'étend sur notre domaine colonial tout entier. Mais, pour ne pas trop embrasser à la fois, ses directeurs ont jugé bon de concentrer plus spécialement, au début, leurs ressources et leurs efforts sur un point déterminé. Comme principal champ d'action, ils ont choisi, pour l'instant, la Nouvelle-Calédonie, vers laquelle, de janvier 1895 à juillet 1896, ils ont réussi à diriger, après un triage parmi les demandes de transport, 123 familles françaises représentant 244 unités et disposant du capital requis. Ces chiffres relativement modestes, si on les compare à l'intarissable mouvement d'émigration qui se porte vers les possessions anglo-saxonnes, démontrent néanmoins ce que peut faire, au profit de nos colonies, une impulsion énergique exercée avec méthode.

Pour la Nouvelle-Calédonie notamment, l'impulsion initiale est venue du gouverneur actuel de cette colonie, M. Feillet, qui s'est employé de toutes ses forces, avec l'aide de l'*Union coloniale*, à recruter des émigrants. Ce premier succès est de bon augure. On a pu énoncer souvent, et avec quelque justesse, que la France avait des colonies sans colons. A dire vrai, ce ne sont pas les colons qui nous manquaient jusqu'ici, mais plutôt une certaine organisation pratique propre à faciliter leur émigration. Aujourd'hui il semble démontré que le procédé le plus sûr d'obtenir l'utilisation économique des colonies est d'avoir un service spécial chargé de ce soin, ayant son centre à Paris, des succursales en province et des ramifications dans nos principales possessions, service jouissant d'ailleurs d'une certaine autonomie et dégagé des pratiques étroites, routinières et stérilisantes de la bureaucratie. C'est ce qui existe à Londres, où l'*Emigrants' information office* est indépendant du *Colonial office*.

En résumé, l'*Union* dont nous venons de parler représente le commerce colonial français dans l'ensemble de ses intérêts généraux comme dans le détail de ses intérêts particuliers ; à ce commerce elle offre à la fois un centre de propagande collective et un instrument de protection individuelle. L'*Union coloniale* a su déjà rallier les adhésions des principales maisons françaises d'exportation, d'armement, de crédit, de navigation, de colonisation, etc. Inutile d'ajouter qu'elle forme un groupement absolument désintéressé. Aucune pensée de lucre n'a guidé ses fondateurs, qui n'ont pas de dividendes à espérer ni de revenus à toucher; il n'a pas été question d'émettre des titres quelconques. Les promoteurs ont pris pour eux les charges de premier établissement et se sont imposé, en faveur du développement de notre action coloniale, de lourds et généreux sacrifices ; il faut les louer, sans réserve, de cet effort patriotique et en attendre tout le bien possible.

Quand l'intervention de l'État, d'une part, et l'initiative privée, de l'autre, collaborant à l'œuvre de la colonisation, auront donné toute leur mesure, sous les diverses formes que nous avons signalées ; quand, par les voies appropriées de la publicité, elles auront fait connaître au pays les occasions de prospérer au loin, sans en réserver jalousement le profit à des privilégiés ou à des intrigants ; quand, enfin, elles auront persévéré un bon nombre d'années dans cette tâche, alors on verra peut-être, grâce à une émigration libre plus abondante, succéder à des colonies de fonctionnaires et de soldats qui nous coûtent si cher, des colonies d'agriculteurs, d'industriels et de commerçants, capables de rapporter quelque chose. Ce serait nouveau pour nous et point banal. Sinon on sera en droit d'accuser, une fois pour toutes et avec justice, l'esprit casanier des Français et leur incurable apathie en matière coloniale.

CHAPITRE V

CEUX QUI DOIVENT ÉMIGRER.

Jusqu'à présent, à voir la qualité des émigrants, il semblerait que nos colonies n'eussent de raison d'être que celle de purifier la métropole ; presque toutes ont été peuplées, à l'origine, par des gens tarés qui ne pouvaient plus décemment rester chez eux. On sait en effet comment naît une colonie. Après une expédition militaire plus ou moins longue, ordinairement mal conduite, où l'on a répandu à profusion le sang de nos soldats et les épargnes du contribuable, vient s'implanter d'abord, comme premier colon, le cabaretier. Il faisait partie de ces *mercanti* nomades, âpres au gain, qui accompagnent les colonnes en marche et rançonnent le troupier ; à ce petit commerce, il s'est amassé certain pécule, avec quoi, la campagne achevée, il se fixe et ouvre un estaminet. Les étrangers traversant la France aujourd'hui peuvent s'imaginer, à compter le nombre des débits de boisson, que le cabaretier est, chez nous, le principal soutien de l'édifice social; idée qui n'est pas si paradoxale qu'elle en a l'air, si l'on songe à la puissance électorale des marchands de vin et à l'ascendant singulier dont ils jouissent près du gouvernement. En tout cas, dans nos colonies, nul doute que le cabaretier ne soit le pionnier d'avant-garde de la civilisation; aux indigènes, qui ne la connaissaient pas jusqu'alors, la civilisation apparaît sous les espèces d'une bouteille d'alcool frelaté, qui les empoisonne, mais à laquelle, assez souvent, ils prennent goût tout de même.

Puis, à la suite du cabaretier, vient s'abattre peu à peu sur le pays nouvellement conquis, comme se déversent sur un terrain de décharge publique les matières de rebut et les scories d'industrie, toute la sequelle besogneuse et boiteuse des chercheurs d'aventures et des fureteurs de profits louches : agents véreux, prêteurs à usure, teneurs de tripots, prodigues en exil, notaires en fuite, banqueroutiers en poursuite, comptables en débet, fonctionnaires en disgrâce, courtisanes en décadence. Voilà le limon impur dans lequel se pétrit d'ordinaire une société coloniale à ses débuts. Telle a été l'Algérie au lendemain de la conquête, et je n'oserais pas dire, après l'avoir parcourue tout entière, que depuis, dans son ensemble, elle ait notablement changé.

En vérité, n'aurions-nous pas autre chose à expédier dans nos colonies? Et n'aspirons-nous, par nos entreprises lointaines, à conquérir et à troubler des populations ignorantes et attardées, mais encore saines, que pour leur infliger le contact de ce que notre population renferme de plus malsain? Il serait alors superflu de nous étendre sur de si vastes espaces, à grand renfort de capitaux et de coups de canon. Nous possédions déjà, d'ancienne date, des colonies pénitentiaires, la Guyane et la Nouvelle-Calédonie, convenablement appropriées à recevoir tous les mauvais sujets de la métropole qui ont besoin de faire pénitence.

Ce qui console du moins est que ces mauvais sujets, s'ils ne peuvent profiter beaucoup aux colonies qui les reçoivent, ont quelque chance, au delà des mers, de se régénérer eux-mêmes avec le temps. L'expérience atteste que, le milieu changé, l'homme change. Il n'est guère de vices du vieux monde qui, sur une terre nouvelle, ne puissent s'amender et tourner à bien. L'isolement, la vie de famille, le travail, la propriété, l'acheminement continu vers le bien-être exercent une influence profonde sur les natures réfractaires ou même dégradées. Avec des flibustiers, on peut, à la longue, faire de bons citoyens. La plus prospère des colonies anglaises, l'Australie, a été peuplée, à l'origine, tout le monde le sait, par des *convicts*, c'est-à-dire par une tourbe de malfaiteurs. Peu à peu, et au contact d'éléments plus propres, ils se sont transformés en une société d'ouvriers honnêtes et laborieux ; la source contaminée s'est élargie en un grand fleuve doué d'une remarquable puissance de fécondation et qui s'est purifié, dans son cours, par l'apport des affluents limpides. Jamais l'action des milieux n'a été plus sensible qu'en Australie; jamais le travail n'a opéré plus ample rédemption. La carrière coloniale, on le voit, peut donc servir utilement à liquider les existences louches ou dangereuses, à redresser les déclassés, à mater les indisciplinés, à corriger les vicieux; elle peut mettre, au cœur de l'homme dont l'activité a été stérilisée ou déviée, l'ambition du bien et le désir incessant du mieux.

Mais ce n'est pas sur ce personnel de risque-tout et d'aventuriers, fût-il épuré par les épreuves de l'exil, que l'on doit compter pour exploiter efficacement nos possessions; le temps semble passé où l'on faisait de la colonisation avec le rejet des carrefours de grandes villes, avec des vagabonds et des mendiants, des *convicts* anglais et des Manon Lescaut. Je me demande même s'il est politique et humain de pousser, sans discernement, vers ces rudes sociétés que l'on appelle des colonies, le travailleur pauvre, l'artisan dénué de ressources; je me demande s'il convient d'y encourager, dès le principe, et avant que les cadres aient été disposés par le temps pour la recevoir, la petite colonisation, la colonisation individuelle et familiale.

Ce système, à la rigueur, serait applicable (au moins dans celles de nos possessions où l'Européen peut s'acclimater sans trop de peine), si d'abord nous avions, comme les Anglais, les Allemands ou les Italiens, une natalité surabondante et si, de plus, la généralité des Français éprouvait moins de répugnance à s'expatrier. Mais tel n'est pas le cas. Notre pays exerce un attrait puissant sur tous ceux qui l'habitent, même sur les prolétaires, et nous ne verrons sans doute jamais se produire, dans notre population, ces formidables courants d'émigration qui existent chez nos voisins. Les courants assez faibles, qui se manifestent chez nous, portent du reste nos émigrants, nous l'avons vu, ailleurs que dans nos possessions.

Quelle serait, au surplus, sur la terre d'adoption, la condition de l'émigrant pauvre ? Nos colonies ne sont pas des espaces vides, ou à peu près, comme étaient les deux Amériques, l'Australie, la Nouvelle-Zélande, avant qu'elles fussent occupées par les Espagnols et par les Anglais, et comme est encore aujourd'hui le Canada, sur la plus grande partie de son étendue ; ce sont des pays à population plus ou moins dense. Pour louer ses bras, l'émigrant pauvre devra donc compter inévitablement avec les concurrences locales. Voici, par exemple, l'Algérie ou la Tunisie, colonies plus propices qu'aucune autre à l'acclimatement de la race française, déjà assez bien outillées, et qui, par là même, conviennent excellemment à ma démonstration. Nos colons s'y trouvent en présence de deux groupes considérables de populations : 1° les indigènes (Arabes, Kabyles, Juifs, nègres) ; 2° les immigrés provenus de diverses régions de l'Europe méridionale : Sicile, Malte, îles Baléares, Andalousie. Indigènes et étrangers européens fournissent, en majeure partie, la main-d'œuvre utilisée par l'agriculture et les industries du pays. Les premiers, convenablement formés, instruits et entraînés, suffiraient déjà à la tâche ; ils sont 4,500,000 en Algérie et environ 1,500,000 en

Tunisie. Mais ils sont encore renforcés par les seconds, Espagnols dans la province d'Oran, Italiens dans la province de Constantine, Italiens et Maltais en Tunisie, qui, tous ensemble, sont près de 300,000.

Ces peuples du Sud (on l'oublie souvent quand on raisonne sur les questions coloniales), sont habitués au soleil, à un soleil ardent. Ils sont tempérants, vivent de peu, et se contentent de salaires qui seraient dérisoires pour nos besoins. Le nègre dort sur la terre à peu près nu, et travaille, à ses heures, pour un plat de *couscouss ;* l'Arabe se rassasie avec quelques dattes, des olives, du maïs ; l'Italien ou le Maltais avec une *polenta* et un morceau de mauvais pain. A ce régime, un Picard ou un Normand dépérirait assez vite, un Anglais plus vite encore. L'homme du Nord, par suite de la dureté ou de l'inégalité du climat, est tenu de se loger, de se vêtir, de manger copieusement, de boire des alcools ; il en boit parfois avec excès, moins alors par besoin naturel que par penchant vicieux. Comme l'a observé J.-J. Rousseau : « Dans le Nord, les « hommes consomment beaucoup sur un sol « ingrat ; dans le Sud, ils consomment peu sur « un sol fertile. C'est ce qui rend les uns labo- « rieux et les autres contemplatifs. »

Eh bien, telles étant les choses, nous ne pouvons pas espérer qu'un colon français, chef d'une exploitation, soit assez patriote, assez riche ou assez malavisé pour employer ses concitoyens, qui coûtent cher, de préférence à des ouvriers étrangers, qui coûtent peu. Or, comme les ouvriers sont plus nombreux que les patrons, les étrangers, indigènes ou Européens, seront toujours en majorité dans nos colonies d'Algérie et de Tunisie ; l'idée de les éliminer est une pure chimère.

Ce que je viens de dire de nos possessions nord-africaines, où la population est assez clairsemée eu égard à la superficie du pays, s'appliquerait avec bien plus de force à nos possessions d'Indo-Chine, sans compter, pour ces dernières, les difficultés spéciales d'acclimatement qu'y rencontre l'Européen. La Cochinchine et le Tonkin, dans leurs parties habitables, sont aussi peuplés qu'ils peuvent l'être ; indigènes annamites ou immigrés chinois ont pris toutes les places et rendent impossible la concurrence européenne dans la main-d'œuvre locale et même dans le petit commerce et les métiers faciles.

Croit-on que nos travailleurs auraient mieux à faire dans les vastes régions de l'Afrique occidentale (Congo, Dahomey, Côte d'Ivoire, Soudan), placés, depuis quelques années, sous notre influence ? Ce sont des territoires complètement inorganisés jusqu'à ce jour et qui, de longtemps, ne seront pas accessibles à la petite colonisation. Du reste, des travailleurs, ces pays, bien qu'assez faiblement peuplés, en auraient encore à revendre ; ils furent, pendant deux siècles et plus, le grand réservoir d'hommes où ont puisé, sans répit, les racoleurs d'esclaves pour la mise en valeur des terres du Nouveau-Monde.

Enfin l'île de Madagascar, qui a causé jusqu'ici tant d'illusions, offre-t-elle plus de ressources ? Outre que les entreprises y sont toutes à créer, l'ouvrier des champs se heurterait à la main-d'œuvre malgache, qui se paie cinq ou six sous par jour. Un Hova, un Betsiléo, un Antaimour, avec ce modique salaire et sa ration de riz et de sel, s'estime heureux. Où est le Français qui s'en contenterait même momentanément ? Avant d'avoir, sur ce sol aurifère, découvert la pépite de ses rêves, il serait mort de privations.

Bref, nos colonies, les anciennes et les nouvelles, sont déjà toutes pourvues d'une population plus ou moins abondante, qu'on ne peut ni supprimer ni déloger, et avec laquelle, par conséquent, l'émigration doit compter. Dans les unes comme dans les autres, nous trouvons chez les indigènes, qu'ils soient de peau noire ou de peau jaune, des hommes laborieux, tempérants et dociles, formés au climat, louant leur bras à très bon marché et ainsi mieux constitués que nos émigrants pour le travail usuel. Vouloir être, à leur place, laboureurs, pasteurs, ouvriers agricoles ou industriels est une illusion, car il nous sera à jamais impossible de les remplacer ; ce serait de plus une injustice, qui souleverait à bon droit leurs colères, si nous les privions ainsi de leurs moyens d'existence. Chez eux, nous devons entreprendre non pas ce qu'ils font aussi bien et mieux que nous, mais ce qu'ils ne font pas, ce qu'ils ne peuvent pas faire, faute de capitaux et d'outillage économique[1].

Ne poussons donc pas inconsidérément vers les colonies les pauvres diables sans métier ni pécule. Ils y éprouveraient autant de difficulté à vivre que dans leur pays d'origine ; au Tonkin ou à Madagascar, pas plus qu'ailleurs, ne coulent, à leur portée, des ruisseaux de miel et de lait. S'il en est ainsi, c'est mal servir l'intérêt des colons, convenons-en, et en même temps celui de l'expansion française au dehors, que de préconiser l'émigration de familles nécessiteuses

1. Voir l'appendice XXVI.

impuissantes à subsister sans aide pendant les premières années d'établissement.

Au reste, de moins en moins, ces familles seront disposées à s'expatrier. Tout, dans la législation nouvelle ou en projet, tend à les retenir en France. L'État socialiste, comme le bon pasteur, a soin de ses ouailles : il demandera au budget, s'il le faut, force crédits pour installer, sous des noms déguisés, des ateliers nationaux ; il saignera les contribuables à blanc pour faire des rentes à l'ouvrier. Qui risquerait, dans ces conditions, d'aller pâtir la faim aux colonies ? N'est-il pas plus pratique, en restant chez soi, d'attendre d'une administration officielle l'aumône du pain de chaque jour[1]?

*
* *

Ainsi les colonies n'apparaissent pas comme une terre d'abondance pour l'émigrant qui n'a que ses bras ; il ne peut songer à y être un ouvrier agricole ou industriel devant les concurrences qu'il trouve sur place. A diverses reprises, l'État

1. Une proposition de loi, signée par M. Clovis Hugues et vingt et un de ses collègues, demandait récemment, à la Chambre, l'institution du *pain gratuit*.

a essayé d'en faire d'office un petit propriétaire, par le moyen des concessions de terres à titre gratuit. Quand le colon tardait à venir de son plein gré, on avisait à l'installer administrativement. Les expériences de ce genre, renouvelées par nous, de côté et d'autre, en Algérie, en Nouvelle-Calédonie, même à Diego-Suarez, n'ont pas été, ce semble, des plus encourageantes et permettent de taxer d'utopie la prétention de ceux qui voudraient résoudre ainsi la question sociale. On sait notamment les déboires de la colonisation officielle en Algérie ; elle fut pratiquée, avec le plus d'ampleur, de 1840 à 1851, par le gouvernement du général Bugeaud, puis, au lendemain de la guerre de 1870, sur l'initiative de la *Société alsacienne,* qui espérait transplanter dans notre colonie nord-africaine nombre de familles de nos provinces perdues.

Les concessions, par là même qu'elles sont gratuites, séduisent aisément les colons ; pour l'homme dénué de ressources, être propriétaire sans rien débourser est, de loin, une perspective séduisante. On est parvenu à attirer de la sorte en Algérie, quelques milliers d'immigrés pris à l'aventure, sans souci de leurs antécédents, métiers ou compétences · sous l'Empire, il fut donné des concessions à des marchandes de modes et même à des filles galantes. Mais le plus difficile était de fixer tous ces colons improvisés. Il ne suffit pas, en effet, d'établir sur un lopin de terre inculte un concessionnaire sans le sou ; il faut l'aider dans ses débuts, lui avancer de l'argent, lui donner des bestiaux, des semences, des instruments, des vivres, lui construire une habitation, créer des villages, les relier, par des chemins d'accès, aux villes et lieux de marché, y amener des eaux potables, y bâtir les édifices publics nécessaires à la vie municipale : une mairie, une église, une école, un lavoir. On devine les charges considérables occasionnées par cette méthode de colonisation.

Et quand ce sacrifice est fait, quelle est la situation des concessionnaires ? La plupart sont dépourvus d'apprentissage technique, novices dans la culture, victimes d'illusions ; l'État, si prodigue soit-il, ne peut leur fournir tout ce qui leur manque. Ils sont aussitôt rebutés par les aspérités de l'entreprise et par la découverte que la terre ne donne de récolte qu'après un long temps, au prix de patients efforts. Ou bien, sans crédit, ils empruntent à des conditions écrasantes ; ils s'abandonnent aux usuriers, faciles à rencontrer dans un pays, comme l'Algérie, qui compte 40,000 Juifs. Tôt ou tard, ils sont forcés soit de délaisser à leurs prêteurs les concessions dont ils n'ont pu tirer parti, soit de les vendre, à vil prix, à des Arabes ou à des étrangers plus résistants. Leurs familles retombent alors à la charge du gouvernement, qui avait cru bien faire en dépensant de lourdes sommes pour les attirer et qui doit encore en dépenser pour les retenir ou les rapatrier.

Ceux qui ont parcouru l'Algérie et ont vu, sur les belles routes de notre colonie, tant de villages neufs, créés de toutes pièces et à grands frais, par l'État, depuis vingt-cinq ans, dans une intention si patriotique, ont pu s'édifier sur les inconvénients du système des concessions ; à traverser certains de ces villages aujourd'hui déserts, il semble que nous n'ayons pris cette terre que pour y étaler notre impuissance. Néanmoins l'expérience, si elle a peu rapporté, a coûté cher. En 1848, le gouvernement provisoire avait voté, en une seule fois, 50 millions, pour l'installation de 12,000 colons français ; on constata, dans la suite, que ces 50 millions avaient abouti à peine à la mise en valeur de 10,000 hectares. Dans la période de 1871 à 1881, la même opération absorba 57 millions, grâce auxquels on parvint péniblement à établir 3,600 familles en Algérie ; chaque famille établie coûtait ainsi un peu plus de 15,000 francs aux contribuables de la métropole.

On voit, par ces observations, le danger de diriger vers les colonies l'émigrant besogneux, dût-on l'amorcer par les concessions gratuites. Dans l'état présent des choses, il ne peut être un bon colon. Le bon colon est celui qui arrive avec un capital suffisant, des connaissances agronomiques, et qui s'attache à sa terre. Le moyen de s'assurer qu'il remplit ces trois conditions n'est pas de lui donner un certain nombre d'hectares en cadeau, mais de lui faire payer sa concession, soit au comptant, soit par annuités, sauf à lui accorder la remise de quelques termes, quand la récolte a été mauvaise, ou même à lui restituer une partie de ses versements à mesure qu'il défrichera et fera valoir son lot, par lui-même ou par des fermiers français.

Aussi bien, la concession gratuite semble-t-elle abandonnée en Algérie, depuis 1887, du moins comme système général[1]. On pratique

1. Elle est restée toutefois un moyen d'influence pour les députés algériens attentifs à soigner leur réélection ; beaucoup de débitants de boissons obtiennent ainsi, paraît-il, sans bourse délier, des concessions de terres, en échange de services politiques rendus autour du comptoir.

aujourd'hui, de préférence, la vente des terres, qui trouvent toujours preneurs à des prix satisfaisants. La colonisation officielle est de plus en plus soulagée, dans sa tâche, par la colonisation libre. Celle-ci commence à prospérer, d'une façon marquée, spécialement en Kabylie ; elle apporte des capitaux, amène des fermiers, des chefs de cultures ou de métiers, des contremaîtres français. Elle emploie, sur une large échelle, la main-d'œuvre étrangère et surtout indigène, au grand profit du rapprochement si souhaitable des races. Elle n'a aucune part, et n'en demande point, au crédit dont l'administration dispose. Bref, la colonisation, comme cela devrait toujours être, se fait par les colons eux-mêmes.

Sous ce rapport, l'Algérie a été stimulée par l'exemple de la Tunisie, où l'action individuelle, encouragée, dès le début, par une direction intelligente, a donné les meilleurs résultats. M. Cambon, qui organisa si heureusement le protectorat de la Régence, a voulu rompre avec les traditions suivies dans la colonie voisine. Il n'attirait que les colons aisés et industrieux, possédant soit des capitaux, soit une expérience technique leur permettant de rendre des services, de diriger un atelier, un chantier, une exploitation. Sa devise était : le choix plutôt que le nombre. Cette méthode a fait le succès de la Tunisie. Sur ce point, M. Paul Bert, au Tonkin, partageait les vues de M. Cambon. Il redoutait les colons ignorants et pauvres, arrivant comme à la recherche d'une terre promise. Chacun d'eux était presque sûrement, pour son budget, une bouche à nourrir, un passager à rapatrier. Loin de favoriser leur venue, il demandait que l'administration métropolitaine prévînt leurs mécomptes, en apportant la plus grande réserve dans la concession des passages; qu'elle n'accordât le transport gratuit aux émigrants qu'après s'être assurée de leurs moyens d'existence, de leur état de santé, de leurs aptitudes à une industrie déterminée. C'est ainsi que procèdent également, nous l'avons déjà dit, les directeurs de l'*Union coloniale* dans le recrutement actuel des colons pour la Nouvelle-Calédonie[1].

Peut-être serait-il encore préférable, à ce point de vue, de faire comme les Anglais, de ne plus accorder de passage gratuit[2]. De là vient, sans

1. Les États-Unis eux-mêmes ne laissent plus la libre entrée de leurs ports aux essaims d'indigents, aux bandes affamées que leur envoyait l'Europe ; des lois récentes repoussent avec sévérité cette catégorie d'émigrants, qui, pour la population américaine, était souvent une charge plutôt qu'un secours.

2. Les agents anglais d'émigration offrent cependant le pas-

doute en partie, la prospérité de leurs grandes colonies australes. Pour s'y rendre, il faut débourser aux compagnies de transport 500 francs, au minimum, par tête d'adulte. Cela seul contribue à faire une sélection parmi les émigrants. Le colon qui va en Australie ou en Nouvelle-Zélande, est un colon de choix, dans une situation déjà aisée. Ce n'est pas un désabusé que les duretés de la vie poussent à l'expatriation. C'est un homme ordinairement jeune, intelligent, courageux, un cadet de famille, qui émigre aux colonies pour faire fortune. Il porte avec lui quelque argent; il peut résister aux difficultés du premier moment, en attendant que vienne la période du travail productif.

Voilà le genre d'émigrants que nous devons souhaiter à nos colonies et diriger vers elles. Il n'est pas indispensable qu'ils soient très nombreux. La plupart de nos possessions actuelles, on le sait, sont sous une latitude qui ne permet pas à l'Européen d'y vivre longtemps et d'y faire

sage gratuit aux Irlandais qui acceptent de se fixer dans une colonie britannique, au Canada, en Australie, en Nouvelle-Zélande..... Mais ceux-ci ne se laissent pas affriander par cette amorce. Ils préfèrent un ticket payé de leur dernier sou et qui leur ouvre un pays étranger ; ils passent, pour la plupart, aux États-Unis, où ils prospèrent à merveille.

souche ; il serait donc chimérique de songer à y pratiquer la colonisation de famille, comme en Algérie, en Tunisie ou en Nouvelle-Calédonie. On doit se borner, faute de pouvoir davantage, à stimuler utilement à notre profit l'activité des indigènes et à mettre en valeur, par les voies et moyens du progrès moderne, les richesses agricoles, qui sont là inertes, depuis des siècles, et ainsi perdues pour tout le monde[1]. Dans la colonisation entendue en ce sens, le rôle du colon européen est celui d'un agent chargé de l'impulsion et de la direction. Les Anglais ne le comprennent pas autrement dans l'Inde ; ils y sont à peine 100,000, à côté d'une population autochtone qui dépasse 250 millions de têtes. De même, en Malaisie, les Hollandais sont tout au plus 30,000 contre 25 à 30 millions d'indigènes.

Pour cette tâche, il ne faut pas des colons de raccroc, sans compétence technique ; il faut des hommes de métier, agriculteurs, industriels,

1. On s'est peut-être mépris, soit dit incidemment, en envisageant jusqu'ici les colonies au seul point de vue commercial et industriel. C'est l'agriculture qu'il est d'abord utile d'y encourager ; elle seule, en développant les productions, fait la force d'un pays et donne des aliments au commerce et à l'industrie.

commerçants, avec le cortège de leurs auxiliaires indispensables, ingénieurs, contremaîtres, employés, chefs d'équipes, directeurs d'ateliers, régisseurs de cultures. C'est d'eux seuls que la France doit attendre l'exploitation de son vaste domaine colonial. Il y a là un champ immense à la portée de notre activité, et qui nous appartient en propre, que personne ne nous disputera. Il peut nous donner les plus magnifiques moissons, si nous savons profiter, dans chaque contrée, des éléments de fortune qui s'y trouvent et qui ne demandent qu'à être exploités. A concentrer nos efforts de ce côté, nous ferions une œuvre vraiment civilisatrice et, en même temps, vraiment rémunératrice, une œuvre qui nous assurerait la sympathie des indigènes et les rallierait à notre cause bien mieux que toutes les garnisons.

A coup sûr, des capitaux abondants sont nécessaires ; leur essor vers nos possessions d'outre-mer a été jusqu'ici assez timide. Mais la France, qui doit être lasse de pourvoir, par ses largesses, au dénûment financier de tant d'États étrangers, grands et petits, du Nouveau-Monde et de l'ancien, trouvera bien encore des épargnes de reste pour le développement de ses propres entreprises aux colonies. Rien ne peut être fait sans ce concours. La commandite, associée à une certaine instruction technique chez ceux qui ont charge de s'en servir, semble être, dans les conditions spéciales où se présentent nos possessions, l'instrument le plus utile de la colonisation. S'il fallait, à l'appui, chercher des exemples dans l'actualité, nous n'aurions qu'à regarder Madagascar : les maisons anglaises et allemandes fondées à Tamatave avec des capitaux suffisants y prospèrent ; mais parmi les concessionnaires indigents que l'administration a essayé d'établir à Diego-Suarez, à l'aide du subside annuel de 100,000 francs voté par notre parlement, on n'en cite encore qu'un seul qui ait atteint un bien-être relatif.

En résumé, il faut à nos colonies, pour les rendre vivantes, une émigration riche par l'importance des capitaux qu'elle engage, riche par la qualité des colons qu'elle envoie. Mais ce personnel d'élite, où le trouver ? Nous pouvons le trouver, mieux que partout ailleurs, dans l'ardente jeunesse qui sort de nos écoles. L'enseignement public, sous toutes les formes et à tous les degrés, a pris, dans notre pays, depuis vingt ans, une extension considérable. Il éveille à présent, en tous lieux, et jusque sous le chaume du paysan, des idées, des aspirations, des sen-

16

timents qui ne trouvent plus à se satisfaire. Les milliers d'enfants traversant nos écoles n'en sortent pas tous convaincus que le mieux serait encore de rester au village, d'imiter ses pères, de vivre comme ils ont vécu. Ils regardent plus haut et plus loin. Ils voient leur horizon intellectuel s'élargir démesurément ; ils entendent parler d'une foule de choses insoupçonnées, avant eux, dans leur milieu social. Nombre d'adolescents, c'est inévitable, jugent alors leur destinée inférieure à leur éducation ; ils sentent en eux une poussée d'ambition que l'instruction de la métropole a fait naître, mais que ses ressources ne sauraient apaiser. Ce sont des énergies vacantes, prêtes à se déployer pour le bien ou pour le mal.

Jeunes gens qui êtes dans ce cas, et qui supportez malaisément la discordance entre l'audace de vos désirs et l'insuccès de vos efforts ; vous tous qui réprouvez, comme le poète Baudelaire, les déceptions

> D'un monde où l'action n'est pas la sœur du rêve,

ne soyez pas pour cela des mécontents et des révolutionnaires. Cherchez au loin l'emploi des facultés expansives que l'étude a développées en vous. Pendant que votre âme est en fraîcheur et en appétit, imitez les jeunes Anglais : allez dans les colonies, faites vous-même votre fortune. Courez les mers, courez les continents ; vous serez plus utiles et moins humbles que les fonctionnaires qui courent les places ou les bourgeois qui courent les dots.

CHAPITRE VI

L'ÉMIGRATION DES CAPITAUX.

Nous avons exposé, dans l'un des chapitres précédents, que l'émigration des Français vers les colonies n'est susceptible de porter aucune atteinte grave à la population de notre pays, que même elle deviendrait un stimulant énergique à son accroissement. Mais l'expatriation des personnes ne peut se faire, on le comprend, sans qu'une certaine somme de capitaux soit, en même temps, soustraite à la métropole, pour être transportée en pays neufs. Or, des économistes ont redouté davantage cette émigration des capitaux; ils ont prétendu qu'elle aurait peu à peu une action funeste sur l'état économique et social de la mère patrie, sur le taux des salaires, sur le prix des marchandises.

Craintes chimériques, à vrai dire, et bien faciles à écarter, si l'on réduit la question à ses véritables proportions. Que tout émigrant emporte avec soi un pécule, cela est incontestable ; mais on n'a pas assez remarqué que ce pécule est, en général, des plus modiques. Les riches ne sont pas portés à s'expatrier ; l'émigration séduit plutôt ceux qui sont dans une situation, sinon désespérée, du moins mauvaise. En quoi dès lors l'exportation de leurs menues épargnes peut-elle troubler le marché financier d'une grande nation ? Il faut considérer aussi que la majeure partie de ces pécules a été amassée sou à sou en vue du départ, c'est-à-dire que la pensée même de l'émigration a été leur cause première, leur principale raison d'être, si bien que, sans elle, tous ces petits capitaux n'auraient probablement pas été formés.

Parfois, il est vrai, et grâce à des événements exceptionnels dans la métropole ou à des conditions heureuses dans certaines colonies, l'émigration se recrute parmi les classes aisées, et non plus seulement parmi les travailleurs manuels. Cela s'est passé, par exemple, depuis un demi-siècle, en Angleterre et en Écosse, d'où un grand nombre de fermiers, réalisant leur avoir, sont allés s'installer dans la Nouvelle-Zélande ou au Canada. Cela s'est également passé en France, au lendemain de l'établissement du protectorat sur la Tunisie, surtout entre 1885 et 1889 ; on a vu se constituer, dans notre nouvelle colonie, de beaux domaines immobilisant d'importants capitaux et attirant les vignerons de nos provinces méridionales ravagées par le phylloxera. Supposez, en majorant complaisamment les chiffres, qu'il émigre ainsi chaque année un ou deux milliers de ces fermiers ou vignerons, emportant chacun, en moyenne, une quarantaine de mille francs, soit en tout 40 ou 80 millions, c'est encore là, il faut en convenir, un total bien faible, une goutte d'eau, un atome par rapport au capital intégral de l'Angleterre et de la France ou par rapport seulement à l'accroissement annuel de ce capital; une si précaire sortie d'argent, fût-elle régulière, ne peut agir d'une façon sensible sur la prospérité générale du pays.

Il n'y aurait tout au plus à s'alarmer qu'en présence d'un courant intense, comme celui qui, à certaines époques, entraîna vers le Nouveau-Monde, avec leurs épargnes, de véritables masses humaines, de ces masses que les Américains ont appelé *the human Mississipi*. En 1879 notamment, les quais de New-York virent débarquer 80,000 émigrants, provenus surtout d'Allemagne et d'Irlande. Chacun d'eux n'eût-il à lui que 100 dollars, — (on sait que la législation du pays exige chez tout nouveau venu la possession d'une certaine avance), — c'est, au total, l'importation, sur un seul point des États-Unis et en une seule année, de 400 millions de francs. Mais ce sont là des éventualités dont nous n'avons, quant à nous, à prendre aucun souci. Nos colonies n'attirent de France ni tant de monde ni tant de numéraire ; la plupart d'entre elles ne reçoivent, en fait de colons libres, que quelques miséreux.

Des économistes, néanmoins, insistant sur la question, ont fait remarquer qu'il est un genre de colonies où le capital se porte en très grande quantité relativement à l'émigration des personnes. Ce sont ces colonies tropicales, dites *d'exploitation*, que la nature a douées d'un véritable monopole pour la production de certaines denrées de consommation universelle. A raison du climat, elles se prêtent peu à l'habitat pour les blancs, et renferment d'ailleurs en indigènes les ressources suffisantes pour la culture du sol ; ce qui leur manque le plus et leur est surtout précieux, ce sont les capitaux. A cette catégorie se rattachent la plus grande partie de nos possessions d'outre-mer, l'Indo-Chine, le Sénégal, le Congo, Madagascar..., pays sans doute de valeur inégale, mais dont l'exploitation, sous une forme ou sous une autre, implique de lourdes dépenses, des centaines de millions, pour en recueillir ce qu'on en doit attendre. Au début de ce siècle, on calculait que les Indes avaient absorbé déjà près de deux milliards du capital anglais ; dans un siècle, au train dont nous allons, le seul Tonkin nous aura coûté davantage. On peut dès lors se demander si une telle exportation de capitaux vers les colonies n'inflige pas un notable préjudice à la métropole, si la situation relative des profits et des salaires n'en est pas modifiée.

Mais il suffit de réfléchir un peu pour se convaincre que ces capitaux, bien que sortis de la métropole, profitent, en définitive, très largement à son industrie et à son commerce. Dans les pays nouveaux où ils émigrent, et à condition, bien entendu, d'être employés convenablement, ils servent à développer une production abondante, qui serait impossible sans leur secours ; par là même, ils créent de nouveaux articles d'échange, qui vont se troquer contre les articles de la mère patrie. Comme l'a démontré J.-B. Say, les *produits s'échangent avec les produits ;* à ce point de vue, nous aurions tout intérêt à verser une pluie d'or sur nos colonies, pour animer au plus vite leur trafic avec nous. Les colonies, en réalité, sont des marchés commerciaux que s'ouvre la métropole ; si elles ne sont pas cela, elles n'ont aucune raison d'être. La métropole y écoule ses objets manufacturés, et, quand il s'agit de pays tropicaux, elle y écoule aussi les comestibles qu'ils ne produisent pas, tels que la farine, le vin, les légumes et fruits conservés. Les colonies lui envoient, en retour, leurs denrées naturelles; autrement dit, elles la paient avec ces denrées. Il n'est pas besoin d'être grand clerc pour observer, dès lors, que toute l'importance de ce commerce repose sur la quantité de denrées naturelles que les colonies peuvent échanger. Si vous n'avez que 100 francs dans votre poche, vous n'en dépenserez pas 1,000. Si une colonie n'a que 100 francs de produits de son sol à livrer en échange, elle ne pourra pas acheter à la métropole pour 1,000 francs des objets manufacturés qui lui manquent; elle n'en achètera jamais que pour 100. Donc il serait d'une sagesse élémentaire, en vue même du développement des industries métropolitaines, de pousser le plus possible les colonies à la production.

Par malheur, on s'en est assez peu soucié jusqu'à ce jour. On a d'abord découragé les colonies de produire, en barrant la plupart de leurs exportations en France par des entraves douanières; en outre, on les a médiocrement aidées par l'exportation des capitaux. Le Français est plutôt enclin à placer ses épargnes à l'étranger; s'il les plaçait dans les possessions françaises, il y encouragerait des entreprises qui auraient une répercussion bienfaisante sur nos industries manufacturières et qui donneraient naissance à des matières premières susceptibles d'alimenter à meilleur prix nos usines.

Voyez ce qu'ont fait, dans cet ordre d'idées, les capitaux transportés par nos voisins d'outre-Manche dans leurs colonies. Ils ont mis au jour, avec une admirable puissance créatrice, le coton de l'Union américaine, le sucre des Indes, la laine de l'Australie, les bois de construction du Canada. Ces capitaux-là, en s'expatriant, ont suscité au loin, sur une très large échelle, de nouveaux objets d'échange; ils ont ainsi contribué à l'essor des affaires dans la mère patrie, à la hausse permanente et normale des salaires, bien plus que s'ils étaient restés en Angleterre, où leur effet inévitable, en s'agglomérant, eût été d'amener une baisse des profits qui aurait condamné l'industrie nationale à la stagnation. La Grande-Bretagne n'a même pas été seule à en profiter. Les blés d'Amérique sont venus à propos pour sauver l'Europe de plusieurs disettes;

le coton des Etats-Unis a pu, en quantités croissantes, alimenter les filatures françaises, allemandes, belges ; la laine australienne a fourni une matière première de plus en plus abondante aux fabriques de lainages de notre continent. Comment tout cela s'est-il produit ? Simplement parce que des capitaux considérables, engagés par les Anglais depuis cinquante ans, avaient étendu progressivement l'agriculture, les plantations et l'élevage en Australie et en Amérique.

Il est donc utile que dans de vieux pays, à capitalisation rapide, comme l'Angleterre et la France, une partie de l'épargne annuelle se porte vers des contrées jeunes, où elle rend des services plus appréciables. Elle y provoque une demande continue pour les produits manufacturés de la métropole, en lui offrant, comme contrepartie, les produits bruts qui pourraient lui manquer; elle crée de nouveaux marchés d'approvisionnement et d'écoulement, c'est-à-dire d'achat et de vente. C'est le moyen le plus régulier de maintenir l'équilibre économique, qui autrement risquerait de se rompre ; c'est l'aiguillon le plus vif pour animer l'industrie de la métropole. Les capitaux qui émigrent aux colonies ne sont pas perdus ; ils sont plutôt multipliés. Chacun gagne à leur emploi rémunérateur sur des sols vierges :

la colonie, la mère patrie, le monde entier, et parfois, plus que tous autres, le capitaliste lui-même.

On voit ainsi combien c'est une politique à courte vue de blâmer la fondation et l'entretien des colonies, parce qu'elles coûtent, soit au gouvernement, soit aux particuliers, quelques millions de frais d'établissement. La grandeur d'un peuple ne se calcule pas d'après ses millions. Il faut envisager les bénéfices de tout genre, politiques, économiques, moraux, que l'avenir réserve, et l'échéance en est écourtée si les débours nécessaires sont faits à temps et sans lésine. La merveille des créations coloniales, les États-Unis eux-mêmes, devenus si colossalement riches, ont absorbé, au début, une masse énorme de capitaux anglais. A certains moments, il sembla que les résultats atteints ne valaient pas les sommes dépensées. Toutes les compagnies qui fondèrent les États primitifs épuisèrent leurs ressources et tombèrent en faillite ; on vit quelques-uns des pionniers les plus entreprenants échouer en prison pour dettes. Il se trouva sans doute alors en Angleterre, comme il se trouve à présent chez nous, des parlementaires et des polémistes pour réprouver ce prétendu gaspillage ; et cependant qui oserait soutenir que la somme entière des capitaux affectés à la formation des États-Unis n'est pas de beaucoup inférieure aux avantages commerciaux que l'Angleterre a retirés et retire encore de ses relations avec l'Union américaine même émancipée ? La vraie politique coloniale ne va point sans de larges appels au crédit. Les colonies anglaises d'aujourd'hui, l'Australie par exemple, ont des dettes importantes et le meilleur de leur puissance est venu de cet habile maniement des capitaux étrangers ; elles s'en sont servi comme d'une semence et en ont tiré de magnifiques moissons. Combien il est à désirer que notre domaine colonial, à son tour, soit fécondé de la même façon !

En résumé, il n'y a pas lieu de s'émouvoir, mais plutôt de s'applaudir des sommes que les émigrants emportent avec eux ou de celles que des rentiers habitant la métropole envoient aux colonies ; cette émigration est aussi heureuse que naturelle. Il y a même, comme l'a remarqué avec justesse M. Paul Leroy-Beaulieu, une incontestable supériorité en faveur de l'émigration des capitaux. Les hommes doués des qualités nécessaires à la carrière coloniale sont, en effet, difficiles à rencontrer ; beaucoup d'immigrés, faute de ces aptitudes, tombent dans le besoin et deviennent une charge pour les colonies où ils se trouvent. Mais tous les capitaux, sans distinction, sont bons et productifs, et, dans les contrées neuves, on en fait un usage infiniment plus profitable que dans les vieux pays ; ils constituent, plus que les émigrants eux-mêmes, le véritable nerf de la colonisation.

A ce compte, et sous cette forme, chacun, dirons-nous, est en état, sans quitter son foyer, de prendre une part honorable aux efforts d'expansion de la mère patrie, non seulement le banquier qui dispose de réserves opimes, mais toute personne, même de vie modeste, petit rentier, employé, paysan, ouvrier, qui fait des écomies ; une vieille fille, peu experte en géographie, dont la journée se passe à tricoter paisiblement au coin du feu, peut travailler, sans même s'en douter, à l'exploitation du globe, tout comme une autre, si, au lieu de serrer ses épargnes dans le légendaire bas de laine, elle les place dans une entreprise coloniale qui défriche des terres, construit des chemins de fer, creuse des canaux, dessèche des marais, exploite des mines, élève des usines.

Dans un pays de civilisation ancienne, comme la France, il se produit, chaque année, des capitaux en abondance, dont on a peine à tirer un parti bien lucratif sur le sol national. Certes on pourra toujours y affecter de larges sommes à des créations ou améliorations industrielles, agricoles et sociales; mais l'exportation d'une partie de ces sommes au delà des mers, vers des contrées adolescentes que la civilisation est en train de transformer, sera d'une productivité beaucoup plus grande. Tel capital qui, chez nous, rapporterait 2 ou 3 pour 100 au plus, dans une exploitation agricole, pourra, le cas échéant, grâce, au bas prix de la main-d'œuvre locale, rapporter 10, 15, 20 pour 100, dans une entreprise analogue intelligemment conduite, par des hommes du métier, en Tunisie, au Congo ou à Madagascar. Il en est pareillement des capitaux consacrés aux travaux publics. Appliqués à faire en France des chemins de fer électoraux ou des petites lignes de montagnes, ils donneront un revenu précaire; au contraire, dans des pays neufs, surtout dans des pays à population dense et à trafic intérieur bien nourri, comme le Tonkin, il se peut qu'ils donnent 10, 12, 15 pour 100, si ce n'est immédiatement, du moins après une certaine période de temps.

Les capitalistes avisés, qui exportent ainsi leurs épargnes, sont donc à même d'en recueillir un profit double, triple ou quadruple de celui qn'ils eussent obtenu en employant ces fonds autour d'eux. Peu à peu se constitue, de la sorte, une créance considérable de la métropole sur ses colonies ; elles lui servent une rente qui va croissant d'année en année, et c'est sous cet aspect sans doute, à envisager les choses pratiquement, que se manifeste leur principale utilité. Du moins telle est celle qu'aspirent à en retirer les deux nations qui entendent le mieux aujourd'hui la colonisation, à savoir l'Angleterre et la Hollande.

On objectera que l'émigration des capitaux peut aller sans la colonisation. Ne vaut-il pas mieux néanmoins, à égalité de conditions, exporter ses capitaux dans ses propres colonies que dans d'autres pays? On est plus assuré d'y trouver un accueil favorable et un traitement équitable de la part du public et du gouvernement. Certains États, auxquels on a prêté avec largesse, s'accoutument aisément à malmener les capitaux étrangers, quand ils croient pouvoir se passer des secours du dehors et même quand ils en auraient encore besoin. Les porteurs de la dette égyptienne, dont la moitié sont français, ont éprouvé, tout d'un coup, il n'y a pas si longtemps, une réduction absolument injustifiée du tiers de leur intérêt et, par là même, du tiers de la valeur vénale de leurs titres ; en ce moment, ils voient le fond de réserve, qui sert de gage à leur créance, appliqué à faire les frais de l'expédition anglaise au Soudan. Les créanciers de la Grèce, de la Turquie et du Portugal n'ont pas été plus ménagés. Et que serait-ce si je relatais les procédés financiers des républiques de l'Amérique du Sud, de la république Argentine en particulier ? Ailleurs, en Italie, en Espagne, on est parvenu plus ou moins abusivement, par des procédés ingénieux ou iniques, à soustraire à la direction des Français des entreprises créées, de toutes pièces, avec des capitaux français ; de ce fait, ces entreprises ont été ruinées ou dépréciées. Longue et attristante serait la nomenclature des avaries de tout genre, extorsions, confiscations, dénis de justice avoués ou déguisés, conversions d'emprunts, réductions d'intérêts, que nos capitalistes ont éprouvés, spécialement depuis vingt ans, dans leurs placements à l'étranger.

Supposez que ces fonds disponibles, en quête d'emplois, se fussent orientés, dans le principe, vers des possessions françaises, soumises à nos lois, empreintes de notre esprit, livrées à une surveillance facile et à un contrôle incessant, les capitalistes eussent conservé leur avoir intact, et la puissance d'achat, à l'intérieur même de la France, en eût été accrue. Les chemins de fer d'Algérie, la dette tunisienne garantie, l'emprunt tonkinois, récemment souscrit, ne font pas, après tout, si mauvaise figure à la cote de la Bourse. En l'état actuel du monde, et par ce temps où, de tous côtés, se font jour le protectionnisme des nations et la brutale rapacité des gouvernements, l'exploitation des colonies est la meilleure affaire, le meilleur débouché, où puissent s'engager, dans des conditions de loyale garantie, les capitaux d'un grand et riche pays. Enfin, au point de vue moral, pour un homme que les circonstances empêchent de faire plus, de son activité propre, n'est-ce pas une jouissance élevée de penser que ses épargnes ont aidé à vivifier, au loin, de nouvelles sociétés françaises, capables d'ajouter à la grandeur nationale, de conserver, d'honorer, d'étendre la langue, les mœurs et l'âme de la patrie ?

*
* *

Malheureusement, on doit le reconnaître, le public n'a pas encore pris confiance. Nous avons parlé plus haut de l'opportunité de dériver sur les colonies françaises nos émigrants qui s'égarent ailleurs; il serait tout aussi nécessaire de dériver sur elles les capitaux que nous plaçons avec tant d'élan à l'étranger.

Que les capitaux soient réfractaires à se porter vers nos colonies, et que, par suite, le développement de nos établissements d'outre-mer soit laborieux et lent, on en saisit ou on en devine les causes. Là comme ailleurs, l'action individuelle est peu en faveur. Aucun encouragement ne pousse l'épargne française à se risquer de ce côté. Et comment s'y risquerait-elle, quand tous les groupements d'intérêts pouvant susciter quelque projet nouveau sont, dans les régions les plus voisines du gouvernement, l'objet d'une perpétuelle suspicion et que rien, pour ainsi dire, ne peut être tenté dans ce sens, même avec les chances de succès que présente une affaire sérieuse, sans qu'une clameur parte aussitôt de la presse radicale soulevée contre l'infâme capital et l'odieuse spéculation ?

Nos Chambres, pour tout ce qui regarde les grandes entreprises, coloniales ou autres, ont pris en aversion l'initiative privée et les sociétés financières, et elles sont arrivées à faire partager leurs défiances au public; il semble que, dans toutes les occasions où intervient un homme de finance ou une société anonyme, on doive s'attendre au scandale des tripotages. Aussi le parlement, qui cependant, sur le chapitre des profits louches, n'est guère en droit de se montrer bien pointilleux, regimbe-t-il ordinairement contre les travaux les plus opportuns dans nos colonies. Il les écarte ou les ajourne, comme jadis pour les chemins de fer d'Algérie, et, jusqu'à cette année, pour ceux de Tunisie, ou bien il y fait procéder par l'État, comme pour la voie ferrée du haut Sénégal[1]. Or l'État fait les choses lentement. Il les fait aussi en prodigue, sans compter; et, dans les besognes dont il se charge, on sait qu'il défère d'habitude à des convenances électorales plus qu'à des nécessités économiques constatées. Qui ne se rappelle, par exemple, l'effroyable débauche du *plan Freycinet*, dans laquelle ont failli sombrer nos finances? Le contribuable paie, avec docilité, ces dilapidations officielles; mais qu'une société, hasardant des

1. Parfois, aux colonies, nous abandonnons à des entreprises étrangères l'exécution d'ouvrages que nous admirons le plus ensuite. Ainsi, en plein port d'Alger, les magnifiques quais de débarquement, de même que les voûtes qui servent de docks et soutiennent les chemins d'accès vers la ville, ont été, pour la plus grande partie, construits par une société anglaise au capital de 30 millions.

capitaux, s'offre pour lancer une entreprise avantageuse à l'une de nos colonies et, par suite, à notre trafic national, il trouvera naturel que la presse et les pouvoirs publics se jettent en travers, à seule fin d'empêcher cette société, le cas échéant, d'y gagner quelques millions.

Si l'on veut attirer les capitaux aux colonies, il faut commencer par remettre en honneur la pratique des grandes affaires ; elles en ont certes besoin. Aujourd'hui les hommes actifs et courageux qui essaient de s'engager dans cette voie, ceux pour lesquels, semble-t-il, la démocratie devrait se montrer pleine de reconnaissance, ne recueillent le plus souvent, comme prix de leurs efforts, que déboires et injures. Avec les préjugés étranges qui se font jour, les commerçants sont assimilés à des agioteurs. Il est de mode d'affecter, à leur égard, un éloignement pudibond, et, si l'on osait, on les parquerait dans un quartier spécial rappelant l'ancien *ghetto* des Juifs. Le pays ploie sous des charges écrasantes ; il ne peut y faire face que parce qu'il existe encore des gens voués aux rudes labeurs de l'agriculture, de l'industrie et du commerce. On croirait cependant, à entendre nombre de ses représentants les plus populaires, que seuls sont honnêtes et purs les calomniateurs à gages, les politiciens d'estaminet, les prôneurs de collectivisme, dont l'unique argument est de flatter les passions, de souffler la haine, d'exciter des envies malsaines, en offrant avec aisance à de prétendus travailleurs les capitaux accumulés avec peine par ceux qui ont effectivement travaillé.

Ce sont là des mœurs dangereuses qui, en se perpétuant, finiront par détourner tout à fait de nos possessions l'épargne française. Mais plus graves encore, si c'est possible, seraient, à ce point de vue, les résultats de certains projets de loi dont l'école socialiste menace la nation. L'impôt progressif sur les successions et sur le revenu, impôt frappant systématiquement et arbitrairement la richesse acquise, et pouvant devenir, aux mains de ses promoteurs, une arme politique d'extorsion et de vengeance, il ne manquait plus que cette mesure pour accélérer le mouvement des capitaux vers l'étranger ! Il s'y enfuiront à tire d'aile. On les sollicitera en vain de s'appliquer à des exploitations aux colonies ; avant tout, ceux qui les détiennent viseront, comme c'est leur intérêt et leur droit, à les soustraire, par un placement en lieu sûr, à l'œil fureteur et aux mains rapaces d'une fiscalité déprédatrice.

De toutes ces manières, on décourage les concours les plus utiles, que rien cependant, dans l'œuvre de la colonisation, ne peut suppléer. A coup sûr, l'initiative privée a ses dangers et ses erreurs; mais elle est seule en position, grâce aux sociétés financières qui lui procurent les capitaux, d'activer les transformations urgentes, de percer des routes, de construire des chemins de fer, d'aménager des ports, d'éclairer les côtes, dans tous les parages où nos explorateurs et nos soldats ouvrent des débouchés. L'État n'a pas à prendre sa place. En revanche, il a le devoir, (et sa fonction ne va guère au delà), de la protéger contre les compétitions étrangères; la sauvegarde vigilante des intérêts nationaux, quelque part qu'ils surgissent, est la conséquence obligée de la politique coloniale.

La plus grande œuvre de ce siècle, le percement de l'isthme de Suez, qui a procuré à la France tant de renommée et à l'Angleterre tant d'avantages, n'a pu être faite que par l'initiative privée, aidée, on sait au prix de quels efforts, par la haute finance. C'est elle aussi qui a exécuté, ou qui poursuit encore, à cette heure, dans les pays du Levant, toute une série de travaux propices à notre influence extérieure : les quais de Smyrne, le port de Beyrouth, le canal de

Corinthe, le chemin de fer de Jaffa à Jérusalem, celui de Damas et du Hauran ; sans compter la part considérable prise par nos capitalistes, nos ingénieurs et nos sociétés de construction dans l'établissement des voies ferrées d'Espagne, de Portugal, d'Autriche, de Russie, de Serbie, de Turquie d'Europe, dans les agrandissements des ports d'Anvers, de Trieste, de Fiume, de Lisbonne, etc. La France est riche au point de compromettre sans cesse le fruit de son travail dans les placements étrangers, parfois les plus aléatoires. On peut estimer à 20 ou 25 milliards les sommes qu'elle a disséminées, d'une main confiante, aux quatre coins de l'univers ; chaque année, ce chiffre s'accroît d'un milliard au moins. Si la moitié ou même seulement le quart de ces avances se portait vers l'Algérie, la Tunisie, le Tonkin, quels splendides résultats n'atteindrions-nous pas en vingt-cinq ou trente ans ? Mais n'est-il pas étrange, que nous renoncions à seconder, dans nos colonies, en y affectant une partie de nos réserves, des entreprises que nous favorisons ailleurs, de la façon la plus généreuse et la plus hasardeuse, au profit d'États grands et petits dont les finances ne sont pas toujours des plus prospères ?

Voyez quelle large brèche ont faite à l'épargne

française, dans ces derniers temps, les emprunts étrangers, les rentes russes, les valeurs aurifères du Transvaal, celles-ci d'une manière particulièrement funeste. On se rappelle l'engouement de nos capitalistes pour les mines d'or et l'agiotage effréné qui s'en est suivi ; des prospectus fallacieux et des artifices de spéculation, qui ont grisé l'esprit public, comme aux beaux jours de Law, sont parvenus à nous soutirer, en peu d'années, plus d'un milliard. Cela sert maintenant à exploiter, au mieux des intérêts anglais, une terre australe, où, pour notre malheur, se sont trouvés, comme on l'a dit, plus de filous que de filons. Chose bizarre ! Nous possédons, nominalement du moins, à peu près un sixième du continent africain ; nous venons d'y ajouter Madagascar, on sait au prix de quels sacrifices d'hommes et d'argent. Or, dans cette Afrique ouverte à toutes les compétitions et à tous les genres d'activité, la confiance des intérêts va droit à nos rivaux ; et il en est ainsi parce que rien ne la dirige ou ne la sollicite ailleurs vers des entreprises honnêtes et fructueuses.

Là même où la fortune semble nous sourire, nous répondons mollement à ses invites. N'est-ce pas pitié que, par exemple, pour l'extraction des phosphates de Tébessa, nous nous soyons laissés devancer par des étrangers ? Voici des gisements, connus depuis des années, d'une richesse incontestable, d'un rendement immédiat et sûr, qui ont, de plus, cette chance rare d'être voisins d'un chemin de fer tout construit, la ligne de Tébessa à Bône, aboutissant à un port bien aménagé. Ils pouvaient provoquer un afflux de capitaux en Algérie et donner un rapide élan à la colonisation languissante. On les offrait en vain ; personne n'en voulait. C'est un Anglais et deux Écossais qui, à la faveur, il est vrai, de compromissions équivoques et d'interpositions complaisantes, se sont habilement emparés de la meilleure partie. Ils étaient en train d'exploiter en grand, avec des capitaux considérables et un outillage perfectionné. La voie ferrée ne suffisant plus à leur trafic, on parlait déjà de la doubler ou d'adjoindre des trains de nuit. Mais le succès éveille la jalousie ; la clameur publique incrimina la régularité des concessions, qui, après de longs atermoiements, viennent d'être déférées au conseil d'État et seront sans doute mises à néant. Mais si ces Anglais n'avaient pas donné l'exemple, si, à inaugurer une industrie nouvelle, pleine d'avenir, ils n'avaient pas risqué leurs millions et consacré leur énergie, se serait-il trouvé un Français pour mettre la main à l'entreprise ? En attendant, du fait du procès en cours, l'essor économique de toute une région se trouve arrêté. On n'a pas compris que, dans l'intérêt même de la population locale, qui n'a déjà point tant de sources de bien-être à sa disposition, il était préférable, après tout, que les gisements découverts fussent exploités par des étrangers plutôt que par personne[1].

En 1885, un autre banc très étendu de phosphates, formant le prolongement de celui de Tébessa, était signalé en Tunisie, dans la région de Gafsa, par un vétérinaire de notre armée d'Afrique, M. Philippe Thomas. Il paraît que l'importance économique de ce banc est comparable à celle du grand bassin houiller du nord de la France ; on a calculé qu'au taux actuel du phosphate de chaux, il y en a pour deux milliards de francs dans les couches actuellement recon-

1. La loi récemment votée sur la réglementation du droit d'extraction des phosphates algériens, loi empreinte d'une défiance excessive, accumule les formalités administratives, les prescriptions techniques et les exigences fiscales au point de rendre à peu près impossible toute exploitation rationnelle et fructueuse. Elle produira, c'est à craindre, le même effet que le décret du 16 novembre 1888, qui, par l'établissement d'un régime également draconien, a paralysé l'exploitation des mines dans l'Annam-Tonkin.

nues. Bref, c'est comme une petite Californie! Croirait-on néanmoins que, jusqu'en 1890, personne ne s'en est ému? Depuis cette date, il a fallu quatre années de réclames, d'efforts et de négociations pour parvenir à traiter avec une compagnie française, à laquelle on a d'ailleurs imposé, avant qu'elle puisse bénéficier de sa concession, des conditions fort lourdes à remplir, notamment l'établissement, à ses frais, d'une voie ferrée de Gafsa à Sfax.

Nous avons des capitaux en abondance et un nombre respectable d'ingénieurs. Que faisons-nous des uns et des autres? Tous les jours, nous coopérons, plus qu'il ne faudrait, au succès d'affaires exotiques où nous n'avons aucun intérêt national; dans ces affaires parfois véreuses, une foule de badauds sans lumières fait la fortune de quelques agioteurs sans conscience. Et voici que, dans nos possessions, à deux pas de la France, pour l'exploitation facile, amplement rémunératrice, d'une richesse avérée, comme sont les phosphates, avec lesquels l'Europe ravive la fertilité de ses vieilles terres, nous restons indifférents devant les plus séduisantes aubaines ou nous cédons bénévolement la place à des compagnies anglaises. On doit juger que c'est là une façon singulière d'effectuer nos placements et d'enrichir nos colonies.

A quoi tient un tel détachement ? Peut-être y a-t-il lieu d'incriminer, avant tout, les errements routiniers, signalés ici même, qui amoindrissent chez nous si déplorablement l'initiative privée, à savoir nos méthodes d'instruction et nos habitudes de centralisation. Mais l'éducation de la jeunesse et l'administration du pays ne sont pas seules en cause ; elles ne suffiraient pas à expliquer ce résultat que, sur le terrain colonial, nous soyons partout supplantés dans nos anciens domaines ou devancés dans nos nouveaux. On est en droit d'observer sans injustice que la race française, bien que pourvue d'autres qualités éminentes, ne paraît point adaptée, au même degré que la race anglo-saxonne, à la pratique des grandes entreprises. Depuis cinquante ans, elle ne s'est pas distinguée, à ce point de vue, d'une façon très marquante en Algérie, où il y avait beaucoup plus à faire, et à de moindres frais, qu'il n'a été fait par elle.

J'oserais dire qu'il en est de même au Canada, si souvent allégué cependant par ceux qui vantent le plus nos facultés d'expansion. Certes les Français ont manifesté, dans ce pays, une vertu reproductrice dont on ne saurait assez les louer. Grâce à la paix profonde répandue sur le Canada depuis la conquête anglaise, ils se sont multipliés à souhait ; ils forment aujourd'hui, nous l'avons vu, à peu près le tiers de la population totale. C'est le rejeton le plus plantureux de souche française qui ait poussé dans le Nouveau-Monde, en y conservant les vieilles mœurs, les vieilles lois, la langue du pays d'origine et, de plus, une inaltérable affection pour lui. Mais sur ce large champ d'action du Dominion, dont la superficie égale presque celle de l'Europe, et où les forces rivales peuvent se mouvoir et se combattre en libre concurrence, à l'infini, les Canadiens-Français ont été, dans les grandes affaires, entièrement évincés par les Anglais. Ceux-ci détiennent le haut commerce, les banques, les chemins de fer, les services de navigation et, en général, tout ce qui nécessite l'intervention de l'esprit d'entreprise et de capitaux abondants. Les autres se confinent dans la petite industrie agricole et le commerce de détail ; les plus intelligents encombrent les professions libérales et les avenues de la politique. Cultivateurs de lots modestes, boutiquiers, fonctionnaires, politiciens, tout comme en France et en Algérie par conséquent. La taille des hommes est plus élevée, les enfants sont plus nombreux ; mais certains traits apparents de la race, torpeur des initiatives, convoitise des places, attachement aux routines, sont demeurés intacts de l'autre côté de l'Atlantique[1].

Je sais bien que l'élément anglais a été, depuis la cession du Canada, en communication constante avec la mère patrie, qu'il lui est venu d'Angleterre, chaque année, un renfort d'hommes énergiques et industrieux, avec un contingent croissant de capitaux, tandis que les Canadiens-Français ont été abandonnés à leurs seules ressources ; ainsi s'explique-t-on sans peine qu'ils doivent se résigner au petit négoce, à la petite culture, ou se jeter, faute de mieux, sur les carrières politiques et administratives, au lieu d'exploiter, avec l'auxiliaire de la *machinery* et de la science modernes, le magnifique dépôt de richesses naturelles qui est à leur disposition. Concluons alors, en nous inspirant de cet exemple, à l'importance manifeste du rôle que joue le capital dans toute société nouvelle et à l'indispen-

1. Ce qui montre la part étroite prise par le monde franco-canadien dans les grandes affaires, c'est l'orientation même du commerce extérieur. Malgré les sympathies que la France garde dans son ancienne colonie, et que les maîtres actuels du pays, on peut le dire à leur éloge, ne font rien pour entraver, toutes les exportations vont en Angleterre ou aux États-Unis et toutes les importations en viennent ; le commerce de la France avec le Canada est à peu près nul.

sable nécessité de l'introduire ou de le renforcer dans nos colonies, grandes ou petites, vieilles ou jeunes, si l'on veut en tirer quelque parti.

CHAPITRE VII

LES COMPAGNIES DE COLONISATION.

Avec la récente adjonction de Madagascar, nous détenons actuellement un domaine colonial énorme, trop large même, sans aucun doute, pour nos aptitudes et moyens d'action. Rien qu'en Afrique, la zone d'influence qui nous est reconnue par les traités embrasse environ 7,000,000 de kilomètres carrés. En ajoutant à ce chiffre nos possessions dans les autres parties du monde, les statisticiens consciencieux, qui ne laissent échapper aucune parcelle de nos droits, supputent à 8,350,000 kilomètres carrés, soit seize fois la superficie de la France, l'étendue de notre empire d'outre-mer. On peut en déduire, il est vrai, une bonne moitié représentée par les sols improductifs, les marécages insalubres, les brousses impénétrables, les déserts inhabitables, que les conventions sur le partage de l'Afrique nous ont libéralement attribués, et qu'il nous serait plus avantageux, sans contredit, de ne point posséder. Il n'en reste pas moins, comme susceptible de mise en valeur, dans un temps prochain ou éloigné, un territoire égal à huit fois celui de la France.

Pour accomplir une telle œuvre, il faudra bien des générations ; tout ce qu'on peut faire présentement est de l'ébaucher dans son ensemble et de l'avancer sur quelques points. C'est là que commence l'ère des difficultés, commune à tous les propriétaires qui ont sur les bras un trop lourd domaine. Chacun de nous sans doute a le sentiment qu'à la période de conquête, qui fut héroïque, il conviendrait de faire succéder la période d'exploitation, qui doit être féconde. Seulement, on ne voit pas, à de rares exceptions près, comme est celle de la Tunisie, que nous fassions grand'chose pour amener cette évolution; souvent nous faisons même tout ce qu'il faut pour la retarder.

Jusqu'ici nos colonies, c'est-à-dire les territoires vagues que nous appelons de ce nom, sont administrées, à grands frais, bien ou mal, par l'État. Mais l'État n'est point en mesure de les mettre en rapport ; à risquer une pareille entreprise, il nous ruinerait. On ne saurait non plus, surtout à la première heure, recommander l'envoi de colons libres dans ces solitudes inexploitées et parfois inexplorées. L'idée serait divertissante, si elle n'était inhumaine ; imaginez l'installation actuelle, en plein Soudan ou en plein Congo, de petits propriétaires français, enclavés au milieu des noirs, à quelques cents ou à quelques mille kilomètres des côtes, sans relation aucune avec le monde extérieur ! Qu'y feraient-ils ? Combien d'entre eux seraient vite rebutés par la nature et par les hommes ! Combien seraient déconcertés en face de la nouveauté des cultures tropicales, si différentes des cultures européennes qui leur sont familières ! La France, avec sa population stagnante, donne fort peu d'émigrants ; mieux vaut les ménager pour les tâches relativement faciles et les diriger, par exemple, vers les parties déjà assainies et outillées de l'Algérie et de la Tunisie. Le jour viendra peut-être, à une échéance encore lointaine, de leur ouvrir l'accès des plateaux de Madagascar, du Congo ou du Fouta-Djallon ; mais, bien sûr, il ne saurait être question de cela pour l'instant. La petite colonisation n'acceptera de s'implanter et ne parviendra à se développer que sur un terrain déjà marqué de l'empreinte des hommes ; en attendant, tout effort isolé serait œuvre stérile et condamnée d'avance.

Ainsi l'État est impuissant à faire valoir nos possessions nouvelles par voie de colonisation officielle et directe, et, pendant plusieurs décades d'années, on ne saurait compter non plus sur le concours des petits et moyens colons.

Qu'allons-nous faire cependant de notre empire africain ? Jusqu'à ce jour, nous nous sommes contentés de le posséder, visant même à l'agrandir d'une manière continue, à ce point qu'il pèse de plus en plus lourdement sur le budget. Il est pour nous un sujet de gloriole toute platonique. Notre vanité nationale, mortifiée par les événements de 1870, se plaît à voir que, sur les cartes d'Afrique, cartes d'ailleurs incertaines, un cinquième ou un sixième du continent soit assigné à l'influence française. Mais cette attribution est un mirage plutôt qu'une réalité. Ce n'est pas, vous pensez bien, parce que le lieutenant Mizon ou le capitaine Binger ou le commandant Monteil ont traversé à pied, à cheval ou à mulet, très vaillamment du reste, ces régions mystérieuses, et ont arraché à des roitelets nègres plus ou moins inconscients, en échange de quelque verroterie, des traités de pacotille, que l'on peut se targuer d'avoir là des colonies véritables. Sans colons pour les exploiter industriellement et commercialement, sans personne même pour les occuper, elles ne vont pas se développer toutes seules. Avec notre politique d'entrain passionné pour la conquête et d'expectative indolente pour la mise en rapport, l'Afrique française de l'ouest ou du centre, la France noire, ainsi qu'on l'appelle, sera, dans un siècle, à n'en pas douter, exactement aussi désolée qu'elle l'est aujourd'hui ; on la signalera, comme une curiosité ailleurs introuvable, aux amateurs de forêts vierges.

A maintes reprises, on a demandé aux pouvoirs publics de recourir aux *compagnies de colonisation,* seul instrument efficace pour ébaucher, sur de larges bases, l'exploitation des pays neufs et inorganisés. Voici des espaces vacants énormes, habités par une population primitive et clairsemée : avant que les entreprises coloniales puissent s'y adapter avec succès, avant que les immigrants puissent s'y établir avec confiance, il faut un travail préliminaire de déblaiement et d'appropriation, ce que les Anglais appellent *preparatory works*. L'initiative individuelle n'est pas apte à y pourvoir ; ses efforts faibles et dispersés n'aboutiraient pas ou donneraient des résultats insignifiants. Pour cette besogne, les peuples colonisateurs ont fait appel, de tous

18

temps, à l'action des forces unies, à l'initiative collective des grandes compagnies.

Le procédé est le suivant : des compagnies auxquelles l'État délègue, pour un temps plus ou moins long, des pouvoirs très étendus, des pouvoirs quasi-souverains, sont dotées par lui de territoires ordinairement très larges, par exemple, de plusieurs millions d'hectares ; bien entendu, on ne leur donne pas la *propriété* de ces millions d'hectares, mais seulement certains monopoles ou droits de préférence pour l'exploitation des forêts ou des mines, pour l'établissement ou l'usage de voies de transport, pour le trafic de certaines catégories de marchandises. La compagnie se charge, à ses risques et périls, sans engager d'ailleurs la responsabilité ni les finances de l'État, de maîtriser les régions où elle exerce son privilège ; elle devra occuper ces régions, y attirer des capitaux et des travailleurs, y susciter des industries, y stimuler le commerce. Sa tâche, il va sans dire, n'est pas de tout cultiver, mais de faire des explorations et des essais, au mieux des intérêts qu'elle représente, de procéder à des installations sommaires, d'exploiter celles des richesses naturelles qui s'y prêtent le plus aisément. Il ne s'agit pas d'instituer de tels monopoles dans des districts déjà connus et parcourus, où la libre concurrence a pris pied et où des comptoirs sont établis de longue date, encore moins sur les territoires coloniaux déjà piétinés par l'administration civile et militaire, mais bien dans des contrées vierges, comme le Soudan, le Congo, le bassin de l'Ogoué, le haut Oubanghi, le pays de Khong, l'intérieur de Madagascar, contrées dans lesquelles le commerce européen ni nos procédés de culture et d'industrie n'ont encore pénétré. Ces droits et privilèges, par lesquels on confie à de robustes initiatives la mission de précéder l'État, de le suppléer dans des opérations qu'il ne saurait mener lui-même à bonne fin, sont assez analogues à un brevet d'invention, qui ne doit pas avoir une très longue durée, mais qui peut être renouvelé plusieurs fois, si la compagnie gère honorablement et trafique avantageusement. Droits et privilèges font ensuite retour à l'État, qui incorpore dans ses possessions de pleine souveraineté les territoires concédés et les ouvre au commerce libre.

Cette manière de coloniser n'est pas nouvelle. A la fin du dix-septième siècle, les Hollandais formèrent les premiers une *Compagnie des Indes*, compagnie puissante, dotée de privilèges exclusifs, qui opéra avec succès en Extrême-Orient ; c'est l'origine de leur grande colonie des îles de la Sonde, appelée Indes néerlandaises ou Insulinde [1].

Nous-mêmes, sous l'ancien régime, avons employé pareille méthode, avec des fortunes diverses. Pendant plus de cent cinquante années, de 1625 à 1789, le procédé de colonisation par l'entremise des compagnies à charte s'est maintenu en France à peu près intact. Richelieu en avait été l'initiateur ; Colbert y eut aussi recours, bien qu'assez enclin, de sa personne, à l'administration directe par le gouvernement. Compagnies de peuplement, compagnies de commerce, diverses dans leur objet et dans leurs statuts, mais toutes munies de privilèges, furent créées en nombre pour exploiter le Canada, les îles d'Amérique, les Indes orientales, Madagascar, le Levant, le Sénégal, la Guinée. Nos rois, servis par d'habiles ministres, voulant faire leur patrie

1. Cette compagnie avait créé aussi une station au cap de Bonne-Espérance, en 1652 ; mais les Anglais s'en emparèrent au début de ce siècle. Les Hollandais refoulés fondèrent, plus au nord, les états libres d'Orange et du Transvaal, enclaves résistantes qui, malgré les agressions des Cecil Rhodes, Jameson et consorts, tiennent aujourd'hui en échec les projets d'extension démesurée de la colonie britannique du Cap.

grande, s'apercevaient déjà que l'Europe était un échiquier trop étroit et qu'il fallait agir sur le reste du monde; ils demandaient aux compagnies de les aider dans l'accomplissement de cette haute mission. A ces mêmes fins, Richelieu imposait à nos fondations d'outre-mer des noms significatifs. Le Canada s'appelait *Nouvelle France,* — la région des grands lacs *France septentrionale,* — les territoires de Louisiane *France méridionale,* — la Guyane et les Antilles *France équinoxiale,* — les colonies de la mer des Indes *France orientale.* Ces Frances exotiques, hélas, sauf peu de chose, sont devenues, par la suite, la proie de l'Angleterre.

Bien que toutes n'aient pas également réussi et qu'elles aient eu peine, en général, à conquérir l'opinion, les compagnies à charte de l'ancien régime ont fait néanmoins œuvre utile. Elles formèrent, dans l'Inde, un embryon d'empire français, dont nous pûmes, au moment de nos revers coloniaux, sauvegarder quelques débris. Elles parvinrent aussi, non sans difficulté, il est vrai, à susciter vers les vallées du Saint-Laurent et du Mississipi un certain mouvement d'émigration ; si, à cette heure, on parle notre langue au Canada, c'est sans doute à l'action des compagnies de peuplement du dix-septième siècle que nous en sommes surtout redevables. Ce sont, en effet, de simples associations d'abord librement organisées, puis fusionnées sous la dénomination de *Compagnie des cent associés*, qui ont colonisé le Canada et qui l'auraient probablement conservé à la France, si le gouvernement centralisateur de Louis XIV ne s'était point avisé trop tôt, en 1663, d'en faire une colonie d'État et d'en écarter ceux qui émigraient le plus volontiers, les protestants. Dès ce moment, le courant d'émigration s'est ralenti ; le Canada est devenu un champ de bataille où les soldats ont remplacé les colons, et sur lequel les Anglais, alors en possession des établissements qui ont constitué le noyau de l'Union américaine, avaient l'avantage de la situation.

Dans ce domaine, nous avons eu à lutter, à toutes les époques, avec la concurrence de nos voisins d'outre-Manche. Chez eux, où l'on a coutume de donner le plus de champ possible aux initiatives indépendantes, les compagnies coloniales ont été, dans le passé, et demeurent, dans le présent, d'une pratique constante. L'État y trouve tout avantage, parce qu'il est exonéré par elles de nombreux embarras administratifs, politiques et diplomatiques. Derrière ce rideau commode et peu coûteux, il attend patiemment et escompte d'avance, dans l'intérêt de la nation, les résultats de l'effort privé. Il se résigne parfois à attendre une longue suite d'années. La première compagnie anglaise des Indes orientales, pour ne citer que cet exemple, fut créée en l'an 1600 ; mais l'assujettissement du pays à ce régime subsista jusqu'en 1858, époque de l'insurrection des cipayes. A cette date seulement, les domaines de la compagnie furent annexés à la couronne britannique, sur la motion de lord Palmerston.

Aujourd'hui on rencontre encore, sur plusieurs points de l'Afrique et dans la partie de l'île de Bornéo appartenant à l'Angleterre, la grande compagnie anglaise avec les mêmes caractères de demi-souveraineté et de pleine liberté d'allures. Nos explorateurs et nos chefs d'expéditions connaissent bien, par les difficultés multiples qu'elle leur a suscitées, la *Royal Niger C°*, qui opère, à grand renfort de capitaux et d'audace, dans l'Afrique occidentale. Il en est une autre, la *British East Africa C°*, qui est en train d'asseoir laborieusement l'influence de la mère patrie dans la région de l'Ouganda et des grands lacs. Mais la plus connue est celle de l'Afrique du Sud, la *British South Africa C°*, celle qu'on nomme simplement, en langage de bourse, la

Chartered, c'est-à-dire la compagnie à charte, la privilégiée. Créée seulement il y a sept ans, (31 octobre 1889), elle est célèbre, entre toutes, à cause de la prodigieuse marche en avant que lui a imprimée son chef, sir Cecil Rhodes, et de la fièvre de l'or qui sévit sur son territoire. Grâce au renom dont elle jouit et au prestige de ses succès rapides, on voit, à cette heure, les capitaux et les colons affluer en masse, de tous les points du monde, vers l'Afrique australe, comme ils affluaient, aux environs de 1850, vers la Californie.

Le jour où, obéissant à l'impulsion générale, les Français s'avisèrent d'explorer, en vue d'un partage éventuel, ce qui restait d'inapproprié en Afrique, ils auraient dû songer, eux les premiers, dociles aux enseignements de leur propre histoire, à restaurer les compagnies de colonisation. Avant d'en concevoir seulement l'idée, ils attendirent toutefois que les autres nations copartageantes, l'Angleterre, l'Allemagne, le Portugal, la Belgique même, c'est-à-dire les aînés et les cadets de la grande famille coloniale, eussent remis ce procédé en vigueur. La question a été alors soulevée chez nous, débattue dans les journaux et portée devant les Chambres ; elle a traîné et traîne encore, comme ces conversations d'académie, abstraites et platoniques, qu'on aime à voir se prolonger. Mais, en fait, aucun projet de loi permettant la formation de grandes compagnies n'a encore pu aboutir ; celui qu'avait élaboré le Sénat est resté en détresse depuis longtemps.

Le problème a été faussé par les préjugés, l'esprit de routine et les passions. Du gouvernement, on n'a pas obtenu le moindre concours ; sur cette matière, comme sur tant d'autres, ses opinions sont variables et flottantes. Tous les sous-secrétaires d'État et ministres, qui se sont succédé, depuis dix ans, à l'administration des colonies, ont eu, dans la question, les opinions les plus contradictoires ; rien n'est possible avec de telles fluctuations dans les milieux dirigeants. De plus, les compagnies à charte ont rencontré, au parlement, parmi les hommes de loi, des ennemis imprévus, mais d'humeur difficile. Comme de juste, ces compagnies demanderaient à pouvoir exercer leur monopole dans les meilleures conditions possibles et à se suffire à elles-mêmes. Mais, pour cela, une certaine autonomie leur est indispensable ; il faut qu'elles puissent régir le pays concédé et se rémunérer sur lui des charges qui leur sont imposées ; il faut aussi qu'elles puissent se défendre contre des agressions. En d'autres termes, si l'on est résolu à les munir des organes sans lesquels elles ne sauraient vivre, force est de donner à ces intermédiaires, pendant une période plus ou moins longue, certaines attributions souveraines, le droit d'avoir une force armée, de percevoir des impôts, d'établir des tribunaux, de battre monnaie, même de signer des traités.

C'est ici que les jurisconsultes élèvent des voix scandalisées : de pareils privilèges, de pareils droits de police, de judicature et de taxation constituent une atteinte à la souveraineté de l'État, une usurpation de ses *droits régaliens!* On a beau dire à nos légistes timorés qu'il ne s'agit pas d'appliquer ce régime à la Sologne ou à la Beauce, mais à des espaces immenses où il n'y a rien et où il faut mettre quelque chose, qu'au surplus notre vieux droit, duquel on se réclame, n'a pas été fait précisément en vue de l'Afrique. On a beau leur montrer que les Anglais, que nous appelons toujours nos rivaux, mais que nous devrions plus justement, quand il s'agit d'entreprises coloniales, appeler nos maîtres, ont pratiqué cette méthode à toutes les époques et en tous lieux, que même ils se montrent d'ordinaire larges et confiants à l'égard des compagnies privilégiées, sentant bien que cette matière, dans le suprême intérêt du pays, comporte beaucoup de discrétion et d'indulgence. On a beau leur rappeler enfin que, depuis le début du dix-septième siècle jusqu'à la veille de la Révolution, nos rois, qui certes avaient quelque titre pour être jaloux des droits régaliens, ont tous néanmoins institué, encouragé et subventionné de grandes compagnies à charte. Il n'empêche que ces créations opportunes, sans lesquelles on ne peut concevoir aucune colonisation de pays neufs, ont été, jusqu'à ce jour, entravées persévéramment par des scrupules de professeurs et des arguties de procureurs. Les membres de nos assemblées délibérantes semblent ne pouvoir raisonner des choses d'Afrique ou d'Asie à un autre point de vue juridique ou administratif que s'il s'agissait d'une parcelle de la France continentale. Ils ont peine à se départir un seul instant de leurs habitudes intellectuelles ; pour eux, le Congo, le Soudan, c'est quelque chose, sans doute, comme la banlieue de Paris ou comme leur propre arrondissement. Leur concept ordinaire, étroit et intéressé, ne leur permet guère de se transporter, par l'imagination, dans l'*Hinterland* africain, en pleine barbarie, là où les terres incultes et la brousse s'étendent à perte de vue, durant des milliers de kilomètres, à peine interrompus, de loin en loin, par quelques villages épars formés de cases en terre sèche. En face de cette nature primitive et intacte, y aurait-il vraiment grand péril à donner, pour un temps préfix, à un groupe d'hommes conquérants et civilisateurs, des prérogatives illimitées ?

Au reste, l'hostilité des cercles politiques à l'endroit des compagnies coloniales n'est pas dictée seulement par un culte immodéré pour les droits régaliens de l'État ; elle est inspirée, en outre, par une certaine jalousie démocratique qu'épouvante la perspective de gros capitalistes s'enrichissant au centre de l'Afrique. Espère-t-on cependant créer et vivifier des colonies sans grouper au préalable d'abondants capitaux ? Aime-t-on mieux y engloutir ceux de l'État, tandis que la fortune des particuliers, sollicitée par une propagande active, continuera d'aller aux émissions des compagnies anglo-africaines ? Il ne serait d'ailleurs pas impossible de concevoir un type populaire de compagnie coloniale, approprié à nos mœurs ou à nos défiances, le plus apte sans doute à réussir chez nous : une société formée par l'apport de la petite épargne, intéressant à l'œuvre coloniale un nombre infini d'actionnaires, comme les compagnies de chemins de fer.

Mais, à quelque forme que l'on ait recours, on n'empêchera jamais une société d'aviser, en augmentant la fortune publique, à faire aussi la sienne. Noble, sans doute, est l'ambition d'accroître le rayonnement de la patrie française dans le monde et de porter chez les races inférieures le flambeau de la civilisation ; il est toutefois permis de douter que cette ambition puisse, à elle seule, provoquer les énergies latentes et attirer les capitaux réfractaires, s'il ne s'y ajoute l'espoir de bonnes et fructueuses opérations. Nous prétendons faire de nos possessions d'outre-mer une grande propriété de rapport ; le meilleur moyen, pour y réussir, n'est pas de décourager d'avance ceux qui, de leur participation à cette tâche, attendraient de légitimes profits. Abandonnons cette tendance singulière de dénoncer comme un spéculateur sans probité tout homme qui risque au loin son avoir et sa santé, consacre son intelligence, consume son activité à créer de la richesse, en combinant des forces éparses jusqu'alors inutiles ; et pénétrons-nous bien de cette idée que rien ne se peut faire, sur ce champ d'action, sans la puissante association du capital, du travail, de la science, de la sagacité administrative et commerciale, le tout, bien entendu, sous le contrôle de l'État, mais en dehors des tracasseries mesquines, de la paperasserie des bureaux et des subtilités juridiques. L'histoire de nos précédents essais coloniaux montre, à cet égard, le danger des intrusions maladroites. Dupleix, en train de nous découper en Asie un magnifique empire, fut arrêté, au beau milieu de son essor, par les chinoiseries du gouvernement de Versailles ; Mahé de la Bourdonnais n'eut pas, hélas, un meilleur sort. Les Anglais, plus circonspects, n'ont cherché querelle à Warren Hastings qu'après qu'il eut achevé son œuvre, et encore n'ont-ils pas donné suite à cette querelle. De là vient que la grande péninsule hindoue s'appelle aujourd'hui l'Inde anglaise au lieu de s'appeler l'Inde française.

En dépit des objections et des critiques, les compagnies coloniales finiront bien sans doute par s'imposer, puisqu'il est de plus en plus démontré qu'on ne peut s'en passer, que, sans elles, l'émigration vers nos récentes conquêtes en Afrique ne sera jamais entraînée ni même amorcée. Mais il est à craindre que, par des statuts trop rigoureux, on ne leur retire, en les constituant, tout moyen de prospérer et même de vivre. En vain leur demanderez-vous de se débrouiller avec ardeur au milieu d'un chaos sauvage, si vous les enveloppez de restrictions et de formalités propres à leur rendre tout mouvement impossible; en vain les inviterez-vous à faire œuvre solide et durable, si, par la menace des déchéances inopinées, vous condamnez leur existence à l'instabilité.[1] Ouvrez large carrière aux compagnies; donnez aux bonnes volontés qui se grouperont autour d'elles confiance et liberté. Vous verrez quels avantages elles offriront alors!

Avantages pour l'État et pour la nation tout à la fois: pour l'État, intéressé à voir s'épanouir au loin l'influence du pays, sans être lui-même, financièrement ou politiquement, engagé ni découvert; pour la nation, chez laquelle les énergies individuelles, de plus en plus émoussées par le parasitisme des fonctions publiques, pourraient être animées, d'une façon bienfaisante, par la séduction des grandes entreprises; sans compter que, du sein des compagnies coloniales, surgiraient, à l'occasion, en plus grand nombre qu'on ne soupçonne, de ces individualités éminentes, nées pour l'action et le commandement, comme ces deux victimes citées plus haut, Dupleix et La Bourdonnais, qui déployèrent à l'aise toutes leurs ressources d'audace et d'habileté, en qualité d'a-

1. Voir l'appendice XXVII.

gents de sociétés libres, mais qui n'auraient jamais pu les révéler dans les cadres étroits de nos administrations hiérarchisées. C'est chose avérée que nos aptitudes en fait de colonisation sont jusqu'ici restées inertes, par suite de notre attachement tenace à des méthodes inopérantes; il semble bien qu'on ne puisse faire mieux, pour changer, que d'adopter les procédés qui réussissent à tous les peuples colonisateurs.

Mais est-ce de quoi s'occupe notre parlement? En France, il y a toujours des soucis plus pressants : réparer une crise ministérielle, voter un budget en retard, provoquer des interpellations, soulever des scandales, traquer le cléricalisme, préparer des expositions universelles. En attendant , sur le champ des activités coloniales, nos voisins font, avant nous, ce que nous négligeons de faire. Ils ont conquis des territoires pour les exploiter, et ils les exploitent résolument ; les nôtres, laissés en friche, ne nous occasionnent qu'embarras et dépenses.

Le moment est venu cependant de prendre un parti. Quoi qu'on puisse dire et penser, l'option se pose en ces termes : si les compagnies sont jugées impossibles chez nous, soit que l'esprit d'aventure et d'entreprise fasse désormais défaut à notre race, soit que l'on persiste à voir un obstacle dans notre droit public ou dans nos préjugés démocratiques, nous devons subir honnêtement cette extrémité pénible, refréner nos ambitions coloniales, qui, depuis quinze ans, sont illimitées, et alors qu'il en est encore temps, nous démettre en tant que grand propriétaire africain. Si, au contraire, elles sont possibles, il ne faut pas seulement les souhaiter, il faut les organiser sans retard. La raison publique est en droit de réclamer la mise en valeur, sous la forme la plus efficace, du domaine d'outre-mer péniblement conquis par nos soldats. Pour fiers que nous soyons de posséder tant de kilomètres carrés, pour vive que soit notre joie, quand nous apprenons un nouveau succès de nos troupes, le sens pratique de notre pays veut autre chose. Il ne comprendrait pas que des sacrifices, plus lourds chaque année, se prolongeassent indéfiniment, en Afrique ou ailleurs, sans profit compensateur. Il n'admettrait pas cette perspective : Madagascar devenant un nouveau Tonkin, impossible à pacifier, qui n'offre à voir, après deux expéditions meurtrières, que colons égorgés, convois attaqués et villages incendiés. Il admettrait encore moins cette gageure : les territoires du Soudan, toujours agrandis par une politique guerroyante, toujours arrosés de sang et d'or, et envisagés simplement comme champ d'exercices pour les manœuvres de nos colonnes, qu'on occupe sans relâche à pourchasser les bandes de Samory ou d'Ahmadou. La nation, découragée dans sa ferveur coloniale, demandera bientôt où sont, en échange de tant d'efforts et de débours, les avantages perceptibles et tangibles; elle prétendra qu'on lui montre enfin un corps vivant sous cette fantasmagorie miroitante.

CONCLUSION

On a vu, dans le cours de cette étude, à quels chiffres précaires se réduit notre émigration. Hormis l'Algérie et la Tunisie, où, chaque année, la population européenne reçoit un afflux assez notable, nos colonies n'attirent, en réalité, qu'un nombre dérisoire de Français. Nous promenons par le monde de vaillants soldats, ce qui est glorieux ; beaucoup de fonctionnaires, ce qui est ruineux ; trop peu de commerçants, et presque point de colons au sens propre du mot. Nous avons le goût de coloniser, c'est certain ; mais nous n'avons pas encore montré, de façon péremptoire, que nous en eussions pareillement l'art et les moyens. Il faudra bien cependant nous adapter aux conditions nouvelle du globe, sous peine de déchoir, à bref délai, de notre rang politique et commercial. Dans l'état présent des concurrences internationales, l'expansion coloniale, pour nous comme pour les autres, est plus qu'un expédient utile ou un caprice passager, c'est une nécessité fatale ; elle apparaît, peut-on dire, comme le dynamomètre où va se mesurer de plus en plus la vitalité respective des nations.

Les principaux États de l'Europe possèdent des colonies ou cherchent à en acquérir ; ils s'agrandissent en Afrique, en Asie, en Océanie, se disputant tout ce qui reste d'inapproprié sur la surface de la terre. En même temps, leur population s'accroît sans mesure ; la Grande-Bretagne, l'Allemagne, l'Italie sont abondamment prolifiques. La Russie déverse ses colons sur l'Asie centrale, à mesure qu'elle y étend ses conquêtes ; la race anglo-saxonne établie sur tout le continent nord-américain, en Australie et dans l'Afrique du Sud, s'y développe avec une merveilleuse vigueur, à faire croire, en vérité, qu'elle possède assez de sève pour rajeunir le monde. L'Espagne elle-même et le Portugal, momentanément effacés en Europe, ont eu chacun le rare bonheur d'implanter leur race et leur langue dans les immenses espaces de l'Amérique méridionale destinée à nourrir un jour des populations par centaines de millions d'âmes.

Devant ces inquiétants progrès des peuples qui nous entourent, devant la marche envahissante du colosse anglo-saxon, du colosse russe, du colosse espagnol, la réussite des entreprises coloniales de notre pays est pour lui, comme on l'a dit justement, une question de vie ou de mort. Que serait, en effet, la France, dans le cours du siècle prochain, que serait-elle, à plus forte raison, dans le cours des siècles à venir, si elle n'avait pas réussi, elle aussi, à élargir son champ d'action et de domination, si par l'importance et la prospérité de ses possessions d'outre-mer, elle n'était pas devenue, comme les autres et à côté d'eux, une grande puissance africaine et asiatique? Pourquoi compterait-elle alors ? Et de la place prééminente qu'elle a tenue dans le passé, de l'influence souvent décisive qu'elle a exercée sur la direction des affaires humaines, que lui resterait il ? Serions-nous condamnés, sans rémission, à baisser la tête devant de noires prédictions qui montrent notre patrie réduite, dans l'avenir, au rôle insignifiant que joue à présent la Grèce autrefois si glorieuse. Le moyen d'échapper à cette irrémédiable déchéance, le moyen de préserver ici-bas, en quelque sorte, notre fonction historique, c'est de coloniser. Nous avons besoin de colonies vivantes. Il nous en faut pour la surabondance de nos produits et de nos capitaux ; il nous en faut surtout pour tirer notre population de la somnolence où elle serait tentée de languir et pour stimuler la natalité dans notre pays. Un peuple qui colonise est un peuple qui se perpétue.

Jusqu'ici l'un de nos principaux défauts, dans les œuvres de ce genre, est de les avoir regardées toujours comme un but secondaire, comme un emploi accessoire et subalterne de notre activité, un objet de fantaisie et de distraction dont on s'éprend un instant, quand on a rien à quoi songer, puis qu'on délaisse, quand on a des affaires plus graves. La colonisation ne s'accommode guère de ce dilettantisme. Pour réussir, elle doit tout primer ; elle prime tout chez les peuples qui en tirent le meilleur de leur substance, en Angleterre et en Hollande. Si nous prétendons être aussi, ou plutôt redevenir un peuple colonisateur, nous devrons, pendant un demi-siècle au moins, faire passer au premier rang de nos soucis nationaux, l'organisation et l'enrichissement de nos diverses possessions. Jadis, c'est la politique continentale qui a ruiné notre politique coloniale ; nous n'avons pu faire face simultanément aux coalitions armées du vieux monde et à la conquête pacifique du nouveau. De là vient que, dans leur ensemble, nos colonies, depuis le dix-septième siècle, n'ont jamais été bien florissantes. Aujourd'hui les arrangements européens de fraîche date (1859, 1866, 1870,) en nous enveloppant de grandes nationalités, ont imposé, pour le temps présent et peut-être pour un avenir assez prolongé, des loisirs à notre politique continentale. D'ailleurs tous nos voisins sont engagés dans les mêmes soucis coloniaux, et cette activité universelle au dehors est même ce qui réussit le mieux à maintenir la paix entre eux et nous ; de part et d'autre maintenant, on trouve plus sage et plus noble d'aller ensemble civiliser l'Afrique et l'Asie que de se battre inutilement, comme par le passé, pour quelques bicoques situées sur les frontières. Aussi les questions qui occupent ou divisent les chancelleries d'Europe ont-elles de moins en moins un caractère exclusivement européen ; la Russie est tout absorbée par l'Asie centrale, l'Angleterre par les affaires du Transvaal et l'expédition du Soudan, l'Italie par son échec en Abyssinie, l'Espagne par la révolte de Cuba et des Philippines. Tranquillisés ainsi du côté du continent, nous pouvons donc nous livrer à l'aise, avec tout le sérieux qu'elle mérite, à la politique coloniale.

Cette tâche épineuse, mais féconde, qui nous est dévolue, comporte la réunion de beaucoup de qualités, esprit d'initiative, esprit de combinaison, esprit d'association entre autres ; elle requiert surtout l'intervention d'une vertu trop peu commune en France et sans laquelle peuvent bien se faire de grandes choses, mais non se fonder des œuvres durables, à savoir la persévérance. Nos gouvernants en sont encore moins pourvus que la nation elle-même; on souhaiterait vraiment qu'ils montrassent, en cette matière, plus d'esprit de suite, plus de logique, plus de continuité dans les vues. La politique coloniale est une entreprise de longue haleine. Lorsqu'un pays nouveau est annexé, les résultats de la conquête n'apparaissent d'ordinaire qu'à une échéance assez lointaine; il faut savoir les attendre avec patience tout en les préparant avec énergie ; mais le moyen d'en hâter l'éclosion n'est pas de changer à tout instant, suivant nos déplorables habitudes, soit le régime d'administration, soit le personnel chargé de l'appliquer. On peut, à la rigueur, se passer de plan pour acquérir, non pour mettre en valeur ni même pour conserver. De nos jours, comme de tous temps, les grandes œuvres sont accomplies par des hommes résolus qui, forts de l'appui de leur gouvernement et sûrs du lendemain, peuvent affecter à leurs desseins une longue suite d'années. Dans ces conditions, lord Cromer a donné l'Égypte à l'Angleterre ; sir Cecil Rhodes lui a conquis tout le sud de l'Afrique. Pour le compte de l'Autriche, un homme d'État hongrois, M. de Kallay, a régénéré la Bosnie et l'Herzégovine, d'où la civilisation, après quatre siècles de despotisme turc, semblait s'être écartée à jamais.

Sachons d'abord ce que nous voulons faire de nos colonies, cherchons le système de gouvernement le mieux adapté à leurs populations, à leur sol, à leur climat, fixons les procédés à employer pour les rendre au plus tôt productives et pour diriger nos émigrants vers elles, — et, la bonne méthode une fois choisie, tenons-nous-y avec une fermeté invariable. Au contraire, en agissant au jour le jour, à l'aventure, sous l'influence des événements ou des besoins inopinés, sans vue d'ensemble et sans orientation précise, en observant, à de courts intervalles, des principes incohérents ou même contradictoires, en sacrifiant tout au fonctionnarisme ou au militarisme, on n'aboutit à rien de pratique ni d'avantageux ; on crée, à grands frais, des organisations hybrides et tourmentées, comme celle de l'Algérie, par exemple, qui ne satisfont ni les indigènes ni les colons, et où le Juif seul trouve son compte à pressurer les uns et les autres. La Cochinchine fut, sous l'Empire, la seule de nos possessions soumise à une gestion rationnelle et méthodique bien suivie ; aussitôt elle a prospéré et a pu se suffire à elle-même, sans rien demander au budget national[1]. Comparez, dans son voisinage, l'état précaire de l'Annam-Tonkin, où l'inconsistance de nos idées et l'indécision de nos agents obligent nos finances à des interventions sans fin, qui n'amènent en fait aucun progrès.

L'expérience ne nous aurait-elle rien appris, et allons-nous, en face d'une mission analogue, renouveler les mêmes fautes que jadis pour aboutir aux mêmes échecs ? Quand on l'étudie avec attention, ce qui frappe dans l'histoire de nos colonies anciennes, c'est que la cause de leur perte provient non point tant de la manière dont elles ont été directement administrées que de la politique maladroite suivie dans la métropole et et dont le contre-coup les a ruinées. L'œuvre coloniale, chez nous, a été constamment l'effet d'entreprises isolées, de tentatives individuelles un instant favorisées par l'opinion, mais rarement secondées par les pouvoirs publics, qui les ont toutes fait avorter à force d'imprévoyance,

1. La Tunisie a été, depuis, un autre exemple de colonie dont la bonne administration, dès le début, a fait le succès rapide.

d'aveuglement ou de versatilité ; si nous sommes le peuple qui a produit Jacques Cartier et Dupleix, nous sommes aussi, hélas, celui qui a subi Louis XV et la Pompadour.

Depuis quinze ans et plus, les idées d'expansion ont repris faveur en France. Mais pour satisfaire, à cet égard, les aspirations du pays, avons-nous des mœurs publiques susceptibles de se prêter à un effort prolongé, et notre gouvernement est-il en état de diriger cet effort ? On dirait, au contraire, que le gouvernement, par son impéritie, s'applique à confirmer l'opinion si répandue que la France est incapable de toute colonisation sérieuse. Il a fait jusqu'ici de la politique coloniale en dehors de toutes les conditions requises pour mener à bien une entreprise de cette nature. Soit au cours des expéditions, soit après elles, il n'a jamais su proportionner les moyens à la fin poursuivie ; il n'est parvenu ni à constituer un personnel instruit et compétent d'agents coloniaux, ni à donner à leurs fonctions la stabilité nécessaire, ni à dériver vers nos possessions les courants d'émigration formés ailleurs, ni à y stimuler le commerce par des mesures douanières intelligentes, ni enfin à y favoriser, d'une manière efficace et résolue, les entreprises françaises[1]. A créer des colonies, il dépense des sommes folles, puis les abandonne à elles-mêmes, après les avoir conquises, et semble n'avoir qu'une crainte, c'est que les Français y affluent et y prospèrent.

Si c'est là notre politique coloniale, le mot pour une telle chose est assez ambitieux. Qui dit politique laisse entendre un certain enchaînement d'idées, un ensemble de dispositions précises et de moyens concordants. Notre régime parlementaire n'est pas fait pour susciter les uns et les autres; par le roulement rapide qu'il imprime aux ministres, il interdit ou déconcerte les études patientes, les longues méditations, les efforts tenaces. Il condamne la nation à l'impuissance, au dehors comme au dedans. Jusqu'ici, en réalité, nous avons eu une anarchie ou un

1. Je puis ajouter, — ceci n'est point étranger à mon sujet, — que le gouvernement a été également impuissant, soit à organiser l'armée coloniale, cet instrument reconnu indispensable, que tout le monde réclame et que tous les ministères promettent depuis quinze ans, soit à doter nos ports et arsenaux de l'outillage nécessité par les transports de guerre. Lors des campagnes du Dahomey et de Madagascar, on fut par suite obligé de bouleverser les corps de l'armée continentale pour lever un corps expéditionnaire et de noliser des bateaux anglais pour convoyer nos canonnières.

désarroi colonial bien plutôt qu'une politique coloniale ; nous sommes saisis ici, là, en maints endroits à la fois, de velléités flottantes, qui, nulle part, hormis quand il s'agit d'engager nos soldats et nos finances, ne se transforment en une action bien ferme.

* * *

Que nos colonies ainsi traitées soient, en général, dans le marasme, peut-il en advenir autrement ? Elles demeureront en cet état, tant qu'on s'obstinera à les régenter sans concept pratique, sans desseins arrêtés, sans esprit de suite. Par lui-même cependant, par ce qu'il est apte à donner, notre empire d'outre-mer autoriserait de belles espérances. Il ne faut point sans doute le comparer, pour l'abondance des richesses naturelles et pour l'ampleur des débouchés commerciaux, à l'empire colonial de l'Angleterre. Bien que nous ayons, en Afrique et en Asie, quelques bons morceaux, aucune de nos possessions ne saurait être mise en regard de l'Inde avec ses 250 millions d'habitants, de l'Australie dont la superficie égale les deux tiers de l'Europe, ou du Canada plus vaste encore. L'Empire britannique ne prime pas seulement le nôtre en étendue, en richesse et en population ; il embrasse aussi les régions les plus favorisées, les mieux choisies. En outre, fondé depuis plus longtemps, il est parvenu, peut-on dire, à l'âge adulte et se trouve aujourd'hui en plein rapport, tandis que le domaine colonial de la France, au moins pour la majeure partie, est encore dans la période ingrate de la première croissance. L'Inde est devenue possession anglaise en 1756, le Canada en 1763, l'Australie en 1788. Nous n'occupons, au contraire, l'Algérie que depuis soixante-cinq ans, la Tunisie et le Tonkin depuis moins de quinze ans, et, quant à Madagascar, que nous avons convoité, à tort ou à raison, pendant trois siècles, son acquisition effective, plus disputée que jamais par les indigènes, ne date que d'hier.

Mais ce domaine colonial français, s'il était bien administré, et s'il recevait un suffisant apport d'immigrants et de capitaux, d'immigrants qui ne fussent pas seulement des fonctionnaires et de capitaux qui ne fussent pas seulement des allocations budgétaires, quel accroissement de fortune et de puissance ne procurerait-il pas à la mère patrie ! On sait la fertilité luxuriante de certaines parties de l'Algérie et de la Tunisie, terres où peut se perpétuer une population de notre race, sans incommodité résultant du climat; on sait aussi les richesses avérées, sinon exploitées, de l'Indo-Chine et de quelques-unes de nos dépendances africaines. Ce domaine, Dieu merci, est assez vaste. Il peut suffire à nos ambitions; il dépasse même, je pense, la mesure actuelle de nos forces et de nos ressources. Si rien ne vient contrarier les destinées nouvelles que la fortune assigne à notre pays, nous avons là du travail, on peut dire, pour plusieurs siècles. Car il ne faut pas se laisser éblouir par les protocoles signés, par les conventions accumulées, par les sphères d'influence tracées sur les cartes; tout est à faire, en Afrique notamment, pour mettre en valeur cet héritage soudain. En invoquant des droits, nous avons aussi assumé des charges, de lourdes charges.

Dès à présent, la besogne la plus urgente, dans cette carrière nouvelle où nous voici engagés, devrait être de changer nos méthodes; elles ne nous ont engagés jusqu'ici que dans un engrenage de dépenses à peu près stériles. Le grand souci des États qui s'adonnent à l'œuvre coloniale est ordinairement de créer des colonies de commerce ouvrant de larges débouchés, attirant, dans le dessein de les utiliser sur place, d'importants capitaux, et développant, par contre-coup, le travail et la prospérité de la métropole. Telle n'est pas du tout, chacun le sait, notre façon d'envisager les colonies. Nous ne concevons, en général, que l'un ou l'autre de ces deux types : *colonies administratives* destinées à procurer des places ou même des sinécures aux nullités sans emploi, aux créatures politiques, aux fonctionnaires mal cotés, et *colonies militaires,* toujours agitées par des expéditions sans but et sans profit. Mais, pour exploiter, comme il conviendrait, les territoires que régente notre administration et que protègent nos armes, aucun effort de l'activité individuelle n'est encouragé sérieusement. Il arrive même que, dans notre démocratie bassement jalouse de tout ce qui s'élève, s'ennoblit ou s'enrichit, l'esprit public incrimine ceux qui paraissent gagner quelque argent aux colonies et fait échec à leurs entreprises.

Aussi personne ne doit-il s'étonner que nos possessions nous coûtent si cher. Dans les conditions où elles sont gérées, elles n'ont, pour la plupart, aucun bien-être économique susceptible de leur assurer une vie propre et des finances autonomes. Quand elles ne sont pas irréparablement déchues, comme les Antilles et la Réunion, ou livrées à des crises aiguës, comme l'Algérie, le Tonkin et la Nouvelle-Calédonie, le témoignage le plus flatteur qu'on puisse leur rendre est de dire qu'elles vivotent. La charge que ces organismes débiles inflige à la métropole augmente alors, par une progression fatale, d'année en année; dès qu'une affaire est mauvaise, plus on l'étend, plus elle devient mauvaise. Notre budget colonial, non compris l'Algérie, la Tunisie et la Cochinchine, était, en 1876, de 30 millions, et, en 1890, de 50 millions; il atteint aujourd'hui 78 millions. Cet accroissement serait excusable si, au moins, notre émigration aux colonies et nos transactions commerciales avec elles s'étaient multipliées en proportion. Par malheur, il n'en est rien. Nous n'émigrons pas beaucoup plus qu'avant l'invention du plan colonial, et les échanges de la France avec ses possessions demeurent à peu près stationnaires; les nouveaux marchés que nous ouvrons en Afrique ou ailleurs, au prix des sacrifices les plus dispendieux et parfois les plus héroïques, sont exploités, à l'ombre de notre drapeau, par des Anglais, des Allemands, des Américains, voire même des Chinois, mais rarement par des Français.

A cet égard, il existe un contraste affligeant entre nous et certains de nos voisins. La France, qui tire un si faible avantage commercial de ses possessions, en supporte libéralement presque toutes les dépenses, tandis que les autres nations laissent d'ordinaire à la charge de chaque colonie ses frais d'administration et même l'entretien de sa force armée. L'Angleterre, en particulier, ne débourse pas plus de 40 millions de francs pour son immense empire qui s'étend sur plus de 350 millions d'habitants, alors que nous gaspillons le double de cette somme pour nos 35 ou 40 millions de sujets exotiques. Aussi le gonflement indéfini du budget colonial commence-t-il à soulever des critiques même chez les partisans résolus de notre agrandissement extérieur; on adhère de plus en plus à ce principe que les colonies, pour donner des résultats pratiques, doivent être administrées commercialement, c'est-à-dire en supprimant tous les débours qui n'impliquent pas une rémunération au moins probable.

Est-ce en continuant de les couvrir de soldats et de fonctionnaires qu'on atteindra ce but? L'expansion des militaires n'est pas un signe de force, quand elle s'exerce contre des nègres sans défense; l'expansion des fonctionnaires serait propre à dénoter plutôt l'affaiblissement de l'initiative et des hardiesses entreprenantes de la race. Le travail libre, non entravé par une réglementation abusive ni découragé par une fiscalité oppressive, l'action combinée des bras et des capitaux, une émigration intelligemment favorisée et dirigée, voilà les seuls et vrais agents de la colonisation. Mais ils n'opèrent utilement que dans certaines circonstances données. Vous voulez pacifier nos conquêtes coloniales : faites d'abord que notre autorité soit bienfaisante aux indigènes, au lieu de les rudoyer de parti pris ou de briser, pièce à pièce, les cadres traditionnels de la société locale, comme on a fait en Algérie et comme on continue de faire au Tonkin et à Madagascar. Vous prétendez attirer l'émigrant : faites qu'il trouve, dans les régions lointaines où vous l'appelez, les organes matériels indispensables à la poursuite de ses entreprises et, une plus grande indépendance que dans la métropole. Vous voulez amorcer les capitaux : faites que ceux qui les apporteront en puissent tirer profit, sans être arrêtés, dès leurs premiers essais, par les suspicions systématiques qui pèsent si lourdement, à notre époque, sur toutes les affaires financières. Répudiez, en outre, ce dessein antisocial de gêner l'essor de la richesse et l'accumulation du capital en les frappant d'une pénalité sous la forme d'un impôt progressif.

Faites tout cela, et l'on cessera enfin de penser que vous n'avez acquis, à grand'peine et à grands frais, tant de colonies que pour y loger vos fonctionnaires discrédités, les nantir d'avantageuses prébendes, et leur assurer, au cours de la carrière, — (tout Français mettant son bonheur à être en même temps fonctionnaire et décoré),— des croix ou des plaques plus grotesques les unes que les autres : Ordre royal du Cambodge, Dragon vert de l'Annam, Éléphant blanc de Siam, Nichan-Iftikhar de Tunisie, Nichan-el-Anouar de Tadjourah, Étoile blanche de Porto-Novo ou Étoile d'or du Congo.

Toutefois nous ne devons pas nous attendre à trouver de sitôt, dans les colonies, les bénéfices qui ont rendu jadis ces spéculations si lucratives. Nul ne conteste qu'il y ait avantage à nouer des relations avec les peuples qui produisent et qui trafiquent. Mais il n'est plus aussi facile de les exploiter qu'au temps où la mère patrie monopolisait à son profit le commerce de ses colonies. Lorsqu'une nation cherche des débouchés à son industrie, elle n'a plus à tabler d'avance sur les droits du monopole. En ouvrant un marché nouveau, elle est sûre d'y rencontrer la concurrence des puissances rivales ; il faut qu'elle l'emporte sur elles par la qualité ou le bon marché de ses produits. Sinon, elle travaille pour les autres et les sacrifices qu'elle fait ne servent qu'à eux. Il y aurait beaucoup à dire, si l'on voulait appliquer ces idées à nos récentes conquêtes, le Tonkin, la Tunisie et Madagascar.

En réalité, l'expansion coloniale, avant d'offrir à notre commerce les gains effectifs qu'il serait en droit d'escompter, se bornera longtemps à l'administration des pays occupés. La France garantit la sécurité aux indigènes, pour leur personne et pour leurs biens ; elles les préserve efficacement de la rapacité des mandarins et des caïds ; elle les protège aussi contre leurs ennemis du dehors. Enfin elle s'engage à les instruire, à les *civiliser*, c'est-à-dire à leur communiquer, sans qu'il leur en coûte un sou, et qu'ils soient préparés ou non à les recevoir, non seulement nos procédés de travail et d'industrie, mais encore ces instruments plus ou moins enviables du progrès humain, connus sous le nom de police, de tribunaux, de contributions directes et indirectes, de codes à trente-six mille articles, de règlements administratifs, de prisons, de travaux forcés et autres agréments de l'existence, — en attendant que vienne le moment de leur faire connaître, par surcroît, nos modes, notre système parlementaire, nos mœurs électorales, nos écoles athées, le socialisme d'État, la Bourse du travail, les paris à la cote, l'usage opportun des fonds secrets et des chèques, bref tout ce qui fait notre orgueil.

En échange de ces bienfaits divers, portés, au bout de nos fusils, à de misérables tribus ignorantes, dont nous aspirons à préparer la félicité, aucune parcelle des impôts perçus ne revient à la métropole. Le produit en est intégralement consommé sur place, pour assurer les services publics et créer des ressources nouvelles. Nous gardons même la charge d'entretenir nos légions de fonctionnaires et nos postes militaires. Cette tâche onéreuse peut procurer sans doute à notre nation un grand rayonnement extérieur, qui vaut bien qu'on s'y applique avec persévérance. Mais lui apportera-t-elle jamais le moindre enrichissement? Depuis le temps que nous avons le Tonkin, et le Soudan, et le Congo, et le Dahomey, aucun de ces pays, que je sache, ne nous a encore donné, tous frais déduits, une poignée de riz ni une banane. L'avenir sera peut-être meilleur ; notre race, qui jusqu'ici n'a pas étonné le monde par ses aptitudes à coloniser, a maintenant, devant elle, en Afrique et en Asie, un beau rôle à remplir. Mais si quelqu'une de nos possessions devient, par la suite, assez prospère pour, à son tour, soulager nos finances par les taxes qu'on prétendra lever sur elle, Dieu veuille qu'elle ne trouve pas, comme l'Amérique anglaise ou l'Amérique espagnole, un Washington, un Bolivar ou un Maceo pour l'inciter à la révolte ! « Les colonies, disait Turgot, vingt ans avant la guerre de l'Indépendance, sont comme les fruits qui ne tiennent à l'arbre que jusqu'à leur maturité. »

APPENDICES

On a reporté ici quelques notes trop longues pour être placées au bas des pages.

I

(Page 6, ligne 23.)

On sait comment, à la fin du dix-huitième siècle, nous laissâmes glisser aux mains d'autrui le fruit de nos explorations et de nos conquêtes en Amérique et en Asie. Le Canada, l'Inde, l'île Maurice et plusieurs des petites Antilles furent la rançon des guerres impolitiques engagées par nous sur le continent. L'opinion publique alors se souciait peu de la perte de ces territoires réputés ingrats ou inhabitables. Quel degré de prospérité ils ont atteint, depuis, sous le régime britannique, est-il besoin de le dire? Le cœur en saigne aujourd'hui à tout patriote français. La Louisiane, que nous abandonnâmes en dernier lieu, et dont nous n'avions su rien faire, malgré ses richesses naturelles de tout genre, n'a pris elle-même son essor qu'après que nous l'eûmes vendue, en 1803, aux États-Unis, pour 80 millions; cette somme devait couvrir les frais de la descente en Angleterre que Bonaparte, à ce moment, préparait au camp de Boulogne.

II

(Page 19, ligne 21.)

Pendant que nous avisions à peupler la Louisiane avec ces éléments impurs, les Anglais, fixés aussi sur le continent américain, colonisaient le nord-est depuis un siècle. Ils le faisaient avec l'élite, en honneur et en courage, de leur nation, les descendants des *pilgrim fathers*, ces puritains chassés de chez eux par les dissensions religieuses et qui avaient préféré les épreuves de l'exil à l'oppression des Stuarts. Leurs établissements, bien que créés après les nôtres, étaient autrement florissants; au moment où nous perdîmes le Canada et la rive gauche du Mississipi, en 1763, les treize colonies ou États composant l'Amérique anglaise s'élevaient déjà à trois millions d'âmes. De cette Nouvelle-Angleterre, qui absorba la Nouvelle-France, et continua, dans la suite, de prendre un essor prodigieux, est sortie, après la déclaration d'indépendance (1783), la grande république des États-Unis.

Quand on observe ces origines de l'Union américaine, on se prend à regretter que la politique ultra-catholique de nos rois au dix-septième siècle, en excluant du Canada les colons, les navires et les capitaux calvinistes, ait privé l'œuvre de la colonisation française de facteurs d'une importance extrême. Après la révocation de l'édit de Nantes, les protestants traqués ne demandaient qu'à sortir du royaume. En fait, leur émigration dépassa toutes les prévisions. Mais elle eut, comme l'on sait, des conséquences funestes; elle porta au delà des frontières, en Allemagne, en Suisse, en Hollande et dans les nouvelles colonies anglaises de l'Amérique, des industries dont nous avions jusque-là le monopole, et aussi des ressentiments tenaces, qui, depuis, nous causèrent plus d'un préjudice.

Si l'on avait ouvert nos possessions d'outre-mer à ces proscrits, ils auraient certainement réussi, à l'instar des *pilgrim fathers*, par la correction de leur vie, leur activité et leur science non moins que par leur grand nombre, à donner à notre colonisation si laborieuse au Canada une physionomie toute différente. Et qui sait si les destinées de ce pays n'en eussent pas été modifiées à notre avantage ?

III

(Page 23, ligne 4.)

La Société biblique de Londres a déjà fait traduire la Bible en 304 langues ou dialectes. De 1804 à 1892, elle a répandu, à travers le monde, plus de 131 millions d'exemplaires ou de fragments du livre saint et dépensé, pour cet objet, plus de 300 millions de francs. Ella a su créer un vaste réseau international qui embrasse dans son action tous les pays connus.

Est-il besoin de dire que cette société, tout en contribuant à la diffusion des saintes Écritures est, en même temps, un puissant véhicule pour le commerce ? Le missionnaire anglais est le courtier le plus actif de la prépondérance britannique dans l'univers. J'ignore s'il rend beaucoup de services à la religion protestante ; mais, à coup sûr, il en rend de signalés aux industriels de son pays. De tous les primitifs chez lesquels il porte la Bible, il fait des clients de l'Angleterre, consommateurs de produits anglais. Il baptise, puis il habille ; il habille en cotonnades de Manchester, en draps de Leeds ou de Bradford. A côté des lieux de prière, on est sûr de voir s'ouvrir un *store* pour débiter la bière Allsopp, les biscuits Palmers et la moutarde Colman.

Voici un autre exemple non moins frappant du rayonnement

de l'influence britannique : un rapport présenté, il y a quelques années, au *Reichsrath* autrichien évaluait le nombre des journaux, publiés dans les diverses langues, à 34,274, pour le monde entier. Sur ce nombre, 16,500, près de la moitié, sont rédigés en anglais ; 3,850 le sont en français.

IV

(Page 35, ligne 5.)

Il faudrait aussi tenir compte du célibat forcé des ministres du culte et de l'exubérance des instituts monastiques, qui, bien que répondant à des vocations ou à des penchants respectables, contribuent, comme les diverses causes que nous avons notées, à l'amoindrissement de la natalité. Mais ce que le pays, à cet égard, perd d'un côté, on peut dire qu'il le regagne de l'autre. Grâce précisément à leur détachement de tous liens de famille, les missions catholiques sont, dans les pays du Levant et en Extrême-Orient comme dans la plupart de nos colonies, d'utiles et valeureux pionniers de l'influence française, que le gouverment a raison d'encourager et même de subventionner. Est-il besoin de signaler, à titre d'exemples, les services éminents que rendent les Frères de la Doctrine chrétienne et les Filles de la Charité dans tout l'Orient, les Jésuites à Beyrouth, au Caire, à Madagascar, les Lazaristes à Constantinople et à Damas, les Carmes à Bagdad, les Dominicains à Mossoul, les Trappistes à Staouëli, les Pères blancs en Algérie, en Tunisie, dans l'Ouganda, etc. ? Lisez, sur l'œuvre des missionnaires, le livre que le R. P. Rouvier publiait récemment sous ce titre mélancolique, *Loin du pays*. Vous y verrez ce que la France doit à ces hommes de foi, de cœur et d'action, qui ne séparent jamais de leur apostolat religieux l'amour de la patrie.

V

(Page 37, ligne 17.)

« *Malheur aux unions dont le vœu est d'être stériles!* s'écrie quelque part Bossuet: *elles ne seront bénies ni de Dieu ni des hommes!* Malheur aux hommes qui, comme l'arbre des forêts, jettent çà et là aux ailes des vents, c'est-à-dire au souffle des passions, la mystérieuse force dont le germe divin est en eux! Malheur aux pères, malheur aux mères qui, cédant à la crainte lâche des saintes fatigues de la dignité paternelle et maternelle, se défient de la Providence et de l'avenir, trompent le vœu de la nature, troublent l'ordre de Dieu lui-même, méconnaissent l'immense responsabilité de leur puissance, et repoussent loin d'eux, vers le néant, ces nobles créatures, ces âmes charmantes, qu'ils devaient offrir au ciel comme le fruit de sa bénédiction! »

(Mgr Dupanloup, *Le mariage chrétien*, p. 55.)

VI

(Page 39, ligne 19.)

Même progression rapide chez les autres grands États; la statistique est là avec sa précision saisissante. La Russie, à laquelle Voltaire, en 1727, n'assignait que 14 millions d'habitants, en compte aujourd'hui près de 100 millions, dûs sans doute, pour partie, à des conquêtes territoriales récentes, mais aussi à une forte prolificité. La Grande-Bretagne, non compris ses magnifiques colonies, a environ 40 millions d'âmes, l'Autriche-Hongrie plus de 43 millions; la jeune Italie nous serre de près avec 31 millions. Il y a cent ans, sur les 98,000,000 d'habitants que renfermaient les grandes puissances de l'Europe, 26.000,000, soit 27 pour 100, étaient Français; aujourd'hui, sur 300,000,000 d'habitants, il n'y a plus que 38.000,000 de Français, c'est-à-dire 12 pour 100. Tandis que nous n'avons accru en nombre que dans une très faible proportion, l'Angleterre a quadruplé, augmentant relativement sept ou huit fois plus que nous; la Russie a plus que triplé, l'Allemagne et l'Italie plus que doublé. Les situations internationales se trouvent ainsi bouleversées, sans conflits armés, par le seul fait des nouveaux aspects démographiques.

Ajoutez, aux confins du globe, les États-Unis, — naguère séparés de nous par plusieurs semaines de navigation, à présent presque nos voisins, malgré l'Océan, — avec leurs intarissables ressources naturelles et leurs 70 millions d'habitants, d'une activité furieuse, d'une initiative effrénée; ajoutez le Japon, cette Angleterre de l'Extrême-Orient, avec une population supérieure à la nôtre (plus de 42 millions), et dont les coups d'essai, dans la lutte des peuples, viennent d'étonner l'univers. Que dire enfin des deux principaux accapareurs de notre planète, la Chine et l'Inde, et des mécomptes que préparent à la vieille Europe ces agglomérations formidables pouvant disposer ensemble, pour la concurrence industrielle, de 4 ou 500 millions de travailleurs, le jour où, définitivement réveillées de leur léthargie économique et initiées à tous les progrès de notre temps, elles viendront prendre place dans l'humanité civilisée?

VII

(Page 46, ligne 18.)

Les colons de race anglaise, au Canada, reçoivent tous les jours des renforts considérables de capitaux et d'émigrants de leur mère patrie. On n'évalue pas à moins de 560 millions de dollars, soit près de trois milliards de francs, les capitaux anglais importés dans le Dominion, et le contingent de l'immigration britannique, bien que tendant à décroître un peu maintenant, y a dépassé jusqu'ici 500,000 têtes. La France ne fait plus rien pour sa colonie perdue ; elle n'essaie pas de renouer la chaîne des temps. C'est à peine si elle se soucie d'utiliser, pour son commerce, les besoins de cette population grandissante, qui lui est unie par la communauté de race, de langue, de religion, de besoins et de goûts.

VIII

(Page 61, ligne 15.)

« N'est-il pas étrange, écrivait, en 1880, M. Émile de Laveleye, dans ses *Lettres sur l'Italie* (p. 293-294), que ceux qui nous vantent sans cesse les Grecs et les Romains nous imposent un plan d'éducation qui est complètement l'opposé de ce que faisaient les anciens ?... L'éducation chez eux était admirablement comprise. Ils se gardaient bien de se crever les yeux et de s'appauvrir le sang jusqu'à l'anémie pour apprendre des langues mortes. Fortifier le corps, assouplir les muscles étaient pour eux la grande affaire. Ils y consacraient plusieurs heures par jour : bains, gymnastique, courses, jeux athlétiques, et toujours le plein air ; jamais d'appartements renfermés et sans soleil, où l'on s'étiole comme maintenant. »

Avec ce régime-là, les Romains ont conquis le monde. Ceux qui leur ressemblent le plus aujourd'hui, les Anglais, sont en train, à leur tour, de le conquérir, à la faveur de procédés d'éducation qui ne sont pas très différents. Passez le détroit ; vous ne verrez nulle part, dans les principaux collèges de l'Angleterre, (qui sont toujours dans de très petites villes, à Eton, à Harrow-on-the Hill, à Dulwich, à Marlborough, à Rugby, à Winchester...), ce système de travail abusif, de claustration permanente, de cloche artificielle, qui prévaut chez nous. Vous ne verrez pas les enfants gorgés, huit heures par jour, de grec et de latin, dans ces grandes cages napoléoniennes, appelées *lycées*, où l'on entre par un trou muni d'une grille et d'un portier. L'adolescence se passe à l'air libre, sans sequestre d'aucune sorte, sous des influences saines et fortifiantes, dans la fréquentation constante des champs, des bois et des eaux. La santé, après tout, n'est-ce pas le souverain bien ? On fait l'impossible, quand on l'a perdue, pour la recouvrer. Développer des esprits positifs dans des constitutions solides, stimuler l'initiative et la responsabilité, armer l'homme, corps et âme, l'un autant que l'autre, pour la lutte indépendante, voilà l'objectif essentiel de l'éducation chez nos voisins. Ils répugneraient hardiment à nos institutions scolaires, aux tristes geôles où nous tenons la jeunesse captive, propres tout au plus à faire des administrés, des réfractaires, des pédants ou des malingres.

IX

(Page 66, ligne 13.)

C'est la valeur du citoyen qui fait celle du soldat, et garantit le plus efficacement, à l'heure du péril, la défense des intérêts menacés. Les États-Unis, par exemple, ont une milice insignifiante, environ 25,000 hommes. Lors de la guerre de Sécession (1861-1865), le gouvernement parvint cependant, sans obstacles, (si robuste était le sentiment national), à mettre sur pied, au moyen d'engagements volontaires ou d'appels immédiatement obéis, plus de 2 millions d'hommes, bien armés, bien équipés, bien approvisionnés, qui déployèrent, dans la longue campagne contre les rebelles esclavagistes, autant de valeur, de tenacité et d'esprit militaire qu'en auraient pu montrer des soldats de carrière. Après la victoire, chèrement achetée, des fédéraux du Nord, cette armée formidable était resorbée par la nation, dans l'espace de quelques semaines. Chacun des combattants de la veille avait repris sa place dans les fonctions de la vie civile, et s'occupait virilement à réparer, par les industries de la paix, les ruines de tout genre amoncelées par quatre années de lutte sans merci. Fortuné pays que l'Amérique, le seul aujourd'hui du monde civilisé qui n'épuise pas la substance de son peuple en armements continus et ruineux ! Aussi l'énergie productive des citoyens peut-elle s'y développer à l'aise; rien n'arrête la nation dans sa foi en l'avenir, dans sa marche ascendante, presque vertigineuse, vers le progrès économique et social.

X

(Page 89, ligne 6.)

D'après une récente enquête, conduite avec méthode et précision, par M. Neymarck, président de la Société de statistique, la France possédait, à la fin de 1893, 527,000 fonctionnaires en activité de services, émargeant au budget pour une somme de 637 millions; et, dans ce chiffre, ne sont pas compris les militaires ou assimilés, non plus que les surnuméraires, juges suppléants ou autres fonctionnaires en positions d'expectative. Au début de l'Empire, en 1853, 200,000 agents suffisaient amplement, au prix de 260 millions, à faire marcher la machine administrative. Dans le court espace de quarante ans, le nombre des fonctionnaires a donc plus que doublé, sans pour cela rendre plus de services; il a doublé alors que le nombre des administrés est resté à peu près stationnaire et que le territoire a diminué.

A ce que coûte la bureaucratie en service actif, il faut joindre les dépenses de la réserve. De ce chef, le total des pensions civiles, qui atteignait à peine 20 millions, il y a quarante ans, figure au budget de 1896 pour 69 millions ; il a donc, quant à lui, plus que triplé, pendant que l'effectif des fonctionnaires ne faisait que doubler.

Chose étrange ! L'évolution sociale et les découvertes scientifiques transforment à vue d'œil et simplifient toutes nos conditions d'existence. Pour répondre à des besoins nouveaux, les industries privées changent leurs bases d'opérations et perfectionnent leur outillage. Mais nul ne se soucie, bien au contraire, d'alléger nos administrations anormalement lourdes et redondantes ; malgré le progrès des agencements techniques, malgré le télégraphe et le téléphone, l'État routinier continue de régir la France à des prix sans cesse majorés, avec une armée de salariés dont les rangs épaississent en raison inverse de la diminution des distances et de la facilité des communications.

Pourquoi ? Évidemment pour donner satisfaction à des intérêts électoraux. Par le temps qui court, ces intérêts, avouables ou non, priment tout le reste. La vie politique est une surenchère. Chaque ministre arrivant aux affaires, — (des ministres, la République en a déjà usé quelques centaines !) — est pressé de rémunérer sa clientèle. Il faut des emplois en nombre indéfini, pour payer d'anciennes complaisances ou servir d'arrhes aux maquignonnages futurs ; on développe alors, au delà de toute mesure, au delà de tout besoin, le réseau du fonctionnarisme, et on abaisse de plus en plus l'âge de la retraite, afin de caser, au gré des impatiences qui se manifestent, le plus grand nombre possible de créatures. C'est l'institution de l'emploi pour l'avantage, non du service public, mais de l'employé lui-même, qui devient ainsi le principe et la fin de toute l'organisation sociale.

Cette incroyable multiplication des fonctions, qui fait ressembler la France d'aujourd'hui à une vaste champignonnière encombrée de parasites, n'est cependant qu'enfantillage à côté de ce que nous réserve l'avenir. Quand certaines lois, votées ou élaborées par nos Chambres, auront donné leur plein effet, c'est par centaines de millions que, dans cet ordre d'idées, les dépenses publiques augmenteront. On s'est contenté jusqu'ici d'assurer des retraites aux seuls fonctionnaires; que sera-ce le jour où tous les travailleurs de la nation, et probablement aussi les non travailleurs, auront droit à une pension ? A gorger de la sorte les appétits populaires à l'aide du budget, le socialisme d'État mène tout doucement, sans que le pays s'en préoccupe ou s'en émeuve, à l'épuisement graduel des ressources publiques.

J'ajouterai qu'il contrecarre en même temps toute politique coloniale. En empêchant, en effet, les lois économiques de s'exercer, d'amener des déplacements de populations, d'inspirer à ceux qui souffrent le désir de chercher hors des frontières un sort meilleur, il rend impossible l'émigration. Au lieu d'aller ouvrir, dans les pays inexploités, des sources de richesses nouvelles, tout le monde prétendra subsister aux dépens du sol national. Dès lors, c'est en vain que vous entretiendrez à grands frais des colonies; personne n'ira. On aimera mieux vivoter en France, dans un emploi modeste, en attendant d'être pensionné, au seuil de la vieillesse, par les contribuables.

XI

(Page 105, ligne 8.)

Dans des régions, au contraire, où nous n'avons pas eu à

lutter contre le climat, la colonisation militaire a pu être appliquée quelquefois avec succès. Un certain nombre de compagnies envoyées au Canada, au dix-septième siècle, y demeurèrent ; plusieurs officiers s'établirent sur les concessions de terres qu'ils avaient obtenues et se marièrent dans le pays, où leur postérité subsiste encore. Vauban prit prétexte de ce succès pour recommander, par un mémoire spécial, le développement des colonies militaires en Amérique.

On sait que pareille méthode fut préconisée, dans ce siècle, par le maréchal Bugeaud ; grand partisan du soldat-colon, il avait pris cette devise : *Ense et aratro* (par l'épée et la charrue), qui résume bien le but et les efforts, insuffisamment secondés, de sa prévoyante administration en Algérie. Les sous-officiers et soldats auxquels il offrait des terres, après un congé en Afrique, à la condition qu'ils se mariassent, seraient présentement âgés de soixante-dix ans ; ils auraient des fils de quarante ans, pères eux-mêmes. Quelle population saine, vigoureuse, bien française et solidement liée au sol, ce projet, si on l'avait suivi, eût procuré à notre colonie !

XII

(Page 115, ligne 5.)

Malgre les excès sans nom de ses premiers *conquistadores*, Fernand Cortez et Pizarre, malgré aussi les fautes économiques et politiques de son administration coloniale, l'Espagne a certainement rendu d'immenses services à la civilisation. Elle a découvert et conquis au christianisme les deux Amériques et a marqué de son empreinte particulière la moitié de ce continent. Dans un avenir sans doute peu éloigné, la langue espagnole sera l'une des trois ou quatre langues les plus répandues ici-bas, puisqu'elle sera parlée par plusieurs centaines de millions d'hommes; et, bien qu'éclipsée en Europe, la race espagnole, avec les rameaux divers, italiens, français et autres, greffés sur elle et fondus avec elle dans l'Amérique du Sud, comptera parmi les plus importantes races de l'humanité.

XIII

(Page 121, ligne 9.)

Nous envoyons nos forçats vivre paisiblement, aux frais des contribuables, dans l'une de nos meilleures colonies. Les Italiens, moins enclins à ménager la santé des criminels, occupent leurs *galeotti* à défricher les terres infectées de *malaria*. J'eus l'occasion, il y a quelques années, à Rome, d'en rencontrer, sur la *via Appia*, une équipe de 300, enchaînés deux à deux, qui venaient de travailler sur le domaine des *Tre fontane*, concédé aux trappistes, l'un des plus insalubres endroits de la campagne romaine.

On a employé nos soldats à construire une route à Madagascar; inutile de rappeler ce qu'il en est advenu. Pour des épreuves de ce genre, dans les pays plus ou moins malsains, les galériens ne seraient-ils pas tout indiqués? Mais c'est une tâche à laquelle on ne les a pas encore façonnés. Dans la Nouvelle-Calédonie, la colonisation libre est partiellement entravée par l'incurie de l'administration pénitentiaire à faire percer des routes; le pays est livré à la brousse. Que fait-on alors de la main-d'œuvre pénale? Aurait-on peur de fatiguer à des travaux utiles ceux que la justice a condamnés à pâtir pour leurs méfaits?

XIV

(Page 126, ligne 16.)

Une des raisons qui ont fait jusqu'ici des Français de médiocres colons, c'est qu'ils quittent la mère patrie avec l'idée fixe du retour, après fortune faite. Comme il n'existe guère à l'étranger, (sauf en Algérie, à la Plata et au Canada), de centres de population française vivant d'une vie autonome, notre émigrant se trouve mêlé, partout où il va, aux Anglais, aux Allemands, aux Espagnols. Quand, après les années de travail, vient l'heure du repos et de la jouissance, il n'éprouve aucun désir d'achever son existence au milieu de gens qui n'ont ni sa langue, ni ses idées, ni ses goûts. Il rentre en France, et ses enfants associés, par l'éducation qu'ils ont reçue, aux mêmes pensées de retour, ne lui succèdent pas dans sa fondation. C'est, par conséquent, toujours à recommencer.

XV

(Page 136, ligne 4.)

Tous ceux qui ont envisagé de haut la question coloniale ont condamné le régime d'assimilation dont nous parlons.

Dans son rapport fait au Sénat, en 1892, sur l'organisation et les attributions du gouvernement général de l'Algérie, M. Jules Ferry dit ceci : « Assimiler l'Algérie à la métropole, leur donner à toutes deux les mêmes institutions, le même régime législatif et politique, leur assurer les mêmes garanties, les mêmes droits, la même loi, c'est une conception simple et bien faite pour séduire l'esprit français. Elle a eu sur l'histoire de notre grande colonie une influence tour à tour bienfaisante et désastreuse. Elle pèse encore et pèsera toujours sur les esprits qui s'appliquent à ce vaste problème. Elle a inspiré à Prévost-Paradol une de ses pages les plus émouvantes. Même aujourd'hui, après nombre d'expériences, il faut quelque courage d'esprit pour reconnaître que les lois françaises ne se transplantent pas étourdiment, qu'elles n'ont point la vertu magique de franciser tous les rivages sur lesquels on les importe, que les milieux sociaux résistent et se défendent, et qu'il faut, en tout pays, que le présent compte grandement avec le passé. »

Et plus loin : « Les colonies, pas plus que les batailles, ne se commandent de loin, dans les bureaux d'un ministère. Les colonies auraient parfois intérêt à couper le fil télégraphique qui les relie à la métropole. C'est là une vérité que nos expériences d'Indo-Chine, de 1885 à 1891, n'ont pas peu contribué à faire entrer dans les esprits. Il faut aux colonies, jeunes ou vieilles, une large part d'autonomie. Les Anglais dans l'Inde, les Hollandais à Java, les Russes, dans leurs grandes expansions asiatiques, n'ont pas autrement entendu les problèmes coloniaux. L'autonomie peut être politique et c'est alors la grande route de la séparation. Mais elle peut être aussi purement administrative, résider dans une organisation locale puissante, contrôlée de haut par la métropole, mais libre dans ses mouvements, statuant sur place, faisant face aux nécessités d'un état de choses en voie de formation, d'un perpétuel devenir. »

Plus récemment, M. de Lanessan exprimait les mêmes idées dans son livre *La colonisation française en Indo-Chine.* « La métropole, disait-il, n'a jamais su doter ses colonies du régime gouvernemental, administratif et économique dont elles auraient besoin. Elle a la prétention de les tenir toujours en tutelle, comme des enfants mineurs, alors qu'elles ont besoin d'une indépendance d'autant plus grande qu'elles sont plus éloignées. Au point de vue politique et administratif, elle les soumet à des législations faites pour la métropole, ne répondant ni aux besoins particuliers des indigènes et des colons, ni aux nécessités imposées par le climat, la situation géographique, le voisinage de tels ou tels peuples, le degré de développement de la colonie, etc. De ce régime découlent des entraves à la colonisation dont ceux qui l'imposent ne peuvent pas se douter. »

Malgré ces avis émanés d'individualités compétentes, nous persistons avec indolence dans nos errements centralisateurs et routiniers. M. Cambon, gouverneur général de l'Algérie, (un poste dont la dénomination pompeuse et sonore a l'air de conférer une pleine autorité), disait, l'an dernier, à la Chambre des députés, (séance du 21 février 1895), que ses attributions ne lui permettaient même pas de déplacer un garde forestier.

XVI

(Page 153, ligne 18.)

Les convenances électorales sont à ce point le souci dominant des députés coloniaux qu'elles aboutissent, en certaines occasions, à empêcher, de parti pris, les mesures qui profiteraient le plus à nos colonies. On s'est toujours demandé, par exemple, pourquoi nous n'avisions pas à naturaliser *de droit*, dès la deuxième génération, (comme font, à l'égard de leurs immigrés, les républiques de l'Amérique du Sud), les nombreux Espagnols, Italiens et Maltais qui peuplent notre Algérie. La naturalisation serait le seul moyen de les lier étroitement à nos intérêts, de faire d'eux et des colons de notre race une population homogène, animée tout entière de l'esprit français; dans le cas d'un conflit européen ou d'un soulèvement nouveau des indigènes, nous n'aurions pas à courir le danger d'avoir à nos flancs 250,000 étrangers plus ou moins mal intentionnés. Tout cela, sans doute, est vrai; mais demandez aux sénateurs et députés d'Algérie ce qu'ils en pensent. Ils continueront de faire l'impossible pour maintenir le corps électoral tel qu'il se compose, sans addition d'éléments nouveaux qui pourraient endommager leur situation politique. Périsse la colonie plutôt que mon élection !

XVII

(Page 155, ligne 11.)

A cette heure, l'Annam-Tonkin figure encore à notre budget annuel pour 25 millions, sans compter les subsides exceptionnels consentis par la métropole (13 millions en 1890, 12 en 1892, 9 en 1895), et les emprunts faits aux établissements de crédit de Paris (6 millions en 1894), subsides et emprunts qui ont dû parer d'urgence à des gênes momentanées. La dernière a été spécialement critique ; l'administration du protectorat, après une longue série d'expédients louches et d'irrégularités ressemblant fort à des tripotages, n'a pu en sortir que par un emprunt de 80 millions, récemment souscrit avec la garantie de l'État français. Cette liquidation est la quatrième depuis six ans. Les trois précédentes devaient être des liquidations « définitives » ; celle-ci pareillement : définitive jusqu'à la cinquième. L'Annam-Tonkin est un gouffre où les millions disparaissent avec une célérité alarmante.

XVIII

(Page 157, ligne 2.)

Plus avisés que nous, les Belges sont en train de construire, dans l'État indépendant du Congo, voisin de notre colonie un chemin de fer reliant à la mer le magnifique réseau fluvial formé par le Congo et ses affluents. 190 kilomètres, récemment inaugurés, sont déjà en exploitation. C'est par cette voie de pénétration, à défaut d'autre, que s'effectue maintenant le transport de nos propres approvisionnements et marchandises vers le haut Congo français. Et ce n'est malheureusement pas pour le chemin de fer seul que, dans ces parages, nous sommes tributaires de l'étranger. Tout le commerce d'importation et d'exportation du haut Congo, de l'Oubanghi et de la Sangha, qui devrait normalement être entre nos mains, est monopolisé par deux compagnies dont l'une est hollandaise et l'autre belge.

XIX

(Page 100, ligne 24.)

Le puissant homme d'État qui a donné à la colonie anglaise du Cap l'élan que l'on sait, celui qu'on a nommé, à tort ou à raison, le Napoléon africain, sir Cecil Rhodes, envisage, lui aussi, le chemin de fer comme le facteur essentiel de la politique coloniale dans les pays neufs. A mesure que s'étendent ses conquêtes vers le nord, il lance à l'intérieur, sans hésiter, sa ligne de pénétration. Déjà la locomotive atteint Mafeking, dans le Bechuanaland, à 1,400 kilomètres du Cap, son point de départ. Ce résultat a pu être obtenu en cinq années; et on estime qu'avant dix ans, le chemin de fer, qui poursuit toujours sa marche en avant, à travers les espaces récemment ouverts à l'influence britannique, sera parvenu dans la région des grands lacs, et que les trains circuleront, sans rompre charge, du Cap au Tanganyika. A la faveur de ces grands travaux et d'un courant intense d'émigration britannique, l'Afrique australe est, à l'heure actuelle, la contrée nouvelle la plus en évidence, celle qui a le plus de chances de prendre un développement rapide; elle est d'ailleurs pourvue déjà de toutes sortes d'exploitations actives.

Même attitude résolue des Anglais dans leurs nouvelles possessions d'Asie. En 1885, ils prenaient le gouvernement de la haute Birmanie ; *dès l'année suivante*, ils commençaient un chemin de fer dont le réseau. poussé, vers la Chine, a déjà 600 kilomètres. Leur but est de dériver ainsi, du côté de la Birmanie, le commerce des provinces méridionales de la Chine, en vue duquel précisément nous nous sommes établis au Tonkin.

Comparez tout cela aux quelques kilomètres de voie ferrée, (de Beja-ville à Beja-station, de Djedeïda à Bizerte, et de Tunis à Nabeul), construits par nous à grand'peine, de 1881 à 1895, dans la plus florissante de nos colonies, la Tunisie.

XX

(Page 174, ligne 7.)

La loi du développement moderne paraît favoriser les grandes agglomérations, la formation d'États géants, dont certaines nations d'aujourd'hui présentent déjà le type inquiétant. Un des principaux *statesmen* de l'Angleterre, sir Charles Dilke, dans son livre *Problems of greater Britain*, paru en 1890, mesure, pour l'avenir, la puissance relative des peuples au chiffre de leurs nationaux ou de leurs sujets, à l'étendue de leurs territoires, au total de leurs échanges. Partant de ce point de vue quelque peu matérialiste, il n'aperçoit, dans le monde, que trois États qui puissent entrer en rivalité et se disputer ou se partager l'hégémonie future : l'Angleterre, les États-Unis, la Russie. Entre ces masses énormes, les États moindres sont destinés à être tôt ou tard étouffés. Au rebours de la nature, l'histoire de l'humanité vieillissante montrera ainsi, dans l'ordre des sociétés politiques, de ces créations monstrueuses comparables aux gigantesques amphibies des primitives époques géologiques.

XXI

(Page 179, ligne 2.)

Il convient toutefois de signaler un louable exemple d'initiative privée donné l'an dernier par la chambre de commerce de Lyon. Avec l'appui de plusieurs autres chambres de commerce, (Marseille, Bordeaux, Lille, Roubaix, Roanne), elle a envoyé dans les provinces de la Chine méridionale limitrophes du Tonkin, et sous la conduite d'un chef expérimenté, M. le consul Rocher, une mission spéciale composée de jeunes gens sortant de nos écoles industrielles. Le but de cette mission, qui doit durer deux années, est de reconnaître le terrain, d'étudier les besoins des populations chinoises, de dresser l'inventaire des produits qu'elles peuvent nous fournir et de ceux que nous pouvons leur apporter en échange. Pour cette enquête utile, dont l'objet a été à la fois si pratiquement et si hardiment fixé, la chambre de commerce de Lyon et ses associées n'ont rien demandé au budget de l'État. Le phénomène est assez rare, assez original, pour qu'on doive en féliciter nos industriels et négociants et souhaiter, en outre, qu'ils rencontrent des imitateurs.

Cette fois, le nécessaire aura été fait pour frayer la voie à notre commerce et indemniser, en partie, la France des sacrifices de toute nature consentis par elle en Extrême-Orient. La valeur économique du Tonkin se trouverait notablement accrue si, par l'effet du développement de notre influence commerciale dans les nouvelles provinces du Céleste-Empire ouvertes au trafic européen, il pouvait devenir un jour ce que géographiquement il doit être : le grand marché de la Chine méridionale.

XXII

(Page 213, ligne 2.)

En ce qui concerne soit l'état de notre marine marchande, soit le commerce général de nos colonies, les plus récentes statistiques sont navrantes :

§ 1° *Marine marchande*. Dans un rapport à la chambre de commerce de Paris, M. Lourdelet établit que, sur une quantité de 16,100,670 tonnes représentant, en 1894, le mouvement maritime entre la France et les pays d'outre-mer, nous n'avons pas exporté, sous pavillon français, plus de 4,082,000 tonnes ; le reste, soit près des trois quarts, a été emporté par des navires étrangers. Il nous faut donc regagner notre propre fret, en quelque sorte le reconquérir, avant de songer à prendre celui de nos rivaux ; ce simple fait indique, avec une triste précision, la gravité du mal dont souffre notre industrie maritime.

§ 2° *Commerce des colonies*. D'après l'examen qu'en a fait M. Turrel, député, au nom de la commission du budget, le trafic général des possessions françaises, (moins l'Algérie et la Tunisie), s'est élevé, en 1894, à la somme de 476,000,000 de francs. Sur ce chiffre, les importations représentent 223,000,000; les colonies ont acheté pour 124,000,000 à l'étranger et pour 95,000,000 à la France. Tous comptes faits, la France place donc dans ses colonies 95,000,000 de francs de ses produits, soit 29,000,000 de moins que n'y place l'étranger. Voilà nos débouchés coloniaux. Or l'on sait ce que coûte au budget métropolitain, d'une manière ou de l'autre, l'entretien des colonies. (Je ne parle pas de ce qu'en a coûté la conquête.) Pour aboutir à y exporter pour 95,000,000 de marchandises, il faut, chaque année, dépenser somme à peu près égale, ce qui ne constitue pas une opération brillante.

Notez, en outre, que les produits français expédiés aux colonies sont destinés, en majeure partie, aux soldats et fonctionnaires, qui les eussent tout aussi bien consommés en France ; de sorte, peut-on dire, que nos possessions, en réalité, n'ouvrent guère jusqu'ici de débouchés aux produits de la métropole, mais n'en ouvrent qu'à son administration et à son armée, sous forme d'attributions de places, d'occasions d'avancement, d'augmentations de soldes, de pensions de retraite, de bourses de voyage, de décorations exotiques et de pots-de-vin. La colonisation devrait développer le commerce national ; à la façon dont nous la pratiquons, elle developpe surtout le commerce de nos concurrents. On prétend que les Anglais sont jaloux de l'extension de notre empire d'outre-mer. Ils ont bien tort : quand nous fondons une colonie, la dépense est pour nous et le profit pour eux.

XXIII

(Page 227, ligne 25.)

Rien ne vaut, à cet égard, la funèbre aventure de Port-Breton, dont l'instigateur, Charles du Breïl, marquis de Rays, vint échouer, en 1883, devant le jury de la Seine, qui lui appliqua cinq ans de reclusion. Sous prétexte d'expansion française, cet astucieux escroc, recruteur de colons pour une terre lointaine qu'il baptisait déjà la *Nouvelle-France*, envoya sans scrupule à une mort certaine, comme la suite l'a prouvé, un nombre considérable d'émigrants, au préalable ruinés par lui.

Il les avait enthousiasmés à l'évocation de Port-Breton, que lui-même n'avait jamais vu. Ses prospectus, répandus à profusion, et ses conférences, faites en tous lieux, célébraient, par des éloges menteurs, les délices de ce pays d'abondance, le charme de son ciel, la fertilité de son sol, les zéphyrs agitant de leurs molles haleines des fleurs nées sans culture et des bois de cocotiers parant une terre bénie, faite « pour les âmes avides de paix et de vertu ».

Ver erat æternum, placidique tepentibus auris
Mulcebant zephiri sine semine flores.

Il y a ici-bas tant de malheureux, impatients d'améliorer leur sort, que ces vaines amorces alléchèrent en France et en Belgique, un millier d'adhérents. Le 7 avril 1881, on vit partir de Barcelone ces émigrants, grisés d'illusions. Ils croyaient voguer vers une Icarie où ils goûteraient tous les bonheurs. Après un voyage de 4,500 lieues, leur bateau touchait enfin la terre promise, une île perdue d'Océanie, voisine de la Nouvelle-Guinée. On leur avait promis, et même vendu, des plaines riantes, arrosées d'eaux vives, ombragées de bananiers et d'arbres à pain. Les pauvres hères étaient en face d'un pays maudit, Madagascar en miniature : un littoral empoisonné de fièvres pernicieuses, des montagnes couvertes de noires forêts, une pluie continuelle, implacable ; et, avec cela, quelle population? des Papouas anthropophages.

Dans cette colonie, où ils venaient munis de contrats d'achats, payés d'avance, au lanceur de l'affaire, en beaux deniers comptants, ne se trouvaient même pas de cahutes pour abriter les émigrés. On les entassa pêle-mêle, dévalisés, privés de tout, dans un baraquement mal clos, où s'insinuaient, jour et nuit, par toutes les fissures, scorpions, scolopendres et serpents. Ils furent consumés lentement par les maladies et les affres de la faim. L'issue de l'escroquerie lugubre du marquis de Rays fut la mort de ces malheureux ; on parvint, dans la suite, à en rapatrier seulement 70, sur un bateau espagnol. La plume alerte d'Alphonse Daudet a fait revivre cette aventure sous forme de roman. Ceux qui voudraient se mettre en garde contre la propagande et les artifices de certains charlatans de colonisation liront, avec profit, l'histoire de l'échec lamentable de Tartarin à *Port-Tarascon*.

XXIV

(Page 233, ligne 7.)

Parmi les fraudes dont usent les agents d'émigration, l'une des plus usuelles et des plus difficiles à atteindre consiste à insérer, dans nos journaux, l'annonce périodique que tel individu, parti autrefois de France sans sou ni maille, est décédé colossalement riche de l'autre côté de l'Atlantique; il ne se passe guère d'année où la publicité des feuilles quotidiennes ne mentionne ainsi, dans les faits divers, qu'un nommé Durand ou un nommé Dupont, simple prolétaire émigré des bords de la Garonne ou de la Saône, est mort à Buenos-Ayres ou à Pernambuco, en laissant une fortune de 10, 15 ou 20 millions. Il y a quelques mois à peine, on signalait qu'un Français, du nom d'Astor, dont la fortune acquise en Amérique atteignait 800 millions, — (jusque-là, on n'en avait jamais ouï parler), — n'avait plus qu'une ambition : revenir au pays natal, le Rouergue, pour y chercher femme.

Ce sont là des inventions grossières, au moyen desquelles on cherche à surexciter l'imagination des paysans et des ouvriers, aisément entraînés par le mirage des fortunes rapides.

Il est d'usage aussi de vanter, outre mesure, la salubrité du climat. Certain *Guide de l'émigrant* au Brésil, par exemple, vous informera mensongèrement que, dans la plupart des provinces de ce pays, la mortalité est de beaucoup inférieure à celle de n'importe quelle contrée d'Europe, que non seulement on s'y acclimate avec aisance, mais encore que nombre de colons y ont atteint une longévité invraisemblable.

On promet de la sorte, pour amorcer les émigrants, la satisfaction des deux souhaits les plus naturels à l'homme : devenir riche et vivre longtemps !

XXV

(Page 234, ligne 9.)

En Angleterre, quand une colonie est fondée, la métropole sait faire les choses largement, pour y créer sans délai des entreprises. Exemple : après que la Birmanie fut annexée en 1885, une brigade d'ingénieurs, de savants, d'*experts commerciaux* fut envoyée sur les lieux, afin de procéder en quelque sorte à l'inventaire des richesses du pays. Elle avait reçu mission d'étudier la contrée, relever sa topographie, tracer des routes, analyser les terrains, fouiller les couches profondes et déterminer les cultures les plus convenables en même temps que l'emplacement des futures exploitations minières ou industrielles. Cette enquête terminée, des renseignements complets et gratuits sur la Birmanie étaient fournis par le *Colonial office* à tous les émigrants ou commerçants désireux de s'y établir ou d'y trafiquer.

Que n'avons-nous, dès le début, fait la même chose au Tonkin, au lieu d'abandonner l'initiative privée à elle-même sans programme et sans boussole ? Nous n'aurions pas aujourd'hui à déplorer tant de fautes commises, tant de tâtonnements infructueux, tant de capitaux inutilement engloutis.

XXVI

(Page 266, ligne 15.)

Nous devrions même, par une politique humanitaire, viser à obtenir le concours loyal des indigènes, qui nous seraient souvent de très utiles auxiliaires. Nos possessions nouvelles dans l'Afrique occidentale, en particulier, ne sont pas trop peuplées; pour l'œuvre à y accomplir, nous avons besoin de tous leurs habitants, l'Européen, dans ces régions, ne pouvant que diriger le travail. Au lieu de refouler, à coups de fusils, les indigènes vers l'intérieur, comme on fait maladroitement au Soudan, il faudrait les rapprocher de nous; à cette fin, les missionnaires, si l'on savait seconder leurs efforts avec intelligence, seraient sans doute des agents plus utiles et moins coûteux que les militaires.

XXVII

(Page 327, ligne 6.)

Si les compagnies coloniales sont jamais instituées en France, puissent-elles ne pas encourir le sort de certaines concessions particulières faites, dans nos possessions de l'Afrique tropicale, depuis plusieurs années! En cette matière, les ministres des colonies semblent prendre plaisir à détruire tour à tour ce qu'ont décidé et réglé leurs prédécesseurs. On a vu, par exemple, annuler récemment, sans qu'on sût au juste pour quels motifs, la concession Verdier sur la Côte d'Ivoire et la concession Daumas dans le haut Ogoué; il s'agissait de terrains fort étendus qui, sous certaines conditions déterminées, d'ailleurs assez onéreuses, devaient être mis en exploitation effective, (cultures, pâturages, coupes de bois, etc.). Et devant semblable déchéance, point d'appel possible pour le concessionnaire; aucun moyen de réclamer, de s'expliquer, de se défendre. Il existe, en effet, un singulier sénatus-consulte de 1854, d'après lequel les colonies, (autres que la Martinique, la Guadeloupe et la Réunion), sont régies par de simples décrets et soumises, en conséquence, à la discrétion arbitraire du ministre.

Il est donc loisible à ce dernier, s'il y trouve son intérêt, de renier la signature de l'État, de jeter l'incertitude dans les affaires coloniales, d'enrayer l'essor qui se dessinait vers elles et de nous offrir, une fois de plus, le spectacle de cet illogisme qui consiste à dépenser des sommes folles pour la création d'un empire colonial et à faire ensuite tout ce qu'on peut pour empêcher le pays d'en tirer parti. Certain de ne siéger qu'un laps de temps très court sur le fauteuil ministériel, il songe avant tout, le ministre, à sa réélection et se persuade que de telles mesures peuvent y aider. De fait, les feuilles socialistes ne lui ménagent pas les louanges, elles en prennent texte pour vouer de nouveau à l'opprobre populaire ces infâmes capitalistes, auxquels, par les concessions en question, on avait prodigué de scandaleuses largesses. On se garde bien de dire que l'objet de ces largesses, il faut aller le chercher dans le voisinage de l'équateur, sous un climat meurtrier; on oublie aussi d'ajouter que, sur les territoires concédés, le travail manuel est absolument impossible à l'Européen, et que le Français qu'on y transporterait, seul et sans ressources, n'aurait d'autre chance d'avenir que de mourir de faim ou de servir à apaiser celle des cannibales de la région. Il n'importe! L'État ne doit accorder de privilèges à personne, pas plus au Congo qu'ailleurs; l'égalité démocratique s'y oppose, n'y eût-il aucun moyen différent d'ébaucher l'exploitatien des colonies.

Aussi dans quelle situation se trouve notre Congo? Comparez-le à son voisin, le Congo belge. Celui-là doit précisément son rapide et brillant essor économique aux encouragements que le gouvernement de Bruxelles n'a cessé de prodiguer aux sociétés commerciales, par des concessions territoriales, subventions, garanties d'intérêts, transports gratuits, etc. Tandis que notre commerce est confiné à la côte du Gabon, l'État indépendant a su pousser jusqu'au lac Tanganyika les établissements de ses nationaux ; en 1891, il accordait, dans cette région, à la Compagnie de Katanga, une concession embrassant une superficie totale de 8,700,000 hectares. Notre gouvernement en octroie aussi, des concessions, mais pour les abroger ensuite, à l'improviste, sans raison sérieuse.

On conviendra que ce régime de constante insécurité, régime qui s'est fait jour également en Algérie, à l'occasion des phosphates de Tébessa, est peu favorable au développement des entreprises coloniales. Où est l'homme qui sera désormais assez osé pour solliciter une concession, si, après avoir réuni laborieusement le capital nécessaire, s'être engagé dans des achats de matériel, avoir passé des marchés à long terme, avoir groupé un personnel nombreux, après avoir, en un mot, tout risqué, fortune, santé, réputation, il demeure encore exposé, un beau matin, au brusque retrait de sa concession par le caprice dictatorial d'un ministre de passage ? On s'étonne souvent que l'épargne française soit si peu tentée de chercher une rémunération dans notre domaine colonial. C'est, en effet, bien attirant ! Plus favorisés y seraient les étrangers qui peuvent toujours compter sur l'intervention de leur gouvernement prompt à soulever un incident diplomatique. Les Français sont désarmés contre le leur.

La commission du budget a déjà exprimé l'avis que chaque concession de territoires ne pût être accordée que par une loi. Ce serait assurément accroître les garanties des intéressés. Mais on sait le temps que le parlement met à voter la moindre mesure : ceux qui voudront défricher les colonies auront donc à triompher d'une difficulté de plus. Il n'y a point là de quoi raviver cette initiative privée, passablement engourdie chez nous, qui a fait la fortune des possessions lointaines de nos voisins.

TABLE

PARIS, TYPOGRAPHIE DE E. PLON, NOURRIT ET Cie, RUE GARANCIÈRE, 8.

A LA MÊME LIBRAIRIE :

Systèmes coloniaux et peuples colonisateurs. *Dogmes et faits*, par Marcel Dubois. Un vol. in-18. Prix. . . . . . 3 fr. 50

Histoire de la question coloniale en France, par Léon Deschamps. Un vol. in-8°. Prix. . . . . 7 fr. 50

(Couronné par l'Académie des sciences morales et politiques, prix Audiffred.)

La Politique française en Tunisie. Le Protectorat et ses origines (1854-1891), par d'Estournelles de Constant. Un vol. in-8°. Prix. . . . . 7 fr. 50

(Couronné par l'Académie française, prix Thérouanne.)

Considérations sur la politique extérieure et coloniale de la France, par le comte de Chaudordy. Un vol. in-18. 2 fr.

Un essai d'empire français dans l'Inde au dix-huitième siècle. **Dupleix**, d'après sa correspondance inédite, par Tibulle Hamont. 2e édition. Un vol. in-18 avec cartes. Prix. . . . . 4 fr.

La fin d'un empire français aux Indes sous Louis XV. **Lally-Tollendal**, d'après des documents inédits, par Tibulle Hamont. Un vol. in-8°, avec cartes. Prix. . . . . 7 fr. 50

Une colonie féodale en Amérique : L'Acadie (1604-1881), par Rameau de Saint-Père. Deux vol. in-18, avec carte. 8 fr.

Campagne dans le haut Sénégal et dans le haut Niger (1885-1886), par le colonel Frey. In-8° avec cartes. . 7 fr. 50

La Conquête d'Alger, par Camille Rousset, de l'Académie française. Un vol. in-8°. Prix. . . . . 6 fr.

Les Commencements d'une Conquête. **L'Algérie de 1830 à 1840**, par Camille Rousset, de l'Académie française. Deux vol. in-8° avec atlas spécial. Ouvrage orné du portrait de l'auteur. Prix. . . . . 20 fr.

La Conquête de l'Algérie (1841-1857), par Camille Rousset, de l'Académie française. Deux vol. in-8°, avec atlas spécial. 20 fr.

Algérie et Tunisie. Récits de voyage et études, par Alfred Baraudon. Un vol. in-18. Prix. . . . . 3 fr. 50

Au Tonkin. **Un an chez les Muongs.** *Souvenirs d'un officier*, par Frédéric Garcin, ancien lieutenant d'infanterie de marine. Un vol. in-18, accompagné de gravures et de cartes. . 4 fr.

PARIS. TYP. DE E. PLON, NOURRIT ET Cie, 8, RUE GARANCIÈRE. — 2251.

www.ingramcontent.com/pod-product-compliance
Ingram Content Group UK Ltd.
Pitfield, Milton Keynes, MK11 3LW, UK
UKHW012007240726
13965UKWH00001B/199

9 782012 896109